GUIDE DE LYON DES FAITS DIVERS

DU MÊME AUTEUR
(ROBERT DARANC)

Sentiers et randonnées du Lyonnais, Fayard, 1977.
Le Canular du chef, Horus, 1977.
L'Affaire Céline, Éditions de Haute-Provence, 1995.
Envoyé très spécial, Éditions des Traboules, 2003.

Catherine Simon-Lénack – Robert Daranc

GUIDE DE LYON DES FAITS DIVERS

de l'Antiquité à nos jours

Préface de Régis Neyret

Collection
Documents

GUIDES DES FAITS DIVERS
sous la direction de Serge Garde

le
cherche
midi

Les auteurs et l'éditeur remercient le *Progrès*, les archives municipales de Lyon, les archives départementales du Rhône et la bibliothèque municipale de Lyon pour l'aide apportée à la réalisation de cet ouvrage.

Iconographie : Jacques Mouginot

23, rue du Cherche-Midi, 75006 Paris.

Vous pouvez consulter notre catalogue général et l'annonce
de nos prochaines parutions sur notre site Internet : cherche-midi.com

PRÉFACE
Baguenauder à Lyon

Lorsque l'Unesco a inscrit, en 1998, le centre historique de Lyon sur la liste du patrimoine mondial, c'était évidemment pour la qualité de l'architecture et de l'urbanisme de la presqu'île, des pentes de la Croix-Rousse, du vieux Lyon et de la colline de Fourvière. Mais c'était aussi parce que « Lyon, au fil des siècles, représente un témoignage exceptionnel de la continuité de l'installation urbaine sur plus de deux millénaires ».

Ce critère de l'Unesco, considéré comme original à l'époque, mettait l'accent sur la dynamique de la vie en même temps que sur celle des pierres. Une vie qui se manifeste sous des formes très diverses, avec sa créativité et ses richesses, mais aussi avec ses drames ou ses excès.

Le Lyonnais préfère valoriser plutôt les premières que les seconds. Pourtant les « faits divers », comme on les appelle pudiquement, font partie de l'histoire, au même titre que tous les faits de société. Ils dessinent à travers le grand Lyon une géographie originale, inédite, et donc méconnue.

Catherine Simon-Lénack et Robert Daranc, journalistes de l'écrit et de la radio, connaissent parfaitement leur ville. Ils suivaient l'actualité locale autour des années 70, à ce moment de l'histoire où Lyon bénéficiait, si l'on peut dire, du titre de « capitale du crime » ou de « Chicago sur Rhône ». À cette époque qui a vu fleurir le grand banditisme, on assassina même un juge, dit « le Shérif », et ce crime, trente ans après, n'est toujours pas élucidé. De très nombreux journalistes descendirent de Paris pour mener leurs enquêtes et consacrer à Lyon des dizaines de titres qui nous valurent une gloire inattendue et heureusement éphémère. Citons seulement ici *La Saga des Lyonnais, 1967-1977* qu'Hubert Nivon a fait publier dans la collection « Documents » qui édite ce guide.

D'autres périodes du XXe siècle ont été riches en événements dramatiques, dont la guerre d'Algérie et les années 40-44, qui ont valu à Lyon le titre de « capitale de la Résistance ».

Mais Lyon n'a pas attendu le XXe siècle pour connaître des faits divers. Depuis que Caracalla a assassiné son cousin africain Ptolémée dans l'amphithéâtre de la Croix-Rousse, en l'an 40, avant d'être trucidé à son tour l'année suivante, il s'en est passé, des histoires violentes ou étranges, à travers les rues du grand Lyon...

Dès la fin du XVe siècle, grâce à l'invention de Gutenberg et au développement de l'imprimerie à Lyon, de nombreux faits divers ont fait l'objet de ce qu'on appelait alors des « placards ». Il s'agissait de simples feuilles imprimées, racontant une histoire étonnante, effrayante ou miraculeuse, que des colporteurs vendaient pour un sol, ou que l'on « placardait » sur les murs. Certains de ces libelles, qu'on appelait aussi des « baguenauderies », sont exposés dans le merveilleux musée lyonnais de l'Imprimerie, rue de la Poulaillerie.

Ensuite la presse est née. En 1677, un imprimeur lyonnais recomposait et diffusait un périodique de Paris, *Le Nouveau Mercure galant.* Il fallut attendre 1742 pour que naisse ici la première feuille d'annonces purement lyonnaise, et 1789 pour voir apparaître le premier quotidien, *Le Courrier de Lyon.*

Mais c'est l'invention de la rotative qui permit à la presse populaire de se développer, et aux suppléments illustrés du dimanche d'accorder une nouvelle importance aux faits divers, souvent accompagnés par des gravures accrocheuses ou terrifiantes. Aujourd'hui les graveurs ont disparu, mais l'image est de plus en plus omniprésente. Elle n'annule heureusement pas « le poids des mots ».

Nos auteurs, qui les manient avec précision et talent, ont largement consulté leurs archives et celles de la bibliothèque municipale pour nous raconter les 1 400 faits divers qu'ils ont rassemblés ici. Robert Daranc a su piocher aussi dans les papiers de son père, l'excellent historien journaliste lyonnais Louis Jasseron, dont l'érudition était inépuisable.

Grâce à leur travail, voici donc le premier guide touristique permettant aux amateurs de « baguenauder » à travers les faits divers des rues de Lyon.

Régis NEYRET
Président fondateur de Patrimoine rhônalpin

1er ARRONDISSEMENT

Adamoli (rue) ❶

n° 3

Par le plafond. Après avoir foré, durant la nuit du 12 au 13 juillet 1984, le plancher d'un appartement vide situé au-dessus de la fabrique de bijoux Boucaud, des gangsters attendent l'arrivée du personnel et se font ouvrir le coffre pour repartir avec de l'or et des bijoux estimés à 400 000 francs. Descendus par une corde, ils repartent par la porte après avoir débranché le système d'alarme.

Albon (place d') (anc. place de l'Herberie) ❷

Sus à l'étranger. Bien que correctement tenue, la taverne de Michelet Buatier est le théâtre d'une échauffourée entre un habitant du quartier et un « étranger », en octobre 1431. Parmi les clients, de nombreux mariniers et poissonniers, qui se disputent souvent à propos des activités de pêche et de navigation sur la Saône.

À l'épée. Sur cette place, aujourd'hui à cheval sur deux arrondissements, on juge et condamne, en 1617, certains soldats du pennonage (milice de l'époque, îlotage d'aujourd'hui) du sieur Poculot, qui se sont mutinés dans le corps de garde de l'Herberie et ont tiré l'épée contre leurs camarades.

Le pont au feu. En 1632, un violent incendie détruit plusieurs maisons de la place, à la descente du pont de Saône. Et il y avait encore, en 1867, le café Maderni, réputé pour son excellent chocolat et où l'on dînait fort bien pour 1,50 franc. Heureux temps !

Algérie (rue d') (anc. rue de la Boucherie-des-Terreaux) ❸

n° 2

Courage. Le 16 février 1902, un groupe de jeunes patriotes fait irruption dans l'ancienne brasserie Tony Roche, où se tient une réunion du comité républicain socialiste de l'arrondissement. Une bagarre s'ensuit et

1er ARRONDISSEMENT

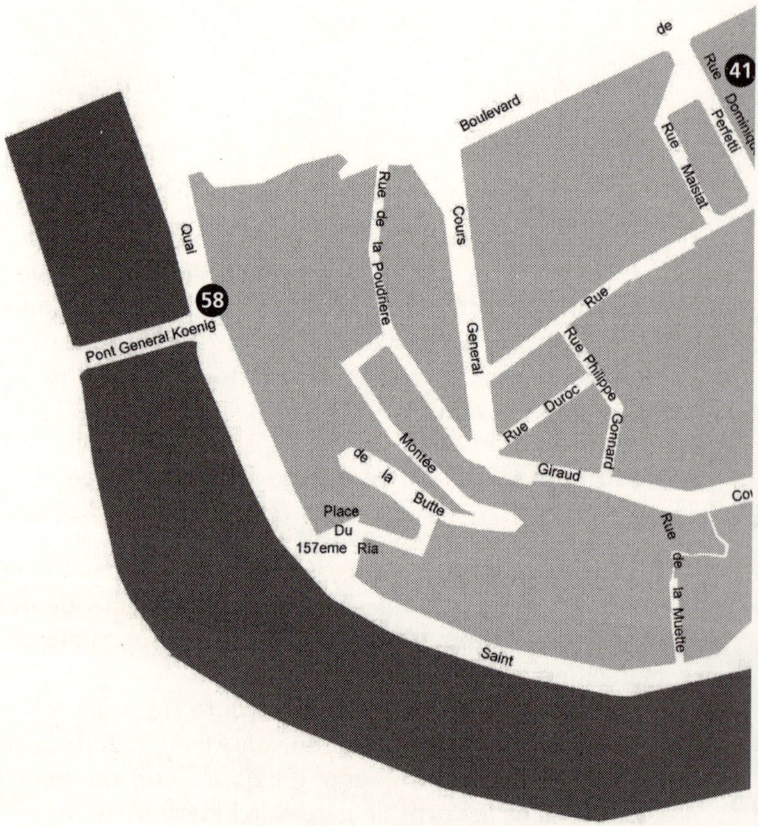

❶ Adamoli (rue)

❷ Albon (place d') (anc. place de l'Herberie)

❸ Algérie (rue d') (anc. rue de la Boucherie-des-Terreaux)

❹ Alma (rue de l')

❺ Alsace-Lorraine (rue d')

❻ Amphithéâtre (montée de l')

❼ Arbre-Sec (rue de l')

❽ Augustins (rue des)

❾ Bât-d'Argent (rue du) (anc. rue du Pet-Étroit)

❿ Bellevue (quai)

⓫ Blanc (rue Pierre-) (anc. rue Tolozan, jusqu'en 1901)

⓬ Blandan (rue Sergent-)

⓭ Bon-Pasteur (impasse)

⓮ Burdeau (rue)

⓯ Capucins (rue des) (anc. rue des Sans-Culottes, en 1794)

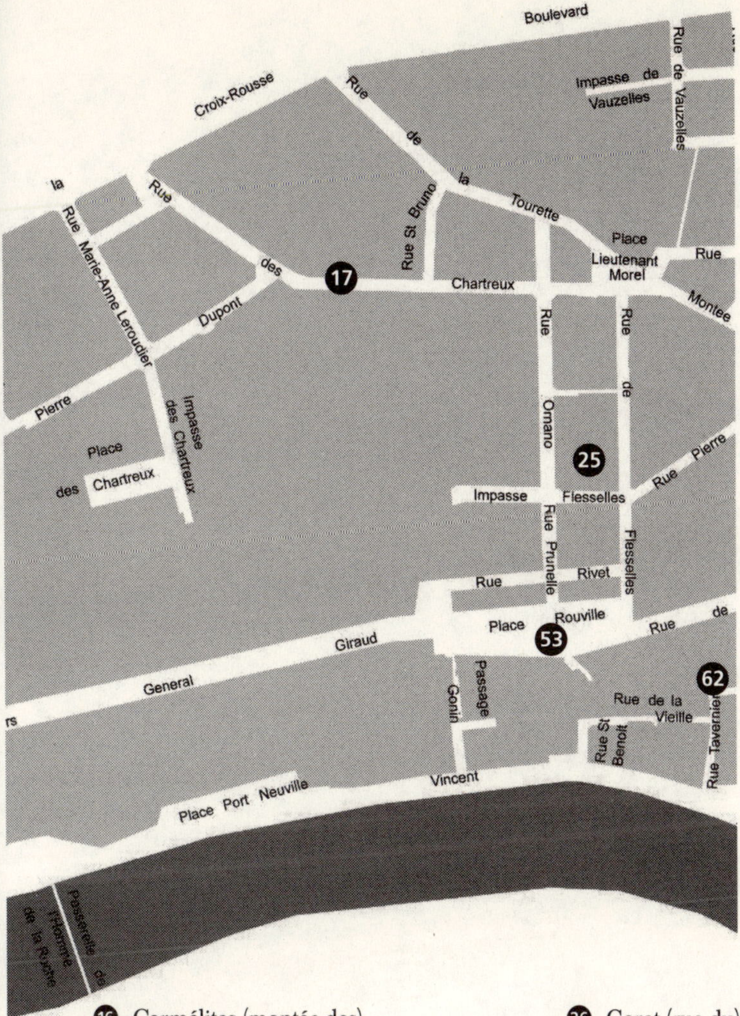

❶❻ Carmélites (montée des)

❶❼ Chartreux (rue des)

❶❽ Chavanne (rue) (anc. rue Saint-Côme, en 1793, et rue Vieille-Boucherie)

❶❾ Chenavard (rue Paul-)

❷⓿ Comédie (place de la)

❷❶ Constantine (rue de) (anc. rue de la Cage, en 1777)

❷❷ Croix-Paquet (place)

❷❸ Désirée (rue)

❷❹ Flandrin (rue Hyppolite-)

❷❺ Flesselles (rue de)

❷❻ Garet (rue du) (anc. rue du Vert-Galant)

❷❼ Grande-Côte (montée de la)

❷❽ Herriot (rue du Président-Édouard-)

❷❾ Imbert-Colomès (rue)

❸⓿ Jardin-des-Plantes (rue du)

❸❶ Lanterne (rue de la) (anc. rue de l'Enfant-qui-Pisse)

❸❷ Leynaud (rue René-) (anc. rue Vieille-Monnaie)

❸❸ Longue (rue) (anc. rue Tête-de-Mort)

❸❹ Martin (rue Major-) (anc. rue Luizerne)

❸❺ Meissonier (place) (anc. place Saint-Pierre, jusqu'en 1891)

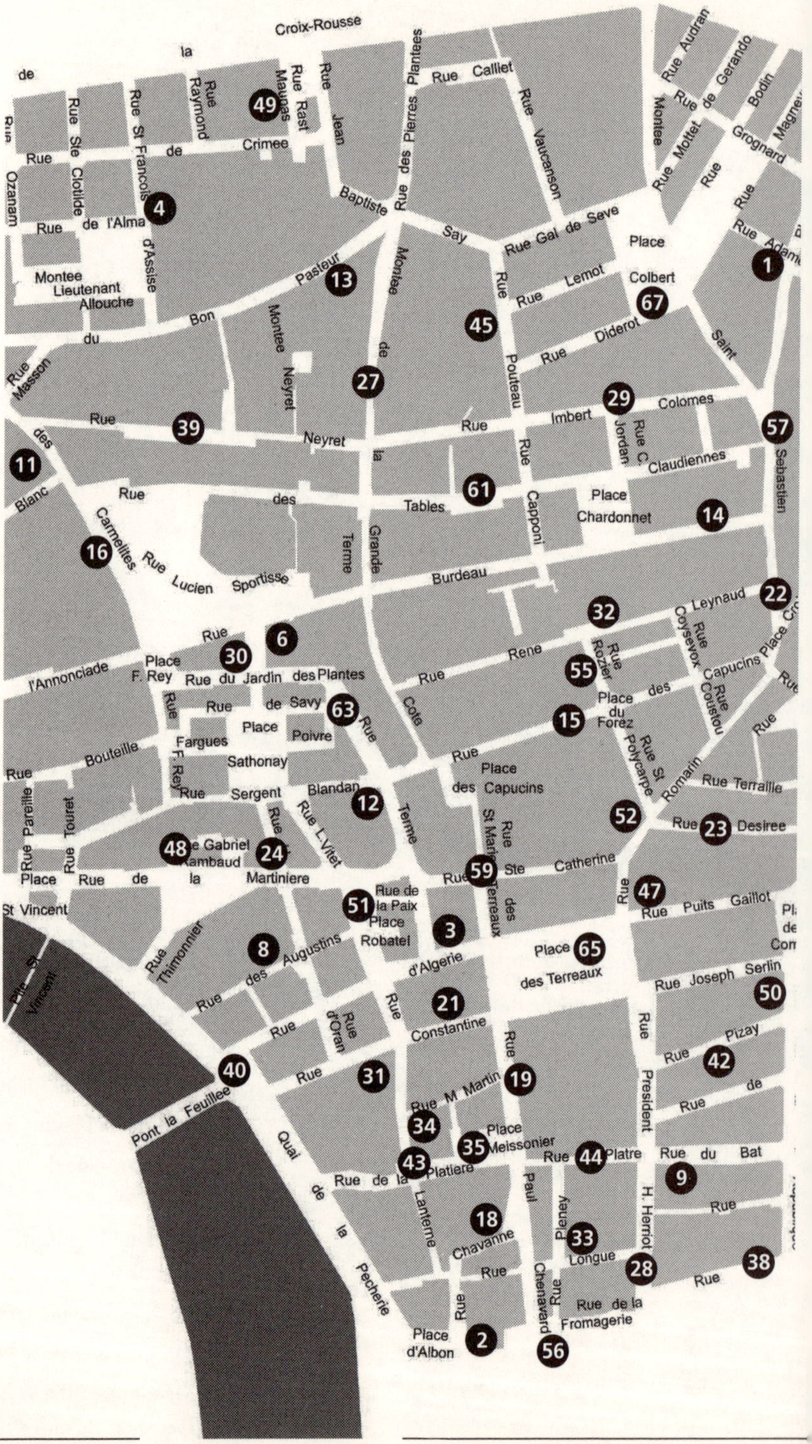
Croix-Rousse
de
la
Rue Raymond
Rue Mauvais
Rue Rast
Rue Jean
Rue des Pierres Plantees
Rue Calliet
Rue Vaucenson
Rue Audran
Montee
Rue de Gerando
Rue Mottet
Rue Bodin
Grognard
Rue Ste Clotilde
Rue St Francois
Rue
de
Crimee
Ozanam
Rue
de l'Alma
Rue d'Assise
Baptiste
Say
Rue Gal de Seve
Place Colbert
Rue Adamoli
Montee Lieutenant Allouche
Pasteur
Montee
Rue Lemot
Rue
Bon
du
Montee Neyret
de
Rue Pouteau
Rue Diderot
Saint
Rue Masson
Rue
Neyret
la
Rue
Imbert
Colomes
Rue Jordan
Rue C.
Claudiennes
des
Blanc
Rue
des
Tables
Rue Capponi
Place Chardonnet
Sebastien
Carmelites
Terme
Grande
Rue Lucien Sportisse
Burdeau
Leynaud
Rue
Rue Coysevox
Rene
Rue Rozier
Capucins
Place
l'Annonciade
Place F. Rey
Rue du Jardin des Plantes
Rue
Rue
de Savy
Rue
Cote
Place des
Rue Coustou
Place du Forez
Rue Polycarpe
Rue St
Rue
Place
Poivre
Fargues
Bouteille
Rue F. Rey
Sathonay
Rue
Place des Capucins
Romarin
Rue Terraille
Rue
Rue
Sergent
Blandan
Rue L. Vitet
Terme
Rue St Marie
Rue Desiree
Rue Pareille
Rue Touret
Rue Gabriel Rambaud
Rue
Place
Rue
de
la
Martiniere
Rue
Ste
Catherine
Rue des Terreaux
Rue
St Vincent
Rue de la Paix
Place Robatel
Rue Puits Gaillot
Rue Thimonnier
Rue
des
Augustins
d'Algerie
Place des Terreaux
Rue Joseph Serlin
Pte St Vincent
Rue
Rue d'Oran
Rue
Constantine
Rue President
Rue
Pizay
Rue
Rue
Rue M Martin
Rue
Rue
de
Pont la Feuillee
Quai
de
la
Pecherie
Place Meissonier
Rue
Platre
Rue du Bat
Rue de la Platiere
Lanterne
Paul
Pleney
H. Herriot
Rue
Chavanne
Longue
Rue
Rue
Chenavard
Rue de la Fromagerie
Rue
Place d'Albon
1
2
3
4
6
8
9
11
12
13
14
15
16
18
19
21
22
23
24
27
28
29
30
31
32
33
34
35
38
39
40
42
43
44
45
47
48
49
50
51
52
55
56
57
59
61
63
65
67

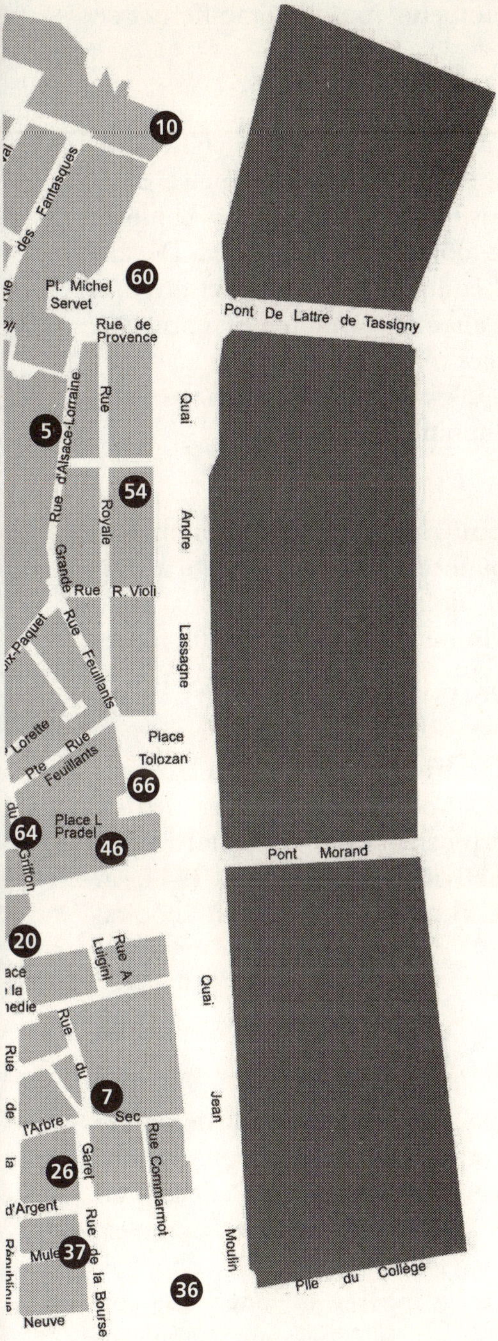

36 Ménestrier (passage)

37 Mulet (rue)

38 Neuve (rue)

39 Neyret (rue)

40 Pêcherie (quai de la)

41 Perfetti (rue Dominique-) (anc. place de la Miséricorde, en 1821)

42 Pizay (rue)

43 Platière (rue de la)

44 Plâtre (rue du) (anc. rue du Saint-Esprit)

45 Pouteau (rue)

46 Pradel (place Louis-)

47 Puits-Gaillot (rue)

48 Rambaud (place Gabriel-)

49 Rast-Maupas (rue)

50 République (rue de la)

51 Robatel (place Tobie-) (anc. place des Carmes, en 1849)

52 Romarin (rue)

53 Rouville (place)

54 Royale (rue)

55 Rozier (rue)

56 Saint-Nizier (place)

57 Saint-Sébastien (montée)

58 Saint-Vincent (quai)

59 Sainte-Catherine (rue)

60 Servet (place Michel-) (anc. place des Pénitents-de-la-Croix)

61 Tables-Claudiennes (rue des)

62 Tavernier (rue)

63 Terme (rue)

64 Terraille (rue)

65 Terreaux (place des)

66 Tolozan (place)

67 Voraces (cour des)

les nationalistes prennent la poudre d'escampette, sous l'œil indifférent de leur chef, un certain Mège.

n° 11

À trois je tire. Le 8 septembre 1987 à 8 h 50, un homme coiffé d'un casque de motard, armé d'un pistolet et d'une grenade, pénètre dans l'agence de la Caisse d'épargne et se saisit d'un client, Amor Bahloul, 61 ans. Il ordonne au personnel : « Donnez-moi la caisse ou je tire. » Devant le manque d'empressement du caissier, il compte jusqu'à trois et tire une balle dans la tête de son otage, qui meurt aussitôt. Comme il s'apprêtait à recommencer avec un autre client, le caissier remet 30 000 francs au tueur, qui prend aussitôt la fuite à bord d'un taxi. C'est grâce au témoignage de ce dernier que sera arrêté Christian M., un illuminé de 26 ans.

n° 15

La caisse en plus. L'armurerie À Saint-Hubert se fait une nouvelle fois attaquer par trois gangsters le 5 septembre 1969 en début d'après-midi. Son propriétaire, Alain Vuillermoz, doit leur remettre deux fusils de chasse et huit pistolets de différents calibres, ainsi que les 1 000 francs de la caisse.

n° 20

Même les morts. À l'enseigne de la librairie actuelle de Jean Honoré, Pierre Crozier, dépositaire et diffuseur des *Cahiers du témoignage chrétien*, est arrêté par les nazis en 1942. Libéré plusieurs mois plus tard pour raison de santé, il reprend aussitôt ses « activités ». Le 8 janvier 1944, on vient à nouveau l'interpeller. Sans succès. Il est mort la veille à l'hôpital Saint-Joseph.

Alma (rue de l') ❹

n° 11

Voisin convoité. En venant lui faire sa piqûre quotidienne le 31 décembre 1995, une infirmière se voit offrir par son patient, M. Michaut, 70 ans, un éclair au chocolat, qu'il venait de trouver devant sa porte. Cadeau d'un voisin pour le Premier de l'an, a-t-il pensé. Dans la rue, la jeune femme est victime d'un malaise et sombre dans un coma léger. À son réveil à l'hôpital, elle fait le rapprochement avec la pâtisserie ingérée et songe que son malade en a mangé aussi. Elle alerte aussitôt ses collègues, qui découvrent le vieil homme également dans le coma. Il est sauvé lui aussi. L'enquête démontre que les deux gâteaux avaient été empoisonnés par une voisine âgée, jalouse du passage de la jeune infirmière. Elle avait fourré les éclairs avec de la benzodiazépine, un anxiolytique.

Alsace-Lorraine (rue d') ❺

n° 19

Riposte. Lorsque deux gangsters armés se présentent, le 18 octobre 1978, à sa fabrique de bijoux située au deuxième étage, Henri Lospital ne s'en laisse pas conter. Il s'empare du revolver d'ordonnance que tenait l'un des gangsters, tire et les blesse tous les deux. Ils sortaient récemment de prison pour vol à main armée. Déjà.

Amphithéâtre (montée de l') ❻

Pousse-toi de là. Premier fait divers lyonnais, en l'an 40 de notre ère : Caligula, empereur fou, qui avait fait consul son cheval Incitatus, met à mort Ptolémée, roi de Maurétanie, pour prendre sa place. Il mourra l'année d'après, remplacé par Claude.

Bourguignon. Au printemps 69, Mariccus, Gaulois de l'Auxerrois, est donné en pâture aux bêtes par Vitelius.

Barbarie. C'est en 1886 seulement que cette artère, qui va aujourd'hui de la place Sathonay à la rue Burdeau, a pris le nom de montée de l'Amphithéâtre, en souvenir de cet édifice de grande taille qui, selon les historiens, a connu, en l'an 177, les exécutions de 48 chrétiens, dont le vieil archevêque Pothin et la toute jeune esclave Blandine, âgée de 16 ans. La légende veut que celle-ci fût d'abord épargnée par les lions, avant d'être déchiquetée par un taureau. C'est en souvenir de ces premiers martyrs que le pape Jean-Paul II vint s'incliner lors de son voyage à Lyon, sur le chantier des fouilles qui cherchaient à reconstituer l'amphithéâtre des Trois-Gaules. Ses dimensions présumées : 135 mètres de long sur 117 de large, avec une arène de 53 mètres sur 40.

Arbre-Sec (rue de l') ❼

n° 14

Un p'tit coin d'parapluies. Dans cet immeuble, la police saisit en 1831, chez un livreur, une quantité considérable de parapluies dont le manche contenait un poignard triangulaire.

n° 36

Derniers pas. Le 6 février 1983, un homme s'écroule, vers 21 h 30. Atteint de deux balles devant l'entrée d'un hôtel, passage Commarmot, il a juste eu le temps de faire quelques pas, avant de s'effondrer.

Augustins (rue des) ❽

Coup de fusil. Dans le monastère qui se trouvait là, Louis XII convoque, en 1511, le concile général de l'Église gallicane. L'archevêque de Lyon en profite pour fixer le tarif des hôtels, qui pratiquaient déjà le coup de fusil : neuf sous pour un homme et son cheval, le dîner à trois sous et le pot du meilleur vin à six deniers.

Bât-d'Argent (rue du) (anc. rue du Pet-Étroit) 9

n° 18

Au quintal près. Les magasins et les bureaux de deux associés, Finguerlin et Scherer, sont cambriolés durant la nuit du 23 décembre 1785. La maréchaussée estime que les voleurs ont eu à transporter 25 quintaux en espèces. Le montant du vol est évalué, par les deux commerçants en soieries, à 228 161 livres en argent et 180 492 livres en or, sans compter les papiers.

Bellevue (quai) 10

Quartier chic. En 1749, ce quai, qui s'appelait Saint-Clair et faisait suite au cours d'Herbouville, était devenu à la mode. Les Lyonnais s'y promenaient les soirs d'été et les dimanches à midi devant les riches villas des soyeux. L'écuyer de Rives y avait ouvert un manège et un couple lyonnais y avait construit sur le Rhône, en 1776, un bateau couvert de 110 pieds de long à l'usage des baigneurs des deux sexes, ce qui avait entraîné diverses manifestations de puritains de l'époque.

Barrages. En 1793, des chaînes étaient tendues d'une berge à l'autre du Rhône pour arrêter les bateaux chargés de poudre et d'artifices, que l'armée conventionnelle faisait dériver sur le fleuve pour incendier les ponts de Lyon.

Forte crue. Le 29 juin 1854, le pont suspendu est emporté par l'un des énormes moulins qui avait rompu ses amarres.

Blanc (rue Pierre-) (anc. rue Tolozan, jusqu'en 1901) 11

Éléphants ? Dans cette rue, on découvre, le 11 octobre 1871, une série d'ossements fossiles de bœuf, de cheval et d'éléphant aussitôt transportés au Muséum d'histoire naturelle.

n° 19

La plume en feu. Vers 4 heures du matin, le 16 février 1996, des inconnus, après avoir brisé une vitre, lancent un jerrican d'essence enflammée dans la librairie anarchiste La Plume noire. Les dégâts s'élèvent à 100 000 francs.

Blandan (rue Sergent-) ⓬

n° 1

Pendu à 10 ans. Le 26 juin 2001, à la rentrée dans les classes, après la récréation, à 16 heures, il manque un enfant de 10 ans, Fabien. On le retrouve dans les toilettes, pendu au rouleau de torchon à essuyer les mains. Il ne peut être réanimé. Cet enfant perturbé, suivi par un psychiatre depuis l'âge de 4 ans, avait confié à ses camarades qu'il était fasciné par la mort.

n° 38

Fouille en règle. Après le meurtre de la pharmacienne de la rue du Jardin-des-Plantes, Mlle Givaudan, en avril 1971, dans le bureau de son officine, les enquêteurs constatent que l'appartement qu'elle occupait dans cet immeuble a été, lui aussi, fouillé de fond en comble. Comme si son meurtrier y avait cherché des documents ou un éventuel magot.

Bon-Pasteur (impasse) ⓭

n° 7

On évacue. Des pierres s'étant détachées de cet immeuble et de l'immeuble voisin, on doit évacuer les trente-trois locataires, avant de consolider les deux maisons le 3 mars 1984.

Burdeau (rue) ⓮

Heureusement, ils étaient vides. Des fûts de vin dévalent la rue le 9 mars 1915. Un cheval attelé s'emballe à hauteur du Jardin des plantes, puis s'engouffre dans la rue de l'Annonciade, va se jeter contre la barrière située en bas de la montée des Carmélites et plonge dans le vide. Direction : l'équarrissage.

n° 6

Sacré couteau. Propriétaire de L'Armurerie croix-roussienne, M. Louis Cathelin, 47 ans, déjà agressé le 17 avril 1979, est poignardé à mort le 30 novembre 1976 par un inconnu qui prend la fuite, abandonnant son couteau à la lame de 25 centimètres.

n° 37

L'amie des bêtes. Comme chaque jour, Marinette Brouty, 61 ans, va nourrir les chats de sa fille au cinquième étage. Cette dernière la retrouve morte au soir du 2 décembre 1986, le crâne enfoncé et l'appartement fouillé.

Capucins (rue des) (anc. rue des Sans-Culottes, en 1794) 15

n° 4

Comble de l'horreur. Au soir du 22 septembre 1902, Pierre Bothet, plein d'alcool, frappe sa femme qui est au lit avec son bébé, s'empare du gosse et le jette par la fenêtre. « Si tu le veux, va le chercher », dit-il à sa femme.

n° 5

En fanfare. Une bombe explose le 3 novembre 1942, à 2 heures, dans les locaux des Combattants de la légion française contre le bolchevisme.

n° 12

Rondins fatals. La façade du Tchin-Tchin est en flammes, cette nuit du 3 avril 1981, œuvre d'un client refoulé dans l'après-midi, qui prétendait boire sans payer. Les dégâts sont d'autant plus importants que le décor était en rondins.

n° 21

Le poids du ballot. En voulant rééquilibrer le ballot de coton qu'il portait sur son épaule, le 7 octobre 1895, Pierre Gaillot pose un instant son colis sur la fenêtre du troisième étage, mais le poids du chargement l'entraîne dans le vide et il s'empale sur la grille d'un urinoir.

Carmélites (montée des) 16

Camion fou. Le 9 janvier 2001, vers midi, le chauffeur d'un camion mini-benne de l'entreprise Morel descend de son véhicule pour charger des poubelles. Mais le frein lâche et dévale la pente, fauchant un groupe de cinq lycéens. Quatre d'entre eux sont blessés, mais le cinquième, Thomas, ne survit pas à ses blessures.

Chartreux (rue des) 17

n° 35

Bébé sauvé. En rentrant de la fête foraine, la « vogue » en parler lyonnais, vers 1 heure du matin, le 7 septembre 1896, M. Gavand et son épouse mettent le feu à leur appartement en grattant une allumette près de la lampe à pétrole. Ils sont gravement brûlés tous les deux, mais parviennent à sauver leur bébé de 6 mois qui dormait dans son berceau.

Chavanne (rue) (anc. rue Saint-Côme, en 1793, et rue Vieille-Boucherie) 18

Pour ou contre. C'est dans cette rue qu'a lieu, le 29 mai 1793, la bataille la plus rude entre les sections de Lyon et les partisans de Chalier.

Chenavard (rue Paul-) 19

Maquerellage. En avril 1434, l'épouse de Jean de Bresse, tavernier dans la rue du Clos-Saint-Pierre, est convaincue de crime de maquerellage, pour avoir abrité chez elle, dans le même lit, le couple illégitime Jean Bastard de Trant et Aleysia.

Monochromie. Une compagnie de francs-tireurs méridionaux, qui défilent le 10 septembre 1870 derrière un drapeau tricolore, se le fait arracher et tailler en pièces. Il est vrai que, partout à Lyon, on promène à l'époque le drapeau rouge, qui flotte aussi à l'hôtel de ville.

n° 37

Mère courage. Le 30 mars 1995, un incendie se déclare au quatrième étage de cet immeuble, dans l'appartement de la famille Dienabo. Une fillette de 6 ans et son oncle de 34 ans périssent carbonisés, tandis qu'un enfant de 3 ans est gravement intoxiqué. La mère de famille n'aura la vie sauve qu'en se réfugiant sur la corniche, au dernier étage, avec son dernier-né dans les bras. En attendant l'arrivée de la grande échelle des pompiers, les passants l'encouragent depuis la rue à ne pas lâcher prise.

Comédie (place de la) 20

Trop cher. En 1788, une bagarre éclate, car le directeur du théâtre, M. Hus, veut augmenter le prix des abonnements à l'année. Bilan : un mort.

Feux de rampe. En 1818, le feu prend au Grand-Théâtre, faisant très peu de dégâts.

Erreur fatale. Le 27 février 1922, vers 14 h 15, Frédéric Paqueton, un employé de 51 ans convoqué à la mairie centrale, s'aperçoit, en montant dans le tramway, qu'il s'est trompé de direction. Il saute en marche, mais passe sous les roues de la motrice, après avoir été traîné sur plusieurs mètres.

Sinistre opéra. Le 9 mai 1718, vers 3 heures du matin, le plafond de l'opéra s'écroule à la suite de la rupture d'une des grosses poutres soutenant l'ensemble de l'édifice. Le prévost des marchands (maire) fait mettre aussitôt en prison l'architecte Benard, concepteur du bâtiment, ainsi que deux ouvriers y ayant travaillé.

n° 1

Bien commun ? Le Dr Génété, adjoint au sport, découvre la disparition d'un tableau qui ornait son bureau à l'hôtel de ville, attribué à un certain Chevallier. Le vol a eu lieu le 12 janvier 1984, entre 15 et 17 heures. Butin estimé à 8 000 francs.

Constantine (rue de) (anc. rue de la Cage, en 1777) 21

L'eau puis le sang. Tout d'abord asséchée, puis comblée par des apports de terre (terreaux), car c'était là que se rencontraient Rhône et

Saône, la place des Terreaux fut nourrie tant des cendres des sorcières et hérétiques brûlés en ce lieu que du sang des condamnés de droit commun, de celui des contre-révolutionnaires et des porcs égorgés lors des foires. Au milieu du XVe siècle, les fossés reliant les deux fleuves devinrent les actuelles rues de Constantine et Puits-Gaillot. De véritables coupe-gorges. Personne n'osait les emprunter, même en plein jour. Pourtant, c'est dans la partie de la rue de Constantine (à la hauteur de l'entrée du parking), que naquit, en 1777, Julie Adélaïde Bernard, connue en littérature sous le nom de Juliette Récamier.

Coupe faim. Des religieuses américaines se font dérober, le 10 octobre 1981, le fruit d'une collecte de 9 300 dollars destinée à des handicapés, dans leur car stationné à proximité du restaurant Le Biarritz. La porte du véhicule n'a pas été fracturée.

Croix-Paquet (place) 22

n° 1

Dans le vide. Le 28 mai 1989, on retrouve dans la cour de cet immeuble les corps de Mme Abibatou Diallo, 28 ans, et de son fils âgé de 5 ans, écrasés après une chute par la fenêtre du quatrième étage. Devant cette fenêtre, un tabouret. On ne saura jamais si l'enfant a fait une chute après être monté dessus et s'être trop penché, entraînant le suicide de sa mère par désespoir, ou si la maman a choisi de se supprimer en entraînant son enfant dans la mort.

n° 5

Par la fenêtre. Un israélite, que la police allemande était venue arrêter le 28 juillet 1944, parvient à s'échapper en sautant par la fenêtre, mais la jeune femme qui était avec lui, Lucienne Imbert, 24 ans, est abattue d'une balle en plein cœur.

n° 5

Miracle. À 8 heures, le matin du 16 décembre 1999, trois gangsters tentent de dévaliser un atelier de bijouterie situé au dernier étage. Mais le système d'alarme s'étant déclenché, ils prennent la fuite en emmenant deux employées en otage, pour se retrouver nez à nez avec une patrouille de police. Une fusillade s'ensuit au cours de laquelle un policier est blessé, de même qu'un truand. Un autre est arrêté, le troisième, en fuite, libère ses otages. Il n'y a pas eu d'enfants touchés par les balles au moment où ils arrivaient à l'école toute proche.

Désirée (rue) 23

n° 17

Sous le manteau. Le 3 novembre 1968, vers 22 h 45, un homme pénètre dans La Taverne de l'Opéra et fait feu cinq fois sur une serveuse de 29 ans, Pierrette Azolay, avant de prendre la fuite. Il avait pris soin de décrocher son manteau au vestiaire pour tirer à travers l'étoffe et étouffer ainsi le bruit des détonations.

n° 33

Insoumise. Le 14 mars 2004, Fatima Laïb, 43 ans, est retrouvée morte au pied de cet immeuble. Ni l'enquête ni l'autopsie ne permettent d'établir s'il s'agit d'un meurtre ou d'un suicide. Elle avait fait l'objet, en novembre 2003, d'un reportage de l'hebdomadaire *Lyon Capitale,* qui parlait d'elle comme d'une rebelle, une insoumise, ballottée de trottoirs en foyers, mais pleine de talents, malgré ses deux mariages forcés. Un an après son décès, un homme, Jean-Paul B., qui l'avait hébergée à l'époque, a reconnu l'avoir frappée, la laissant inconsciente durant quarante-huit heures, avant d'appeler le Samu. Il a été mis en examen pour coups et blessures et non-assistance à personne en danger.

n° 58

Février ardent. Deux jeunes gens de 18 et 20 ans, ainsi qu'une adolescente de 15 ans, sont emmenés *manu militari* au poste de police, où ils reçoivent une sévère admonestation. Ils se livraient à quelques distractions dont la pudeur des agents se trouva offensée, dans les jardins des Chartreux. C'était le 2 février 1902.

La main de Dieu. Un incendie se déclare dans la toiture de l'Institut des Chartreux, le 27 octobre 1981. Cent cinquante mètres carrés sont ravagés. Pas de victimes parmi les quelques personnes qui logeaient au voisinage du grenier.

Flandrin (rue Hyppolite-) 24

n° 6

Et quoi encore ? Par une nuit de juin 1992, la gérante du restaurant Le Flandrin est agressée en regagnant son domicile et délestée de son sac et de ses clés. Deux heures plus tard, les voisins alertent les pompiers : un incendie, qui se révélera criminel, vient de se déclarer dans son établissement.

Flesselles (rue de) 25

n° 21

Réveillon tragique. On retrouve, le 27 décembre 1972, le cadavre d'une jeune fille de 22 ans, Josiane Zeezini, disparue de son domicile depuis le 22 décembre. Son meurtrier, Louis D., 26 ans, employé à la communauté urbaine, a été arrêté à Caluire pour un autre motif et avant même que ne soit découvert le cadavre de sa victime. Le Noël des deux amants se serait mal passé.

Garet (rue du) (anc. rue du Vert-Galant) 26

n° 2

Initiales BB. Louis Ducouré, machiniste au Grand-Théâtre, trouve un nouveau-né au deuxième étage, le 17 février 1902. Sur les vêtements, deux lettres : BB.

n° 8

À la lyonnaise. Le 1er août 1942, dans le bouchon Chez Georges, deux hommes dînent en ne quittant pas la rue des yeux, prêts à s'échapper par la porte de derrière. L'un d'eux est Jean Moulin. Et c'est devant un plat de cochonnailles que celui-ci propose à Daniel Cordier, qui vient d'être parachuté en zone libre, de devenir son secrétaire.

Grande-Côte (montée de la) 27

La belle et la bête. Le 20 février 1957, Robert Imperato, ancien boxeur engagé dans les paras, tue sa femme Josette, élève à l'École des beaux-arts, à coups de 22 long rifle, craignant de la perdre, devant le Stop-Bar. Puis il retourne l'arme contre lui.

n° 46

L'arme déviée. Vers 19 h 30, le 29 octobre 1957, deux militants du FLN s'en prennent à des compatriotes qui devisaient. Ils laissent sur le trottoir un mort et trois blessés graves. Mais ils visent en partant Jean Dupont, 24 ans, un passant, qui tentait de s'interposer. Il a le temps de dévier le tir avec son sac de sport et n'est que légèrement blessé au poignet, tandis qu'une autre balle lui effleure l'épaule. Seize douilles sont retrouvées sur place par les policiers.

n° 77

Les joies du service. Pendant que son mari effectuait son service militaire à Besançon, la femme Narbaud, 30 ans, se consolait avec un amant, David. Mais elle en eut vite assez et liquida ce dernier, le 9 mars 1896, à 10 heures, de quatre balles de pistolet, avant de retourner l'arme contre elle. Sans grand résultat, puisqu'elle fut blessée légèrement.

n° 100

Gadin. Le soir du mercredi 10 avril 1894, à Lyon, la montée de la Grande-Côte est le théâtre d'un triste fait divers. Un mécanicien de 19 ans, nommé Gadan, chauffard avant l'heure, dévale la pente sur une bicyclette sans freins. Il perd le contrôle de son engin, renverse Jubin, 3 ans, qui jouait devant le magasin de son père, pâtissier, lui casse un bras et finit sa course contre un trottoir où il se fracasse le crâne.

n° 158

Inconscient. Pour démolir une citerne prise par du béton, l'artisan Lavergne a l'idée de la faire éclater avec de l'explosif, le 17 février 1896 à 10 heures du matin. L'explosion déclenche une grêle de cailloux contre le groupe scolaire voisin. Six fillettes, assises sur un banc pendant la récréation, sont sérieusement blessées.

Herriot (rue du Président-Édouard-) 28

n° 3

Y a pas mèche. À 7 h 10 le 1er avril 1982, un employé de la poste aperçoit parmi les colis en souffrance un paquet dont s'échappe une mèche en partie consumée, mais éteinte. En l'ouvrant, les artificiers estiment qu'il s'agit là d'un mauvais poisson d'avril.

n° 25

Déjoué. Dans la cave de cet immeuble, le concierge découvre, le 7 mars 1995, une bonbonne de gaz reliée à deux bidons d'essence et un autre d'alcool à brûler, le tout branché par un fil électrique à la minuterie. Les policiers ont pensé qu'était visée la permanence du RPR, située au deuxième étage. L'engin n'a pas fonctionné.

Imbert-Colomès (rue) 29

À la Sainte-Catherine. Une bombe explose au local de la Légion française des combattants, le rendant inutilisable, le 25 novembre 1942.

Jardin-des-Plantes (rue du) 30

n° 1

Le rendez-vous de la pharmacienne. Au début des années 50, Mlle Marie-Lucette Givaudan avait ouvert là sa pharmacie de l'Annonciade. À 61 ans, elle y passait le plus clair de son temps, et le reste dans son appartement tout proche, rue du Sergent-Blandan, à deux pas de la place Sathonay. Jusqu'au 23 avril 1971, où sa femme de ménage la découvre dans l'arrière-boutique qui lui sert de bureau. Morte après avoir, visiblement, été bâillonnée, étranglée, mais torturée aussi. Un grand désordre règne, prouvant que le meurtrier cherchait plus que de l'argent ou des médicaments. L'enquête prouvera, grâce à un coup de téléphone, qu'elle avait rendez-vous à son officine à 19 h 30. Donc après la fermeture. Mais on ne saura jamais avec qui. Sans doute avec son assassin, qu'elle connaissait donc, mais qui ne sera pas identifié.

Lanterne (rue de la) (anc. rue de l'Enfant-qui-Pisse) 31

La poisse. En 1612, la Boucherie de la lanterne qui se trouvait là est détruite par un incendie au point que, dans les grimoires, on trouve ces mots : « En ung rien, le feu a tout consumé. » Le même commerce a de nouveau été ravagé par le feu en 1734. C'est à partir de ce sinistre que la ville se dota des premières pompes à incendie, inventées par le sieur Montagne.

Leynaud (rue René-) (anc. rue Vieille-Monnaie) 32

Racolage. Le 12 novembre 1549, les habitants de la rue se plaignent des filles de joie qui, après s'être fait chasser de la rue Ferrachat, se sont réfugiées dans cette artère, où s'y fabriquait la monnaie depuis que Charles VI avait enlevé ce privilège à Mâcon pour remercier les Lyonnais de leur accueil.

n° 21

Épuisé. Les Allemands appréhendent, le 22 mai 1944, dans son imprimerie La Source, Eugène Pons, père de sept enfants qui, la nuit, imprimait clandestinement *Franc-Tireur* et *Combat.* Il mourra d'épuisement en déportation.

n° 41

De squat en squat. Le 10 septembre 1992, des policiers délogent des squatters dans un immeuble désaffecté. «Je ne fais qu'exécuter les ordres. Si vous revenez, nous reviendrons », leur dit tranquillement le chef d'intervention, en se félicitant que l'opération se soit passée dans le calme. Le squatters s'en sont allés vers un autre appartement inoccupé.

Longue (rue) (anc. rue Tête-de-Mort) 33

Complot or not complot. C'est dans cette rue étroite que, dans la nuit du 4 au 5 septembre 1560, une foule de protestants s'enferme à l'hôtel Saint-Martin. Vers 11 heures, elle le quitte pour s'emparer de l'hôtel de ville. Mais le lieutenant du roi, l'abbé de Savigny, prévenu de la conjuration, fait charger ses arquebusiers, mettant ainsi en fuite les réformés. Ceux-ci affirmeront qu'ils s'étaient simplement installés ici pour pratiquer leur culte et qu'ils ont été attaqués sans raison.

Martin (rue Major-) (anc. rue Luizerne) 34

n° 8

Première caserne. Dans cette rue est inaugurée, le 3 mai 1806, la première caserne des pompiers de Lyon. Un caporal et quatre gardes, tous volontaires, y veillent toutes les nuits. Ils sont alertés en cas de besoin par le tocsin et disposent, dans la presqu'île, de onze dépôts où sont garées des pompes à incendie. Le conseil municipal portera à 32, puis à 112, le nombre de soldats du feu, jusqu'à ce qu'une caserne soit créée en 1857 rue Molière, naguère rue Monsieur.

n° 9

La peur du feu. Vers 20 heures, le 29 juin 1977, un incendie se déclare dans cet immeuble. Une étudiante de 20 ans, Monique Béguet, prend peur et préfère se jeter par la fenêtre, depuis le quatrième étage. Les pompiers n'ont rien pu faire pour elle.

Meissonier (place) (anc. place Saint-Pierre, jusqu'en 1891) 35

Dansez maintenant. Sur cette place, devant l'église, des catholiques dansent et chantent, le 29 juin 1565. Ils se voient reprocher ce tintamarre par deux passants. L'un, ministre protestant, se nomme Ruffy ; l'autre, Terrasson. Ce dernier est laissé pour mort, à même la place, par la foule en colère. Quant au second, il est chassé de Lyon par le public, qui reprend ses danses et ses chants.

Courage. En 1831, un restaurateur de cette place, Louis Sorbier, reçoit une médaille d'or du roi pour avoir sauvé la vie à plusieurs personnes qui se noyaient dans la Saône toute proche.

Ménestrier (passage) 36

Rumeur meurtrière. Le 27 novembre 1768, une émeute, qui fit trois cents morts et presque autant de blessés, était née d'une rumeur concernant le collège des médecins qui était installé là. Le bruit avait couru que les praticiens enlevaient des enfants pour les disséquer vivants.

Mulet (rue) 37

n° 10

L'année commence mal. C'est à la fin du réveillon du 1er janvier 1995 qu'un homme ivre se présente, vers 4 heures du matin, au café Prosper, un couteau à la main. Les clients le désarment, l'éjectent, mais il revient un peu plus tard armé d'un pistolet et tire. Le patron est touché à la jambe, un client à la poitrine.

Neuve (rue) 38

En radeau. Arrestation, le 24 août 1594, du capitaine Bayart, pennon (îlotier) de cette rue, soupçonné d'avoir conspiré avec le duc de Savoie pour faire entrer dans Lyon des gens en armes sur des radeaux naviguant sur le Rhône.

Neyret (rue) 39

Peine perdue. Effervescence à la caserne du 158e de ligne où, le 21 décembre 1896, le soldat Surrel tente de tuer d'un coup de couteau le capitaine Grandvaux. Il estimait avoir été puni à tort par cet officier. Jugé deux fois en soixante jours par le conseil de guerre de Lyon, Surrel est deux fois condamné à mort. Heureusement pour lui, précisait la seconde sentence, ces deux peines devaient être confondues en une seule, comme le voulait la loi.

Paix (rue de la)

Était-ce un signe ? Le 6 août 1598, la foudre tombe sur le clocher de l'église des Carmes et tue l'un des religieux qui s'y trouvait, fils d'un médecin lyonnais nommé Le Brigan. Certains y virent un signe.

Pêcherie (quai de la) 40

Fini le bois. Le feu prend, le 4 juin 1614, dans une maison du quai et se propage dans les étages par les escaliers de bois, entraînant la mort de treize personnes, « tant grandes que petites ». Après ce sinistre, le consulat interdit le bois pour toute construction d'escaliers.

Saône on the rock. Il fait si froid à Lyon, durant l'hiver 1896, que la Saône charrie des glaçons dont la dimension s'accroît de jour en jour, créant de petites banquises. Le 14 janvier, le service des bateaux-mouches est suspendu. L'interruption durera plusieurs semaines.

Costaude, la mémé. Le dimanche 24 juillet 2005 au matin, Suzanne M. se fait arracher le porte-monnaie qu'elle tenait à la main devant l'étal d'un des bouquinistes, nombreux sur ce quai de la Saône. Le moment de stupeur passé, la vieille dame – elle a 77 ans – s'élance à la poursuite de son voleur, parvient à le rattraper rue de la Lanterne et le plaque au sol, comme sur un terrain de rugby. Des passants alertés par ses cris maîtrisent l'aigrefin, qui s'excuse, met son geste sur le compte de l'ivresse et engage celle que les témoins ont tout de suite surnommée Ma Dalton à porter plainte. Une formidable gifle suffit à la dame qui, soixante ans plus tôt, escaladait les sommets de 6 000 mètres au Népal et courait le 5 000 mètres.

n° 4

Brûlé vif. Vers 22 h 30, le 7 mai 1897, un incendie se déclare au deuxième étage des bureaux de la Compagnie du gaz et se propage dans l'appartement du gardien, André Joanin, qui meurt carbonisé.

n° 17

À cheval. Dans le cabaret situé à cette adresse et tenu par la femme Henry, une violente rixe éclate au soir du 7 juillet 1828. Des militaires sont frappés et blessés, ce qui entraîne un attroupement d'un millier de curieux, au point qu'il fallut un détachement de cavalerie pour les disperser.

Perfetti (rue Dominique-) (anc. place de la Miséricorde, en 1821) 41

n° 8

Échange standard ? En regagnant son domicile, après avoir effectué quelques achats dans une supérette voisine, le juge d'instruction lyonnais, Noël Daix, est enlevé devant chez lui par deux hommes qui le jettent dans une R12, le mardi 7 février 1978, vers 19 heures. Dans la bagarre, il laisse sur place ses achats et sa paire de lunettes. Ce n'est que trois jours plus tard, vers 19 heures, qu'il sera retrouvé par les gendarmes, bâillonné et menotté à un arbre, prostré, très mal en point, dans une propriété près de Ternay, au sud de Lyon, suite à un appel téléphonique à la PJ de Lyon. Il a été déposé là par ses ravisseurs à 6 heures du matin. Les motifs de cet enlèvement n'ont jamais été véritablement connus, police, justice et le juge lui-même n'ayant jamais été très bavards. Après l'assassinat du juge François Renaud, cet enlèvement a causé beaucoup d'émoi chez les magistrats lyonnais. Une thèse a cependant étéavancée : l'échange du juge contre la libération d'un détenu. Le nom de Louis Guillaud, ravisseur du petit Christophe Mérieux, a été évoqué. L'opération, en tout cas, n'a pas eu lieu.

Pizay (rue) 42

n° 6

Théâtral. Furieux d'avoir échoué à l'épreuve de déclamation du concours d'entrée au Conservatoire, Raymond G., 20 ans, s'écrie, le 25 juillet 1893 : « Si j'avais un revolver, je me ferais sauter la cervelle sur la scène des Célestins. » Il avait bel et bien un revolver et s'en servit contre sa maîtresse, Marie Brosset, 29 ans, le soir-même, dans son appartement du quatrième étage, en tirant sur elle à cinq reprises. Aussi mauvais tireur que mauvais comédien, il la rata quatre fois et la blessa légèrement à l'œil avec la cinquième cartouche, mais ne se servit pas de la sixième pour mettre fin à ses jours.

n° 14

Produits solvants. Quatre personnes sont blessées, le 23 juillet 1994, lors d'une explosion survenue dans un appartement situé au quatrième étage de cet immeuble. L'enquête établira qu'il ne s'agissait pas d'une fuite de gaz, mais d'une mauvaise manipulation de solvants.

Platière (rue de la) 43

La fin du sacristain. Le 10 mars 1477 est assassiné, par le seigneur d'Yvort, Jean Day, le sacristain de Notre-Dame-de-la-Platière.

n° 14

Achevé dans l'allée. Un garçon de 23 ans, apparemment sans histoires, Noredine Mechta, est retrouvé mort dans l'allée de cet immeuble, le 29 septembre 1983, vers 2 heures du matin. L'enquête établit qu'il s'était présenté pour assister, un peu plus tôt, à une soirée à bord du *Frédéric Mistral*, amarré quai Augagneur. Non contents de lui avoir refusé l'accès, les trois videurs, âgés de 22 et 25 ans, l'avaient pourchassé avant de le tabasser à mort.

Plâtre (rue du) (anc. rue du Saint-Esprit) 44

Bagarre. L'Auberge bourguigniote, située alors rue Luiserie, est le théâtre d'une rixe sévère en avril 1434.

Pouteau (rue) 45

Bourreau d'enfants. Le dévideur Dubois est l'objet d'une lettre anonyme adressée au secrétaire général de la police. En effet, en ce 2 janvier 1891, il continue à faire travailler des enfants de 5 heures à 23 heures dans le froid et l'humidité, malgré la loi de 1874 qui plafonne le temps de travail des moins de 12 ans à dix heures par jour. Il est verbalisé.

Pradel (place Louis-) 46

Trafic. Les abonnés du Grand-Théâtre et du théâtre des Célestins manifestent leur colère dans la presse et auprès des autorités, en ce mois de février 1902. Ils protestent contre le fait qu'à partir du jeudi il devient impossible d'acquérir un billet d'entrée de seconde ou de parterre pour les matinées des dimanches et jours de fête. Organisant la pénurie, des petits malins les achètent en nombre et les revendent au double de leur prix, sous les péristyles des salles de spectacles.

Vivre en combattant. Le 23 novembre 1831, les canuts occupent l'hôtel de ville. Les troupes royales entrent dans Lyon le 3 décembre. L'histoire gardera en mémoire le courage de ces ouvriers de la soie qui, sans armes, tinrent pendant plusieurs semaines la seconde ville du pays. Ils n'avaient pas admis le revirement des fabricants et chefs d'ateliers, qui s'étaient engagés, en commission mixte, sur un minimum tarifaire. Dès le 21, était apparu, dans les manifestations, le célèbre : « Vivre en travaillant ou mourir en combattant. »

Pourquoi ? Après avoir subi plusieurs « pare-chocages », un peu avant minuit sur l'axe nord-sud, et maintes queues de poisson, François Boudinat, 28 ans, ébéniste, stoppe sa voiture au feu rouge, en descend pour aller demander des explications au conducteur de l'Alfa-Roméo qui venait de le harceler. Pour toute réponse, il reçoit une balle en plein front et meurt sur le coup, sous les yeux de sa fiancée qui l'attendait dans sa R14. C'était le 14 septembre 1982.

Puits-Gaillot (rue) 47

Rendez-vous illégitimes. À l'angle de cette rue et de la rue Paul-Chenavard, Jean de Bresse tient auberge. Son épouse Marguerite est accusée de maquerellage pour avoir accueilli des couples illégitimes, en avril 1434. En 1437, on lui vole deux écuelles en étain. De nombreuses bagarres éclatent régulièrement en ce lieu, à l'issue de parties de cartes quelque peu passionnées.

n° 1

Abattu. Antoine Fonlupt, résistant d'un groupe spécial des FTP, qui avait notamment récupéré du matériel allemand à la tête d'un commando de résistants revêtus d'uniformes de la Wehrmacht, est abattu par un milicien lors d'un guet-apens.

n° 12

Coincé. C'est à 5 heures, au matin du 21 novembre 2000, que Joseph G. est surpris par une patrouille de policiers, la tête coincée entre les barreaux protégeant la fenêtre d'une association de lutte contre le sida. Le malfrat pensait pouvoir, de la sorte, pénétrer dans les lieux. Mais il était trop gros et les pompiers ont dû recourir à la scie à métaux pour le délivrer.

n° 13

La rafle. Vers 14 heures, le 18 février 1942, douze policiers allemands, armés de mitraillettes, investissent Le Café du Carillon et emmènent le patron, son personnel et les clients. En tout, 160 personnes, qui sont transportées en camionnettes à l'hôtel Terminus, siège de la Gestapo. Toutes ces personnes seront relâchées le soir même, sauf deux sténotypistes et un journaliste sportif du *Nouvelliste.* Après un séjour au fort Montluc, ils seront envoyés en Allemagne.

n° 29

Ça tousse. Le 17 avril 1918, une explosion se produit dans le sous-sol d'une pharmacie. Un confiseur fabriquait des pastilles dans un local attenant à la cave. L'amidon qu'il faisait chauffer à 50 °C sur un fourneau n'a pas supporté la surchauffe.

Rambaud (place Gabriel-) 48

n° 21

Mêle-toi de... Le soir du 2 décembre 1979, au bar disco La Remise, Ahar Guidal, 21 ans, est abattu d'une balle dans le dos. Il avait eu le courage d'intervenir lors d'une dispute entre clients.

Rast-Maupas (rue) 49

n° 16

Sauvé des ordures. Vers 6 heures du matin, le 20 août 1985, les éboueurs entendent des vagissements provenant d'un sac-poubelle jeté près d'une statue de la Vierge à l'enfant, non loin de la sortie de secours de l'hôpital de la Croix-Rousse. Ils ont surnommé Moïse-85 ce bébé de sexe masculin.

République (rue de la) 50

n° 1

Ce n'est pas du cinéma. Marie-Antoinette, 34 ans, a attendu plusieurs heures, le 12 avril 1897, que son amant, Joseph Buissonnet, 30 ans, vienne livrer un colis. Cachée dans l'entrée du premier cinéma des frères Lumière, elle lui jette un bol de vitriol au visage. Elle n'avait pas supporté d'être abandonnée dès les premiers signes de sa grossesse.

n° 4

En chansons. Dans l'arrière-boutique du magasin Aux 100 000 chansons, un drame se joue, le 2 mars 1899, à propos du partage du mobilier conjugal entre Honoré et Adèle Pion qui viennent de divorcer. D'un coup de revolver, Honoré tue son ex-femme et tente de se suicider, mais se rate, car il est désarmé par l'amant d'Adèle, François Maréchal.

n° 5

Toiles assurées. Mme Pérussel, une artiste peintre, recharge sa lampe à pétrole en laissant la mèche allumée, le 8 décembre 1896. Le feu prend aux rideaux, puis aux meubles. Toutes ses toiles sont brûlées. Elle les estime à 5 000 francs, couvertes par une assurance.

Robatel (place Tobie-) (anc. place des Carmes, en 1849) 51

Prisonnier volontaire. Venant de quitter, en dernier, le magasin d'alimentation Jean-Pierre où il est employé, Jean Galley se souvient qu'il a oublié son portefeuille dans le tiroir de son bureau. Il se trouve alors nez à nez avec un homme affolé et apparemment soulagé, qui dit avoir été enfermé, alors qu'il venait voir le caviste du magasin. Ils boivent un coup tous les deux au bistrot du coin pour fêter ça. Puis l'homme disparaît et

Jean constate que son portefeuille n'est plus dans le tiroir. L'inconnu renouvellera l'opération au magasin Lanoma de la rue Grenette, puis au Prisunic de la place Gabriel-Péri, en février et mars 1955.

n° 14

Charlatans. En 1849, existaient deux officines très courues par les Lyonnais, déjà attirés par la publicité. Au n° 14, celle d'un pharmacien, un certain Camuset, qui prétendait guérir tous les maux grâce à des injections, dont il vantait les mérites par des annonces dans la presse. Et au n° 9, Mme Collet, qui vendait « l'eau prodigieuse » empêchant les cheveux de blanchir et les faisant croître, « fusse la personne chauve depuis de longues années ».

Romarin (rue) 52

n° 3

Si ce n'est toi. Dans son appartement du deuxième étage, on découvre, le 23 septembre 1986, le corps de Marie Perroud, 88 ans. Elle a été étranglée. Son gendre de 49 ans avoue le meurtre quelques jours plus tard, commis pour se venger des brimades que lui faisait subir sa femme, fille de la victime.

n° 9

Générosité *post mortem*. Le 8 octobre 1898, on découvre dans sa chambre garnie au quatrième étage, le corps de Nicolas Perigny, mais également celui de sa maîtresse, la veuve Olive. Les deux cadavres avaient la tempe trouée. Un revolver, d'où quatre balles sur six avaient été tirées, se trouvait encore dans la main de la jeune femme, qui avait griffonné ce mot : « Je l'ai tué pour une promesse non tenue. Ce qui nous reste, c'est pour les pauvres. »

Rouville (place) 53

Inexpugnable. Sur cette place qui doit son nom à l'imprimeur Guillaume Rouville, venu à Lyon en 1546 pour épouser la fille de son collègue Sébastien Gryphe, se trouve la fameuse maison Brunet, qui devint, grâce à ses 365 fenêtres, le 22 novembre 1831, une véritable citadelle qui tint en échec les troupes venant par la rue de l'Annonciade. On doit à l'intervention de l'abbé Pierre Pousset que l'immeuble n'ait pas été démoli à coups de canon.

Royale (rue) 54

n° 25

Bec de gaz. Quand Claudius Berthon vient faire le ménage dans cette fabrique de soieries Ruby et compagnie, le 12 janvier 1898, il est 6 heures du matin. Il fait nuit. Et quand il allume le bec de sa lampe Auer, le verre explose et le feu se propage aussitôt, d'abord aux soieries, puis dans les cinq étages. Il faut évacuer femmes et enfants en chemise de nuit, souvent par les fenêtres. Il y a plusieurs blessés et l'immeuble est en partie détruit.

Rozier (rue) 55

Décapité en dormant. Jean-François Rozier, curé constitutionnel de l'église Saint-Polycarpe, est décapité dans son lit en pleine nuit par un boulet de canon arrivé par la fenêtre de sa chambre, pendant le siège de Lyon par les troupes de la Convention, le 29 septembre 1793. Il avait accepté, quelques mois auparavant, de célébrer un service religieux à la mémoire du révolutionnaire Chalier. Des Lyonnais y ont vu une certaine forme de justice...

Saint-Nizier (place) 56

Trouvaille macabre. En 1253, l'église du même nom est en partie brûlée par les Vaudois, puis restaurée au fil des ans, jusqu'en 1308, date à laquelle on découvre, derrière le maître-autel, le corps de saint Nizier.

Mesquins. En 1388, les prêtres de cette église refusent de célébrer un enterrement, parce qu'on n'avait pas voulu leur donner le lit du trépassé.

Abattage. En 1516, un prêtre, le frère Thomas, fait de nombreuses conversions parmi les filles de joie, si nombreuses qu'on doit en loger quelques-unes, bien avant qu'elles n'occupent cette église quelques siècles plus tard, en 1974.

Rumeur. En 1561, à l'occasion de la Fête-Dieu, Guy Esmion, le chanoine de la paroisse, est grièvement blessé par la foule qui croyait à un complot des réformés. Il y eut aussi de nombreux tués.

Saint-Sébastien (montée) 57

n° 30

Réveillon sanglant. Trois clients qui sortaient de la discothèque Le Privé sont blessés, vers 3 heures du matin, la nuit de la Saint-Sylvestre 1981, par d'autres clients qui n'avaient pas été acceptés dans l'établissement. Le patron reconnaîtra plus tard qu'il s'agissait d'un avertissement, parce qu'il avait refusé d'être racketté. Dans ce même bar, durant la nuit du 3 au 4 mai 1981, une bagarre avait éclaté entre clients en raison d'une serveuse mineure, faisant trois blessés.

Saint-Vincent (quai) 58

n° 8bis

Essai transformé. Une bombe explose devant le transformateur alimentant la manutention militaire, le 12 décembre 1942.

Cinq d'un coup. À 13 heures, le 16 mars 1943, une bombe explose devant la porte d'entrée de la manutention militaire. Cinq soldats allemands sont blessés, dont un grièvement. En représailles, le commandant français de la manutention est arrêté sur le champ.

n° 34

Fors l'honneur. Mme veuve Besson, 54 ans, et sa sœur, Mlle Correard, n'ayant plus les moyens de payer leur loyer, étaient menacées de saisie. De honte, elles se sont couchées, le 8 juillet 1894, et ont attendu la mort en s'asphyxiant avec les gaz de leur réchaud au charbon de bois.

n° 52

Abus de boisson. Alerté par une odeur de gaz, un policier pénètre, le 4 janvier 1922, dans la loge de Mme Baissat, concierge, qui, selon les locataires, ne craignait pas la « lichaison ». À son entrée, la pipelette était couchée. Elle allume sa lampe de chevet, et c'est l'explosion. La malheureuse n'y survivra pas, et trois personnes, dont le policier, sont gravement blessées.

Sainte-Catherine (rue) 59

n° 12

Un truand acquitté. Le 2 juin 1977, André ben Arab, 40 ans, est abattu au comptoir de son bar, Le Chambéry, de plusieurs balles de 11,43 mm. C'était le seul membre du gang de Guy Reynaud à avoir été acquitté.

La grande rafle. Le 9 février 1943, un commando de la police allemande investit les locaux de l'UGJF (Union générale des Juifs de France) situés au dernier étage de l'immeuble. Quatre-vingt-six personnes sont arrêtées par des hommes appartenant à la Gestapo, accompagnés de SS en uniforme. Quelques-unes seront remises en liberté et deux hommes parviendront à s'échapper. Mais soixante-dix-neuf prisonniers seront déportés à Auschwitz. Certains n'en reviendront pas, comme le père et la mère de la journaliste Annette Kahn et le père de Robert Badinter, qui fut ministre de la Justice de François Mitterrand.

Malgré un document signé de sa main, Klaus Barbie, lors de son procès, contestera être à l'origine de cette rafle intitulée par les nazis « dissolution de l'UGJF ».

Feux d'artifices. À chaque 14 Juillet, cet ancien militaire de 44 ans pétait les plombs. Revêtu de son uniforme, il défilait dans le quartier. Il n'a pas supporté que sa mère, Eugénie, le lui reproche. Le 4 août 1982, il la tue d'un coup de carabine, avant de se donner la mort.

Servet (place Michel-) (anc. place des Pénitents-de-la-Croix) 60

Le meilleur ami. Sur cette place, se situait la Banque de France. C'est là que, à son arrivée à Lyon, à son retour de l'île d'Elbe en mars 1815,

Napoléon exigea de son directeur la somme de 100 000 francs. Ne voulant pas la payer, celui-ci se cacha à l'arrivée du chambellan. Mais, trahi par son chien, sa cachette fut découverte et il dut remettre la somme destinée à l'Empereur.

Tables-Claudiennes (rue des) 61

n° 4

Déjà Action directe. Lors d'une patrouille dans le quartier, vers 23 heures le 12 août 1971, deux fourgons de police essuient une rafale de mitraillette. Le tireur, après une poursuite montée des Carmélites et rue Burdeau, est retrouvé caché dans les bosquets du Jardin des plantes. À cette adresse, celle de son domicile, les policiers découvrent une mitraillette et trois revolvers. C'est la planque d'un gang responsable de plusieurs hold-up politiques. Le tireur, un « gauchiste » connu des services de police, Didier G., 21 ans, refuse de donner le nom de ses complices, dont certains iront rejoindre les rangs d'Action directe.

n° 34

Descendus. Furieux d'avoir été éconduit par sa maîtresse, Jean M., 48 ans, revient chez elle. Il abat Solange Farguer, 50 ans, ainsi que son fils Daniel, 26 ans, le soir du 30 janvier 1938. Avant de disparaître dans la nature, il rend visite à sa femme pour lui annoncer : « Je les ai descendus tous les deux. »

Tavernier (rue) 62

n° 12

Malle providentielle ? Pendant que son concubin, Bernard Matillon, garçon épicier, était au labeur, la dame Élise Pyot, 27 ans, avait coutume de recevoir dans son appartement du deuxième étage un homme marié qui l'aidait à arrondir ses fins de mois. Seulement, le 17 février 1896, l'officiel est rentré plus tôt que prévu. Élise n'a eu que le temps de cacher l'intrus dans une malle en osier, avant de partir au spectacle avec son concubin. À leur retour, Étienne Bidoil, 50 ans, avait cessé de vivre. Le couple a eu bien du mal à prouver son innocence. Heureusement, des voisins ont affirmé avoir entendu des appels étouffés durant plusieurs heures. Le légiste a conclu que le malheureux était mort soit de peur, soit d'étouffement, ou peut-être des deux.

Terme (rue) 63

La mort du bougnat. Un des trois chevaux qui tirent une charrette, emplie de deux tonnes de charbon, le 27 septembre 1899, fait un écart en grimpant la côte, ce qui déséquilibre Mathieu Valate, 49 ans, un manœuvre étendu sur les sacs. Il tombe au sol, se fait écraser par les roues de l'attelage et meurt.

Terraille (rue) 64

n° 9

String et papillon. La barmaid du Spartacus découvre son patron, Michel Hodimont, 35 ans, le 1er mai 1985 vers 17 heures, le crâne fracassé par une statuette. Il est en minislip, et l'auteur du meurtre arrêté peu après, Joël S., un étudiant de 25 ans, expliquera son geste par un strip-tease qui a mal tourné. Il a été identifié grâce au nœud papillon rouge qu'il portait ce soir-là.

Terreaux (place des) 65

La place rouge. Aussi loin que l'on remonte dans l'histoire de Lyon, cette place fut le théâtre de liesses populaires, de rassemblements sportifs ou politiques. On y tuait et vendait aussi les porcs. Ce fut aussi le cadre de bien des exécutions.

1551. Claude Manin, venu de Lausanne pour évangéliser les enfants. Brûlé.

1553. Cinq étudiants calvinistes, venus de Genève. Carbonisés.

1556. Un troubadour, Claude Lacanezière. Exécuté pour hérésie.

1601. Le 2 août, le nommé Gaignon. Pendu pour sacrilège.

1603. Le 23 décembre, une « sorcière ». Pendouillée.

1642. Le 22 septembre, derrière un portefaix loqueteux, soudoyé pour faire office de bourreau, marche une foule innombrable. Elle accompagne Cinq-Mars, marquis de son état, et son ami François-Auguste de Thou à l'échafaud, place des Terreaux. Arrivé, le premier prend des pauses avantageuses en saluant la foule, le second est moins vaillant et étreint longuement prêtre et bourreau. Il a raison, car celui-ci devra s'y prendre à sept fois pour parachever sa mission. De Thou et Cinq-Mars étaient accusés de complot contre Richelieu, avec l'appui de l'Espagne. Leurs corps furent ensuite transportés au couvent des Feuillants.

1793. Le 6 janvier, on guillotine en effigie les rois de Prusse, d'Angleterre et de Sardaigne, ainsi que le pape. Le 15 décembre, Marie Cochet, 27 ans, y est guillotinée pour avoir porté les armes, pendant le siège, en uniforme de fantassin. Le 24 décembre, Marie Adrian est suppliciée pour le même motif.

1795. Le 18 février, on y brûle le mannequin de Robespierre.

Hystérie collective. En 1517, les nonnes de l'abbaye Saint-Pierre voient avec effroi un chien noir aux yeux étincelants passer à travers les murs. Une nonne trépassée revient même toutes les nuits hanter ses compagnes. Un vent d'hystérie souffle visiblement sur l'endroit, où l'on n'ose plus passer de peur de « se faire serrer par les bénédictines ».

Il embrasse son bourreau. Le 16 mai 1553, cinq écoliers de Lyon, condamnés pour s'être convertis au protestantisme, sont exécutés sur cette place. Martial Alba, le plus âgé d'entre eux, tient à embrasser son exécuteur. Après avoir été tous les cinq étranglés par la même corde actionnée par des poulies, leurs cadavres, recouverts de graisse, sont incinérés sur place.

Antitabac. Sur cette place est inauguré, en 1694, le premier café avec terrasse, où l'on pouvait consulter les numéros de *La Gazette* de Théophraste Renaudot, apportés de Paris par La Poste aux lettres, créée en 1611, ainsi que le premier journal de Lyon, *Les Nouvelles ordinaires*, sur quatre feuillets. Sur ordre du consulat, on ne pouvait fumer la pipe qu'à l'extérieur. Et il fallut attendre 1697 pour que cette place bénéficie, comme les autres rues de Lyon, de l'éclairage public, des lanternes de papier garnies de chandelles qui n'étaient pas allumées les jours de pleine lune.

Avant Mitterrand. Scandalisé par la fréquence des exécutions à Lyon (102 entre le 1er janvier 1769 et le 1er janvier 1770, une tous les trois jours), le Lyonnais Philippon de La Madeleine réclame l'abolition de la peine de mort dans un discours « Sur la nécessité et les moyens de supprimer les peines capitales », le 11 décembre 1770, devant l'Académie des belles-lettres.

Galvanisé. Sur cette place, en 1793, on guillotine Jean-Jacques Ampère, ancien notaire de Poleymieux, puis juge de paix à Lyon, dans le quartier Grôlée. On lui reproche d'être le rédacteur de « la procédure monstrueuse instruite contre le vertueux Chalier et qui a décerné contre lui un mandat d'arrêt ». Il était le père d'André-Marie Ampère, l'illustre physicien, qui imagina entre autres le galvanomètre.

À gauche toutes. Le 5 mai 1920, vers 6 heures le matin, André Charlot, 38 ans, cordonnier, pourtant amputé de la jambe gauche, descend du tramway avant l'arrêt complet. Il glisse sous les roues et se fait sectionner le bras gauche.

Décapités. En effectuant des travaux le 25 mai 1991 pour le parking de la place, des ouvriers découvrent à 20 mètres de l'hôtel de ville, et à 50 centimètres seulement de profondeur, trois squelettes décapités. Exécutions que les historiens datent à 1794.

Style sur style. Un terrible incendie ravage, le 13 septembre 1674, entre midi et 1 heure, une partie de la façade de l'hôtel de ville, dont la construction avait duré neuf ans, de 1646 à 1655. Plusieurs habitants du quartier, venus aider les secours, périssent dans les flammes. Il y a de nombreux blessés. Conçu par Simon Maupin et de style Louis XIII, il fut restauré, au début du XVIIIe siècle, par le neveu de François Mansard, Jules-Hardouin, en style Louis XIV. D'où un ensemble quelque peu disparate.

Chaude cérémonie. Un autre incendie, provoqué par des illuminations dédiées à l'anniversaire de la Révolution, eut lieu le 14 juillet 1803. Il ne fit pas de victime.

Fini au couteau. C'est là que fut exécuté, le 17 juillet 1793, Marie-Joseph Chalier, fils de notaire devenu révolutionnaire et rendu célèbre à Lyon par sa violence contre les aristocrates, les nantis et les ecclésiastiques. Il avait fait condamner à mort à tour de bras quand il était juge au tribunal de district. Jusqu'à ce que la roue tourne et qu'il soit à son tour condamné à mort. L'ironie du sort veut qu'il ait acheté de ses propres deniers, pour 329 francs, la guillotine qui lui a coupé la tête. Alors qu'il était animateur du club des Jacobins, situé rue du Bât-d'Argent, il avait passé commande de cette machine sur catalogue. Il souhaitait même l'installer pont Morand pour que les têtes tombent directement dans le Rhône. C'est pourtant place des Terreaux qu'il fut décapité. Le bourreau Jean Ripert actionna quatre fois le couperet qui resta coincé, si bien qu'il dut achever sa besogne avec son propre couteau.

La révolte des bourgeois. Le 31 juillet 1830, on voit sur cette place une révolution, mais sans effusion de sang. Une simple répercussion de celle de Paris, menée par les « libéraux » lyonnais, bourgeois et « fabricants de soieries », qui ordonnent même à leurs ouvriers de s'y rendre pour dépaver l'endroit et construire une barricade sur le quai de Retz, avec des voitures de charbon et des bateaux retournés. Assiégées dans l'hôtel de ville, les autorités royales capitulent sans combat et les troupes fraternisent avec les insurgés.

Flop. Le 23 mars 1871, face à la dégradation accélérée de l'insurrection lyonnaise, Charles Amouroux, à la tête d'une délégation du comité central de la garde nationale, proclame la « Commune de Lyon » du haut de l'hôtel de ville, après avoir fait acclamer celle de Paris. Peine perdue. En quelques jours, la Commune de Lyon s'évanouit dans l'indifférence.

Art et pragmatisme. À peine installée en 1890, la fontaine des Terreaux fut délestée des rênes des chevaux qui tiraient le char. Elles ne furent remplacées qu'en 1969. Cette œuvre de Bartholdi, présentée à l'exposition universelle de 1889, était destinée à la ville de Bordeaux, qui la trouva trop chère. Elle devait symboliser la Garonne tirant ses affluents vers l'Atlantique. Pragmatiquement, elle devint l'image du Rhône emportant ses affluents vers la Méditerranée.

Travesti. Vers la fin du XVIIIe siècle, une femme déguisée en homme fait office de bourreau durant plusieurs années. Son secret sera trahi après trois années de mariage avec une fille, qui finit par la dénoncer en raison des mauvais traitements qu'elle subissait. Condamnée, elle sera sauvée de la prison par l'offre que lui fera un homme de l'épouser.

n° 5

Mêle-toi de rien. Vers 19 h 30 le 20 janvier 1989, deux clients ivres importunent Myriam Tokasc, la patronne du bar Le Vicomte. Pour avoir voulu la protéger, un autre client, Marc Colognac, 38 ans, un carrossier père de deux enfants, se fait tuer d'un coup de poignard dans le ventre. Dix autres personnes assistent au drame sans intervenir.

n° 14

Récidive. À l'emplacement de l'actuel Crédit agricole, à la porte de la Lanterne, l'auberge de Jean Béry subit plusieurs vols, entre 1431 et 1435.

Occupation. Le 11 novembre 1942, en raison du débarquement sur les côtes algériennes et marocaines, les troupes allemandes envahissent la zone dite libre en franchissant, à minuit, la ligne de démarcation. Les premiers uniformes vert-de-gris s'installent sur la place à 9 h 40.

En jeep. Le général Diego Brosset, à la tête des troupes de libération, monte symboliquement avec sa jeep les escaliers de l'hôtel de ville, le 3 septembre 1944.

Tolozan (place) 66

Claustrophobie mortelle. Une femme chute de 18 mètres dans la cage de l'ascenseur en panne de l'immeuble de la Sécurité sociale, le 1er février 1951. Elle avait voulu en sortir en cassant une vitre.

Voraces (cour des) 67

Solide appétit. Cette maison de la République, à laquelle on accède par le 9 de la place Colbert, le 14 bis de la montée Saint-Sébastien ou le 29 de la rue Imbert-Colomès, était le refuge des canuts, notamment lors de la révolution de 1848. On y prônait un nouvel ordre social et le mutualisme ouvrier. Révolution matée par la force. Le terme de « voraces » vient du solide appétit des canuts pour les conquêtes sociales, la dignité et la bonne chair.

2e ARRONDISSEMENT

Ainay (place d') ❶

Barbares, va ! Les Magyars détruisent l'église d'Ainay, en 937.

Du passé... En 1562, les huguenots saccagent l'église, brûlent les archives et dévastent partiellement le cloître.

Halte pour les grands de ce monde. Ici s'élevait une abbaye construite au début du IVe siècle, détruite par les Sarrazins au VIIIe siècle et reconstruite au XIIe siècle, avant d'être à nouveau détruite à la Révolution. Quant à l'église également détruite par les Sarrazins, elle fut restaurée et consacrée le 26 janvier 1106 par le pape Pascal II, avant d'être transformée en salpêtrière sous la Révolution. Elle ne fut restaurée qu'au début du XIXe siècle. Louis XII vint y signer la paix entre la France et l'Espagne, Henri II y logea en 1548, Louis XIII en 1632, 1639, de même qu'en 1642, mais avec Richelieu. Enfin, la reine d'Autriche y séjourna en août 1692.

Amboise (rue d') ❷

Curieux suicide. Dans une chambre située au-dessus de l'Hollywood bar, Henry Regeff met fin à ses jours au cours de l'été 1976. Ce Savoyard d'origine, surnommé dans le milieu le Colonel, a été l'une des grandes figures parmi les truands lyonnais. Son « suicide » a toujours paru suspect à ses amis, comme à la police.

Ancienne-Préfecture (rue de l') ❸

n° 7

Ivre d'amour. Dans son appartement du deuxième étage, on découvre, le 11 avril 1969, le corps d'un barman de 56 ans, Gabriel Guerre, criblé de coups de couteau. À ses côtés, Lucienne Truy, une femme de 44 ans, est décapitée. Arrêté, le meurtrier, un courtier, ancien légionnaire, Jean-Pierre C., 37 ans, dira qu'il a agi par amour, mais qu'il était ivre.

L'or au quintal. Le 7 octobre 1984, après avoir pris en otage toute sa famille (6 personnes) dans sa villa de Charbonnières, quatre gangsters obligent Michel Rey-Coquais, directeur d'une société d'affinage, à venir à

2e ARRONDISSEMENT

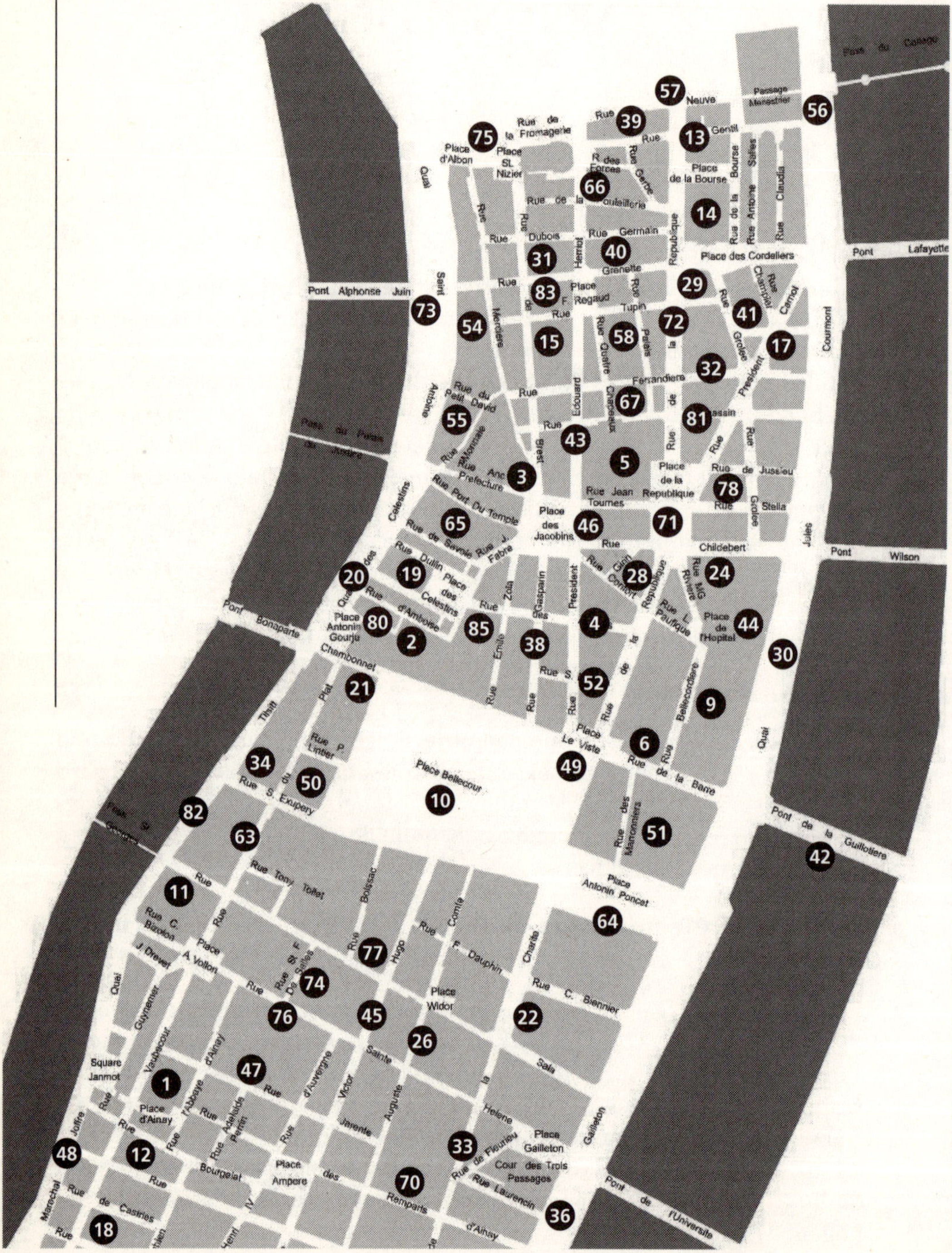

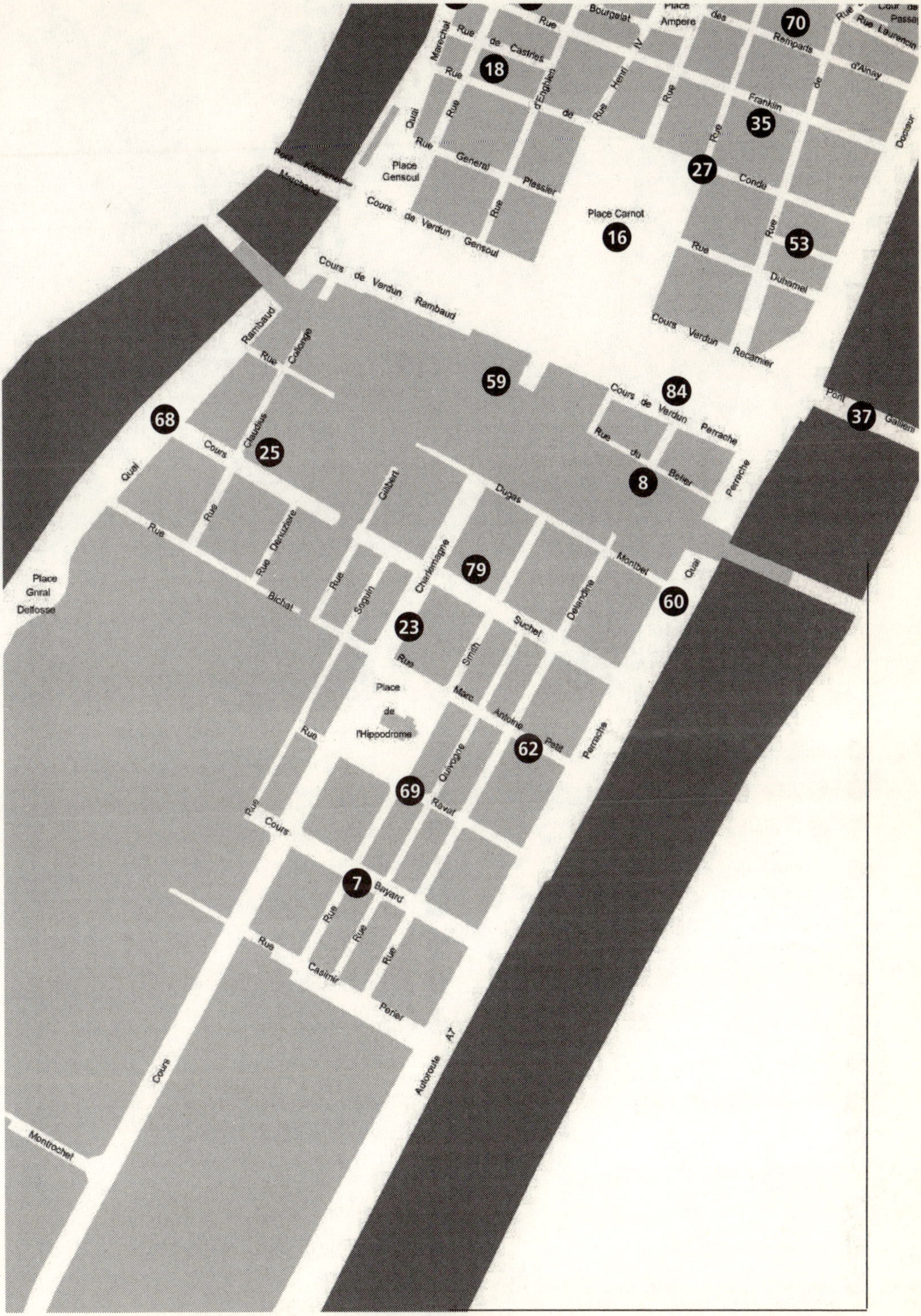
Bourgelat
Place
Ampere
des
Remparts
d'Ainay
Rue
de
Castries
Maréchal
Quai
Rue
d'Enghien
de
Henri
IV
Franklin
Rue
Condé
Duhamel
Place
Gensoul
Rue
Général
Plessier
Rue
Gensoul
Cours
de
Verdun
Place Carnot
Cours
de
Verdun
Rambaud
Cours
Verdun
Récamier
Rambaud
Rue
Colonge
Cours
de
Verdun
Perrache
Pont
Galliéni
Rue
du
Béloer
Perrache
Claudius
Cours
Quai
Rue
Rue
Rue
Denuzière
Bichat
Place
Gnral
Delfosse
Gilbert
Dugas
Charlemagne
Rue
Seguin
Montbel
Quai
Suchet
Delandine
Smith
Rue
Marc
Antoine
Petit
Perrache
Place
de
l'Hippodrome
Rue
Quivogne
Ravat
Cours
Bayard
Rue
Rue
Rue
Rue
Casimir
Périer
Autoroute
A7
Cours
Montrochet
70
18
35
27
16
53
59
84
37
68
25
8
79
60
23
62
69
7

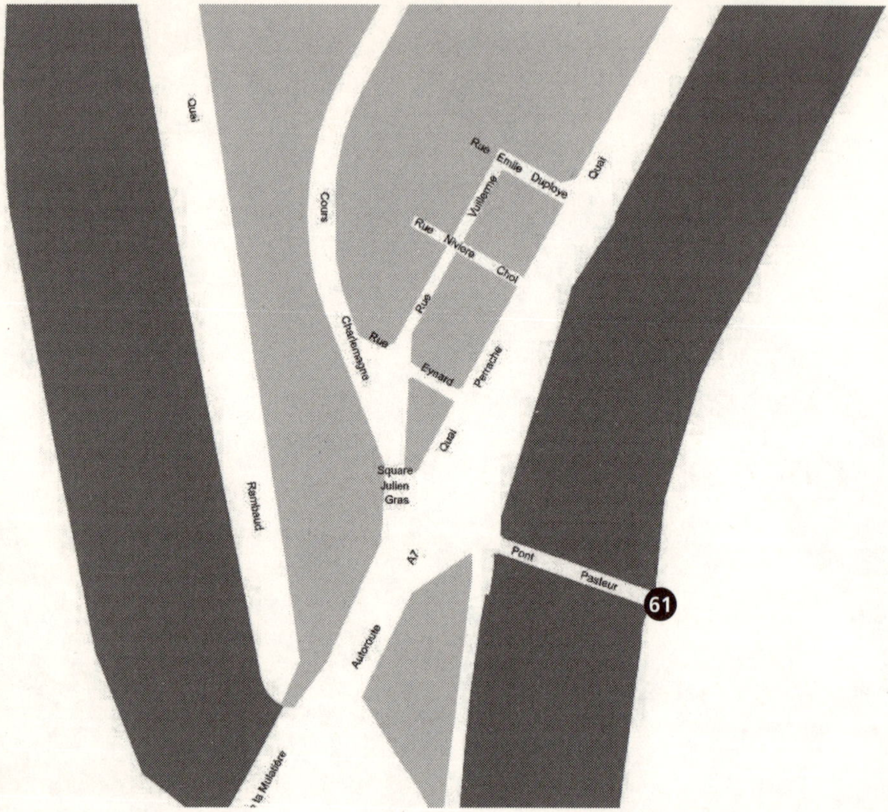

1 Ainay (place d')
2 Amboise (rue d')
3 Ancienne-Préfecture (rue de l')
4 Archers (rue des)
5 Argue (passage de l')
6 Barre (rue de la)
7 Bayard (cours)
8 Bélier (rue du)
9 Bellecordière (rue)
10 Bellecour (place)
11 Bizolon (rue Clotilde-) (anc. rue Sainte-Hélène)
12 Bourgelat (rue)
13 Bourse (place de la)
14 Bourse (rue de la) (anc. rue Treize-Pas et rue Minnie)
15 Brest (rue de) (anc. rue Centrale)
16 Carnot (place)
17 Carnot (rue du Président-)
18 Castries (rue de)
19 Célestins (place des)
20 Célestins (quai des)
21 Chambonnet (rue Colonel-)
22 Charité (rue de la)
23 Charlemagne (cours)
24 Childebert (rue) (anc. rue de l'Attache-des-Bœufs, au XVIIIe siècle)
25 Collonge (rue Claudius-)
26 Comte (rue Auguste-) (anc. rue Saint-Joseph)
27 Condé (rue de) (anc. rue du Peuple, en 1848)
28 Confort (rue)

29 Cordeliers (place des) (anc. place du Méridien, pendant la Révolution)

30 Courmont (quai Jules-)

31 Dubois (rue)

32 Ferrandière (rue de la)

33 Fleurieu (rue)

34 Fochier (rue Alphonse-) (auj. rue Antoine-de-Saint-Exupéry)

35 Franklin (rue)

36 Gailleton (quai Docteur-)

37 Galliéni (pont)

38 Gasparin (rue)

39 Gentil (rue)

40 Grenette (rue) (anc. rue des Auberges)

41 Grôlée (rue)

42 Guillotière (pont de la)

43 Herriot (rue Président-Édouard-) (anc. rue de l'Hôtel-de-Ville, en 1930)

44 Hôpital (place de l')

45 Hugo (rue Victor-)

46 Jacobins (place des) (anc. place Confort, en 1590)

47 Jarente (rue)

48 Joffre (quai Maréchal-)

49 Le Viste (place)

50 Lintier (rue Paul-) (anc. rue des Deux-Maisons)

51 Marronniers (rue des)

52 Maupin (rue Simon-)

53 Mazard (rue)

54 Mercière (rue) (anc. rue Marchire et rue des Marchands)

55 Monnaie (rue de la)

56 Moulin (quai Jean-)

57 Neuve (rue)

58 Palais-Grillet (rue) (anc. rue Puits-Pelu et rue du Charbon-Blanc)

59 Perrache (gare de)

60 Perrache (quai)

61 Perrin (place Antonin-)

62 Petit (rue Marc-Antoine-)

63 Plat (rue du)

64 Poncet (place Antonin-) (anc. place de la Charité, en 1842)

65 Port-du-Temple (rue) (anc. rue Écorche-Bœuf)

66 Poulaillerie (rue de la) (anc. rue Maudite, pendant quatre siècles)

67 Quatre-Chapeaux (rue des) (anc. rue de la Cornemuse)

68 Rambaud (quai)

69 Ravat (rue)

70 Remparts-d'Ainay (rue des)

71 République (place de la)

72 République (rue de la)

73 Saint-Antoine (quai)

74 Saint-François-de-Sales (rue)

75 Saint-Nizier (place)

76 Sainte-Hélène (rue)

77 Sala (rue)

78 Stella (rue) (anc. rue Noire)

79 Suchet (cours)

80 Templiers (rue des)

81 Thomassin (rue) (anc. rue de la Rôtisserie, en 1550, et rue du Plat-d'Argent, en 1630)

82 Tilsitt (quai)

83 Tupin (rue) (anc. rue Pépin et rue de la Lune)

84 Verdun (cours de) (anc. cours du Midi, en 1893)

85 Zola (rue Émile-) (anc. rue Saint-Dominique, avant 1902)

Lyon ouvrir les quatre coffres de son entreprise, vers 3 heures du matin. Ensuite, par talkie-walkie, ils font libérer les otages par leur complice resté sur place, non sans emporter un quintal d'or fin. Les malfrats se feront arrêter quinze jours plus tard en Suisse, où ils tentaient de négocier leur butin. Un receleur sera condamné, vingt ans plus tard, à six ans de réclusion. D'autres par contumace à quinze ans.

Archers (rue des) ❹

n° 1

La bouteille de trop. Il y a foule, cette nuit du 23 juillet 1968, au cabaret Le Grillon, rendez-vous des noctambules, à l'angle de la place des Célestins. À une table, un industriel ardéchois, de passage à Lyon, Roger Seive, ne supporte pas le bruit occasionné par une bande de jeunes, qui en sont à leur septième bouteille de champagne. Il le leur dit. Pour toute réponse, l'un d'eux se lève et tire sur lui trois coups de revolver. C'est Guy Reynaud, qui arrose ce soir-là le hold-up qu'il vient de commettre, avec sa bande, trois jours plus tôt, au magasin Carrefour (320 000 francs). Il risque la peine de mort. Grâce à son avocat, Me La Phuong, il ne sera condamné qu'à vingt ans de réclusion criminelle, en 1973. Il meurt terrassé par un infarctus en 1991.

n° 6

Le maire s'en mêle. Le 13 août 1829, un incendie détruit entièrement cet immeuble de cinq étages qui donne sur la cour des Archers. Il n'y a pas de victimes, mais quarante-quatre ménages sont à la rue. Des fêtes et des quêtes sont organisées dans le quartier pour leur venir en aide. Le maire de Lyon attendra le mois d'octobre pour leur débloquer la somme de 18 000 francs.

n° 17

Bombe. Le 8 octobre 1942, une bombe explose au local de la Milice.

Argue (passage de l') ❺

Au canon. Pendant les troubles de Lyon, des ouvriers qui n'ont pas eu le temps de se réfugier dans le théâtre provisoire de la place des Jacobins se retranchent, le 9 avril 1834, dans les bâtiments de ce passage et tirent sur les soldats depuis les fenêtres. Il faut deux pièces de canon pour les déloger.

Noël torride. Deux clients braquent le vendeur du sex-shop Au-delà des rêves et repartent avec 50 francs, quatre-vingts cassettes, des revues porno, des poupées gonflables et des produits aphrodisiaques, le 25 décembre 1989.

Barre (rue de la) 6

L'argent du beurre. On trouve peu de beurre en cette année 1793. Les habitants, estimant qu'il avait été accaparé par les « puissants », s'emparent des réserves et vendent le stock à leur profit, à raison de 10 sols la livre. Officiellement, c'étaient des réserves de l'armée.

Chez le forçat. Auteur d'un vol de plus de 130 000 francs au préjudice d'un certain Joseph Beaup, qui habitait au 21 port Saint-Clair, actuelle place Tolozan, un malfaiteur du nom de Piot est arrêté, le 8 juillet 1828, au domicile d'un ancien forçat récemment libéré, un certain Bouquet, sans doute au n° 8 de la rue.

Bayard (cours) 7

Naissance des comités de soutien. Le 19 avril 1923, M. Ricard, transporteur de fonds de la Trésorerie générale, se fait agresser à l'arrêt du tramway, à l'angle du quai Perrache, par quatre individus à bord d'une torpédo rouge, qui lui dérobent sa sacoche renfermant 143 000 francs. C'est le premier hold-up commis en France à bord d'une voiture.

Trois des braqueurs sont arrêtés quelques jours plus tard à Marseille et reconnaissent les faits. Le quatrième, Marcel Maniguet, à Lyon, nie comme un beau diable. Il sera néanmoins condamné, en avril 1924, à sept ans de travaux forcés, ses complices à quinze. Malgré le premier comité de soutien organisé par la Ligue des droits de l'homme.

Bélier (rue du) 8

n° 1

Client ingrat. Le 3 août 1974, une prostituée, Marcelle Anaclet, est retrouvée morte dans une chambre de l'Hôtel de Bordeaux, assassinée par l'un de ses clients, qui a pris la fuite.

Bellecordière (rue) 9

Sauvageons. Une bande de jeunes oisifs, déjà repérés par la police du prévôt et les tribunaux de l'archevêque, Henri, fils de Jean Point, Jean Cheval, dit Dardonnier, Jean Chancetier, Henri Moncard et Mathieu Beysleu opèrent dans le quartier. Ils trouvent très drôle, un dimanche de 1433, de pénétrer dans la maison d'Antoine Badier en se faisant passer pour des notables. Le tisserand était en train de se livrer à de coupables plaisirs avec Jeannette, épouse adultère. Ils escortent le couple évidemment terrorisé jusqu'à Saint-Jean. Manque de chance, ils se font arrêter en chemin par de vrais officiers. Plus tard, ils se feront de nouveau interpeller pour vol de bois dans les saulaies de la ville.

n° 10

Au sommet. Le 24 février 1934, un différend oppose Étienne Sinkecz, 23 ans, à deux autres ouvriers étrangers, qui appellent la police. Mais Étienne Sinkecz prend peur et tente de s'enfuir par les toits. Il glisse et fait une chute de 12 mètres sur la verrière d'une imprimerie. Mortelle.

Tragique bagarre. Le 11 novembre 1960, vers 5 heures du matin, lors d'une bagarre après boire, un homme de 25 ans, Abbès Fellahi, est tué de deux balles de pistolet, à bout portant. Pour ce meurtre, Louis Thomas, président de la section lyonnaise des anciens combattants de l'union française, est inculpé d'homicide volontaire. Il niera toujours les faits et sera acquitté par la cour d'assises.

Bellecour (place) ⑩

Déjà des OVNI. Le 12 octobre 1621, vers 20 heures, devant plus de cinq cents Lyonnais, un phénomène céleste est visible durant plus d'une heure au-dessus de la place. Au grand « estonnement » du peuple, une forte luminosité, une étoile plus grosse que les autres et des éclairs au-dessus d'une espèce de coupole sont aperçus. Les témoins croient à la fin du monde. Déjà, au IXe siècle, sous le règne de Louis le Débonnaire, les grimoires parlaient d'un navire aérien, stationné au-dessus de la place, d'où seraient descendus des « navigateurs du ciel », trois hommes et une femme.

Confluent ? Au cours de la nuit du 15 au 16 janvier 1756, suite à des pluies diluviennes au nord de Lyon, le Rhône et la Saône en crue finissent par déborder. Les fleuves se rencontrent et se mêlent sur la place. Le même phénomène se renouvelle au cours de la nuit du 5 au 6 novembre 1840, avec 30 centimètres d'eau. Plus tôt, le 21 juillet 1828, un violent orage avait endommagé de nombreux tilleuls qui la bordaient. Mais ce sont les troupes royales qui firent le plus de mal à ces arbres en en coupant quarante pour construire une barricade au pont de l'Archevêché (actuel pont Tilsitt), afin de se protéger des insurgés, qui, en avril 1834, tiraient depuis Saint-Just sur la place Bellecour, où se tenait le QG des armées du roi, avec deux canons dérobés à l'ennemi. Il faudra attendre 1848 pour que les tilleuls soient remplacés par les platanes actuels.

La révolte. Lassés des excès du Comité jacobin et du piémontais Chalier, des Lyonnais se rassemblent sur cette place le 29 mai 1793. Emmenés par un chef improvisé, Madinier, un apprêteur en draps, ils s'emparent de l'arsenal et de ses armes et marchent sur l'hôtel de ville, défendu par 1 800 hommes et douze pièces de canon. Ils perdent six cents hommes, mais deviennent maîtres des lieux. Triomphe de courte durée. La Convention veut rayer Lyon de la carte. Elle confie cette tâche au général Kellermann, qui va entamer le siège de la ville à partir du 8 août. Il va durer quarante jours et s'achever dans le sang le 29 septembre (29 brumaire de l'an II). Quarante-quatre mille obus sont lancés sur Lyon. De même, 5 000 gargousses à mitraille et 600 000 coups de fusil sont tirés. Puis des centaines de contre-révolutionnaires sont fusillés dans la plaine des Brotteaux et d'autres guillotinés place des Terreaux. Une chapelle, dite de l'Expiation, rappelle leur souvenir dans le 6e arrondissement (voir rue de Créqui).

On change de cheval. La municipalité, apeurée par les événements parisiens, décide, le 17 avril 1792, malgré l'opposition du maire de Lyon, Louis Vitet, de démolir la statue de Louis XIV pour en faire des canons. Œuvre de Martin Desjardins, elle est abattue le 28 avril. Il faudra attendre novembre 1826 pour retrouver un Louis XIV équestre sur la place, cette fois œuvre de François Lemot.

Cordial. Le 7 décembre 1898 vers 15 heures, un cycliste de 16 ans, Guillaume Geizendanner, est renversé sur la place par le tramway 122. À l'époque, on ne faisait pas de constat, et le traminot emmène le gamin boire un cordial au café le plus proche. Quant au vélo, il est allé à la casse.

Antisémites. À la tête d'une troupe de jeunes gens des cercles cléricaux, le député des Hautes-Alpes, le vicomte d'Hugues, traverse la place, le 25 novembre 1896, alors qu'un arrêté municipal interdit cortèges et processions. Il profitera de son procès en janvier suivant pour prononcer devant le tribunal un long discours antisémite et antimaçonnique.

T'as pas 3 francs ? Le 31 avril 1930, un ouvrier algérien, Tahar Lamry, 62 ans, est abordé à sa descente du tram, à l'angle de la rue de la Charité, par deux jeunes gens : « Dis donc, vieux, donne-nous 3 francs pour boire un café. » Il ne se laisse pas faire, sort un couteau, les met en fuite et s'en va porter plainte. Âgés de 17 ans, les gamins affirment avoir été injuriés par leur victime. Les policiers ne les croient pas.

Comme à Paris, les morts en moins. En fin d'après-midi, le 6 février 1934, 800 camelots du roi se réunissent sur la place pour conspuer le ministère qui a fait tirer à Paris sur les manifestants, montés à l'assaut du Palais Bourbon pour renverser le gouvernement et instaurer un régime fort. Une vingtaine de jeunes gens sont interpellés, sans que la manifestation dégénère comme celle de Paris, qui a fait 22 morts et 400 blessés.

Louis XIV a eu chaud. Le 30 mai 1942 une bombe éclate, vers 9 h 30, au pied de la statue de Louis XIV, juste après le lever aux couleurs de la Légion française des combattants. Elle ne cause ni dégâts ni accident de personnes.

Le *Progrès* visé. Vers 18 heures, le 16 mai 1944, un journaliste du *Progrès*, René Leynaud, est blessé de trois balles dans la cuisse par des miliciens, qui le livrent à la police allemande.

Épuration. Quinze mille personnes participent au meeting présidé par Yves Farge et Maurice Guérin. Elles veulent une épuration rapide, et dans l'ordre. Nous sommes le 15 octobre 1944.

De garde. Le 4 janvier 1962, devant le Veilleur de pierre, deux gardiens de la paix, MM. Allirol et Blachère, sont abattus vers 22 h 30, alors qu'ils gardaient le monument. D'après les témoins, les tireurs étaient nord-africains. FLN ou MNA ? On ne l'a jamais su.

Le trésor du roi. Le 28 juillet 1966, en débutant les travaux du parking souterrain, des ouvriers découvrent un petit coffret de plomb, dans le fond duquel se trouvent quelques pièces d'or et d'argent, ainsi que des médailles. « Trésor » remis au maire de Lyon, Louis Pradel, qui le confie au musée Saint-Pierre. Des écrits ont prouvé que les autorités de l'époque avaient placé ce coffret sous les fondations, lors de l'érection de la statue de Louis XIV.

Privés de spectacle. Le 21 mai 1985, un homme monte sur une grue du chantier du métro et menace de se jeter dans le vide, tout en mutilant son torse nu à l'aide d'un couteau. La police ayant fait évacuer les badauds, il se laisse emmener par les pompiers vers 20 heures, faute de spectateurs.

Empaillé. Vers 13 heures, juste avant l'arrivée du marathon de Lyon, le 13 avril 1986, les pompiers sont avisés qu'une bombe a été déposée au sommet de la statue de Louis XIV. Il s'agissait d'un singe empaillé déposé la nuit par un plaisantin acrobate.

Sacré Nostradamus. Dans cet immeuble construit en 1625, il fallut démolir une partie de la façade lors de la venue à Lyon de Richelieu, en 1642. Malade, le cardinal ne se déplaçait qu'en chaise portable, qui ne passait pas par la porte. En 1592, Nostradamus annonçait :

Quand bonnet rouge par fenêtre entrera,
À quarante onces la tête on coupera,
Et thou périra

Et quelques semaines après l'arrivée à Lyon du terrible cardinal, la tête de De Thou tombait dans le panier, sur la place des Terreaux. Bon dieu, mais c'est bien sûr !

n° 10

L'innommable. Parce qu'une grenade a été lancée la veille par des résistants dans le café Le Moulin à Vent, fréquenté par les troupes d'occupation, faisant plusieurs victimes, les Allemands décident, en représailles, d'aller chercher, le 27 juillet 1944, cinq résistants jusque-là détenus au fort Montluc.

À peine sortis de la fourgonnette, Albert Chambonnet, Francis Chirat, Léon Pfeiffer, René Bernard et Gilbert Dru sont exécutés d'une rafale de mitraillette. Leurs cadavres restent exposés à même le sol durant plusieurs heures. Au point que le cardinal Gerlier, venu s'incliner sur place, exige que leurs dépouilles soient retirées de la vue du public.

Depuis, un monument dû au ciseau de Georges Salendre et baptisé « le Veilleur de pierre » sert de lieu de recueillement pour de nombreuses manifestations officielles.

Profanation. Début janvier 1957, le Veilleur de pierre est profané.

n° 16

Plutôt la mort. Le 19 mai 1944, à 13 heures, un jeune détenu, Émile Médina, 22 ans, se jette dans le vide par une fenêtre du siège de la Milice, après avoir brisé les vitres. Il n'est vêtu que d'un pantalon et l'autopsie fait apparaître de nombreuses traces de coups.

n° 18

Fusillade. Une bombe explose devant la Maison du prisonnier et une autre devant le cinéma Le Royal, le 8 novembre 1943 en fin d'après-midi, œuvre des FTP-MOI. Les soldats allemands présents se mettent à tirer dans toutes les directions, sur la place, sur les façades des immeubles et les tramways qui passent. Ils tuent l'un des leurs, mais aussi trois passants français, et blessent une quarantaine de personnes plus ou moins grièvement. Quatre-vingts arrestations sont opérées sur place et trois personnes, qui portaient des revolvers, sont fusillées le soir même à l'École de santé militaire de l'avenue Berthelot, siège de la Gestapo. Du coup, le couvre-feu est décrété pour trois jours dès 18 heures.

n° 25

Violence à la banque. Le 19 janvier 1982, vers midi, quatre hommes armés s'attaquent à l'agence de la Société lyonnaise de banque et repartent avec un butin de 80 000 francs, non sans avoir fait preuve d'une extrême violence, en frappant à coups de crosse la plupart des employés. Ils s'enfuient en laissant, comme en décembre à l'agence de la BNP de l'avenue du Maréchal-de-Saxe, un tract anticolonialiste signé « Affiche rouge ». Cette banque sera attaquée par les mêmes gangsters, avec la même signature, et délestée de 90 000 francs, le 18 février suivant. L'enquête révélera qu'ils étaient les premiers maillons d'Action directe.

n° 33

Torturé à mort. Le mercredi 9 août 1944, Alexandre Dardel, 34 ans, meurt au siège de la police allemande. Sous le pseudo de Muller, il était le chef d'un groupe spécial des FTPF et avait de ce fait été atrocement torturé.

Bizolon (rue Clotilde-) (anc. rue Sainte-Hélène) ⓫

n° 8

Le trésor de la Milice ? Dans cet hôtel particulier de ce tronçon de la rue Sainte-Hélène, rebaptisé Bizolon en hommage à celle que l'on appelait la maman des poilus, Joseph Picon reçoit la visite, le 5 juin 1946, de trois hommes armés, parmi lesquels il reconnait Paul Touvier, l'ancien chef de la milice de Lyon. Entendant ses cris, ses agresseurs préfèrent prendre la fuite.

Mais c'est dans ce même appartement que le vieil homme sera finalement assassiné, quelques années plus tard, à l'âge de 83 ans. Si ses assassins n'ont jamais été retrouvés, on a toujours dit que cet usurier prêteur aurait été chargé, pendant et après la guerre, de faire fructifier le trésor de la Milice, dont le siège était à deux cents mètres de chez lui.

Bourgelat (rue) ⓬

n° 7

Bains-douches. Le 28 septembre 1942, les hommes de la section spéciale de la PJ font une descente dans l'établissement de bains qu'exploite Mme Drouet à cette adresse. Dix-huit résistants du réseau Combat qui s'y trouvent sont arrêtés.

n° 17

Tapisserie. Profitant d'un échafaudage et d'une fenêtre laissée ouverte, des inconnus pénètrent, la nuit du 17 septembre 1983, dans les locaux de l'Institut Mérieux. Ils en repartent avec une tapisserie des Flandres du XVe siècle, de 5 mètres sur 5, estimée à 1 million de francs.

Bourse (place de la) ⓭

Tombé du fiacre. Un cocher, M. Burty, déséquilibré par un faux mouvement, tombe sur la chaussée du haut de son véhicule, le 3 janvier 1895. La jambe fracturée, il est aidé par ses collègues de la station de la rue de la Bourse.

Bourse (rue de la) (anc. rue Treize-Pas et rue Minnie) ⓮

Pour une hostie. Le jour de la Fête-Dieu, au printemps 1561, un ouvrier, rencontrant une procession partie de l'église Saint-Nizier, tente de jeter à terre le Saint-Sacrement. Malgré son arrestation, la colère gronde et le principal du collège de la Trinité (actuel lycée Ampère), Barthélemy Anneau, homme d'esprit et esprit libre, est tué par les manifestants.

Boulet au pied. En 1885, Maxime Lisbonne, libéré du bagne où l'avait conduit sa participation à la Commune de Paris, ouvre dans cette rue, à l'angle de la rue Mulet, La Taverne du bagne. Les serveurs sont vêtus d'un costume de forçat avec, au pied, une chaîne et un boulet en carton.

Un Joseph de moins. Quand il va chercher ses deux oncles à leur domicile de la rue Masséna, le 22 janvier 1899, dont l'un s'appelle, comme lui, Joseph Dervieux, le neveu âgé de 18 ans souhaite faire avec eux la tournée des grands ducs et surtout des bistrots. Mais l'alcool aidant, le ton monte vite dans un bar situé à l'angle de la rue Gentil, et le gamin poignarde son homonyme de tonton qui meurt, l'artère fémorale sectionnée.

n° 31

Parti avec le mobilier. C'est à cette adresse qu'est construit, en 1527, le premier collège de la Trinité (actuel lycée Ampère), dont le troisième principal prend la fuite avec les meubles en 1555. Il faut alors octroyer une indemnité de 15 livres à son successeur, contraint de vivre à l'auberge pendant dix-huit jours, faute de mobilier. Une partie du collège agrandi en 1617 est incendiée en 1644. Quelques cas de fièvre typhoïde sont constatés chez les élèves en 1881, ce qui donne naissance à une campagne contre la négligence du personnel.

n° 43

Lynchage. Après avoir tenté un hold-up le 20 juillet 1973 contre un agent de change, des gangsters croisent par hasard des policiers en patrouille. Une fusillade fait six blessés, dont un policier. L'un des auteurs arrêtés a échappé au lynchage.

Brest (rue de) (anc. rue Centrale) ⓯

Droit d'asile. Au début du Ve siècle, l'évêque Justus est appelé pour protéger un criminel qui s'était réfugié dans l'église Saint-Nizier en vertu du droit d'asile. Mais à leur sortie de l'église, la foule se déchaîne et écharpe le malfaiteur sous ses yeux. Bouleversé, il quitte Lyon pour devenir ermite en Égypte, sur les bords du Nil. Honteux de leur geste, les Lyonnais tentent bien de rappeler leur évêque, mais ils n'obtiendront que ses ossements, bien plus tard, et l'église des Macchabées prendra alors le nom de Saint-Just.

Coupe bourse. Le 7 janvier 1429, Guillin de Lonovo « coupe la bourse » de Colin le Lorrein à la sortie de la messe à Saint-Nizier. Fait habituel en ces temps, quand les paroissiens ne se font pas délester de leur monnaie carrément pendant l'office. Les dimanches sont jours bénis pour les voleurs, qui profitent de l'obligation de chômer faite aux commerçants et artisans pour crocheter la porte de leurs échoppes et ateliers, notamment pendant leur sieste.

Ulla et sa sainte patronne. Entre la rue de Brest et la rue Paul-Chenavard, s'élève, majestueuse, face à la Saône, l'église Saint-Nizier dont une des chapelles latérales est dédiée à Marie-Madeleine, la sainte patronne des prostituées. Est-ce pour cela que, le 2 juin 1974 au petit matin, quelques dizaines de péripatéticiennes lyonnaises, emmenées par l'une d'elles, Ulla, de son vrai nom Marie-Claude Péronnet, y pénètrent, avec vivres et sacs de couchage, pour l'occuper, au grand dam du curé de la paroisse ? Par cette action, elles entendent protester contre la répression que leur fait subir la police, notamment en utilisant contre elles le délit de racolage qui entrave, selon leurs dires, le libre exercice de leur métier.

L'occupation dure près d'une semaine, jusqu'à ce qu'un magistrat, M. Pinot, soit désigné par le gouvernement pour se pencher sur leurs problèmes. Le maire de Lyon de l'époque, Louis Pradel, a commenté ce phénomène par ces mots : « Pour régler le problème de la prostitution, il suffit de couper le zizi à tous les Français. »

n° 14

Mauvaise rencontre. Dans son appartement du quatrième étage, on retrouve, le 4 mars 1981, Élie Tardy, 48 ans, étranglé. Grâce à son réveil, cassé au cours de la bagarre, on situe le meurtre à 3 h 15. Le meurtrier est arrêté quelques jours plus tard. C'est un lycéen de 17 ans, qui avait fait connaissance de sa victime dans le train Lyon-Nantes. Invité à son domicile, il n'avait pas supporté ses avances.

n° 17

Par les toits. Cette rue était réputée pour son magasin Les Deux Orphelines situé à l'angle de la rue Grenette, et c'est ce magasin qui s'embrase le 1er février 1894. S'il n'y a pas eu de victime, les dégâts atteignent plusieurs millions. Et l'architecte Abraham Hirsh, qui résidait dans les étages, n'a dû son salut qu'en s'enfuyant avec sa fille par les toits.

n° 20

Voyageur. Le 1er mars 1893, un pigeon voyageur s'abat dans la cour de cet immeuble. Son aile gauche porte le n° 45W. Il n'a jamais été réclamé, malgré l'annonce parue dans *Le Progrès.*

n° 32

Prestidigitation. En fin de soirée de ce mois de novembre 1981, un client paraissant très fortuné jette son dévolu sur une superbe bague de fiançailles, dans la bijouterie de Mme Goineau. Il demande un paquet-cadeau, dit qu'il reviendra le prendre quand il sera prêt et sort. Prise de doute, la bijoutière ouvre l'écrin. Vide. Butin : 62 000 francs.

Carnot (place) 16

Argent de poche. Au Café des Étrangers, dont il est propriétaire, Yves Marin-Laflèche, 42 ans, surnommé à Lyon le Petit Prince de l'hôtellerie, est vu pour l'une des dernières fois, le 3 juillet 1974, un peu avant minuit. Il est à bord d'une Alfa-Roméo, venu, selon le gérant, prélever dans la caisse une somme de 400 francs, en compagnie d'un inconnu.

Son cadavre sera retrouvé quatre mois plus tard, le 3 novembre, dans un bois près de Villefranche-sur-Saône, abattu d'une balle à sanglier. Son meurtrier ne sera jamais identifié. Trois des proches de la victime ont un instant été suspectés.

Pieds nickelés plastiqueurs. Le 13 août 1984, une bombe explose dans une consigne de la gare de Perrache sans faire de victime, et une autre trois jours plus tard à Annecy, faisant plusieurs blessés. Et une troisième, le

17, à la gare de Grenoble. Plasticages revendiqués par un mystérieux groupe M5, qui exige de l'État la somme de 30 millions de francs pour que cessent ces attentats. Il s'agit en fait de deux pieds nickelés, qui furent lourdement condamnés quatre ans plus tard par les jurés de Haute-Savoie.

De l'innocence à la condamnation. Au petit matin, le 24 octobre 1988, Luc Tangorre, gérant du bureau de tabac Le Marigny, est arrêté par des gendarmes venus de Nîmes. Il lui est reproché d'avoir violé, en mai 1988, près de Nîmes, deux jeunes Américaines, Carole et Jennifer, qu'il avait prises en stop. Les jurés du Gard le condamnent à dix-huit ans de réclusion criminelle, le 8 février 1992. Il s'était installé à Lyon après avoir été gracié par le président Mitterrand, à la suite d'une première condamnation à quinze ans de réclusion pour le viol de dix-huit jeunes femmes à Marseille. Un important comité de soutien, qui l'estimait innocent, s'était alors constitué en sa faveur.

Carnot (rue du Président-) ⓱

n° 9

Les ailes coupées. Au cours de la nuit du 20 au 21 février 1976, une bombe explose au siège de la compagnie Air Algérie, provoquant de gros dégâts à l'immeuble et aux voitures en stationnement. Les locaux de la compagnie avaient déjà subi un attentat identique le 3 mars 1975. Ces attentats non revendiqués ont été attribués par la police à l'ex-OAS.

Castries (rue de) ⓲

n° 3

Pardonné. Le 27 septembre 1957, la gouvernante du responsable d'une entreprise de peinture plâtrerie, Antonin Bret, 72 ans, découvre ce dernier dans le hall de son appartement, agonisant, le visage marqué d'horribles blessures provoquées par la crosse d'un revolver. Un coup de feu a même été tiré, sans doute pour l'intimider. La paie de ses employés, qu'il portait sur lui, 72 000 francs, a disparu. Le meurtrier, Michel P., 25 ans, chômeur et fils d'un dentiste, est arrêté une semaine plus tard dans un hôtel de la rue Vendôme. Il apprend des policiers que sa victime, très impliquée dans les œuvres caritatives de sa paroisse d'Ainay, a déclaré à ses quatre enfants, avant de mourir, le 5 octobre, des suites de ses blessures : « Je pardonne à mon agresseur. »

Célestins (place des) ⓳

Abd el-Kader et la Vierge. Non loin de l'actuel théâtre s'élevait un monastère, incendié une première fois en septembre 1501, et une seconde le 26 novembre 1744. Reconstruit, il permet, depuis l'une de ses fenêtres, à

Abd el-Kader, de passage à Lyon, d'assister aux fêtes de l'inauguration de la statue de Notre-Dame-de-Fourvière.

Sans maquillage. Sur la scène de ce théâtre des Variétés, qui deviendra des Célestins en raison de l'ancien cloître sur l'emplacement duquel il a été construit, se déroule pour l'ouverture au public, le 9 septembre 1792, un véritable baptême du sang. On y promène en effet les têtes sanglantes, au bout de piques, de neuf officiers du Royal Pologne, qui viennent d'être égorgés par la foule sur le quai Pierre-Scize. Puis ces trophées sont suspendus aux tilleuls de la place Bellecour.

Au ban. Un professeur de mathématique est arrêté pour avoir « filouté » les tickets du théâtre, en février 1833. Quelques mois auparavant, un maître d'école de 85 ans avait été arrêté pour mendicité. Une grande pauvreté sévissait dans la profession.

Handicapé patronymique. Le 14 septembre 1851, le rideau du théâtre des Célestins vient de tomber, quand une spectatrice hurle dans les premiers rangs. Un couteau est fiché sous son sein gauche. Derrière la mourante, enceinte de surcroît, un jeune homme, élégant, reste assis, bras croisés. Il s'appelle, nom prédestiné, Antoine-Emmanuel Jobard. « Je ne fuirai pas », dit-il, s'accusant de fait. Il ne connaissait pas sa jeune victime, ni son époux. Ses convictions religieuses l'empêchant de se suicider, ce geste devait logiquement le conduire à la peine capitale et le libérer du démon dont il se pensait possédé. Il ne fut pas exécuté, mais interné, ses juges tenant compte des nombreux cas de folie émaillant sa lignée familiale et de son repentir.

Corbeau. Le 19 mars 1943, en fin de matinée, Edmond Locard, célèbre criminologue lyonnais, s'apprête à remettre, dans les salons de la Brasserie de la Couronne, les insignes de la Légion d'honneur au journaliste Marcel Grancher lorsque des soldats allemands font irruption et les emmènent tous les deux, ainsi que d'autres convives, dont Henri Clos-Jouve, au siège de la Gestapo. Une lettre anonyme les avait dénoncés comme les auteurs du journal clandestin *Combat* mais ils sont vite relâchés.

Dégradé. Le 30 mai 1943, vers 3 heures du matin, l'adjudant-chef Kaiser se présente au cabaret Les Ambassadeurs, réservé aux officiers allemands, parce qu'il vient d'être nommé lieutenant. Seulement, n'ayant pas encore eu le temps de coudre ses galons, il est refoulé par un capitaine d'aviation. Les deux hommes sortent sur la place pour s'expliquer au pistolet. Kaiser reçoit une balle en plein cœur sans avoir pu trinquer avec les officiers galonnés.

Suicide ou non ? Charles Gantillon, le 19 novembre 1967 au soir, part du théâtre dont il est le directeur depuis 1941. Sa voiture, une Hillmann, devait être retrouvée vide, mais avec un mot d'adieu, le lendemain, à Virieu-le-Grand (Ain), près de la frontière suisse. Et son cadavre déchiqueté également, sur la voie ferrée, près d'un tunnel. Certains affirment pourtant l'avoir croisé, lui ou son sosie, longtemps après en Suisse, en Italie ou en Belgique.

La fin d'un truand. Le 2 novembre 1968, tard dans la nuit, un truand lyonnais, Gilles Pivot, est abattu à coups de 7,65 mm devant le cabaret Le Longchamp. La police attribuera son meurtre à Guy Reynaud, chef d'un gang, surnommé le Dingue de la gachette.

Sans arme ? Le 17 mars 1976, un truand lyonnais, Michel Lamouret, est appréhendé en possession d'une arme de 4e catégorie (un pistolet 9 mm). Information sans grand intérêt, sauf que quelques jours auparavant, ce même truand avait convoqué la presse, chez son avocat Me Johanès Ambre, pour assurer qu'il ne sortait jamais armé et que, s'il lui arrivait malheur, il faudrait y voir un coup monté par la police. Il est vrai que l'un de ses amis, Jean-Pierre Marin, avait été abattu quelques jours plus tôt, le 8 mars 1976, par des policiers à Champagne-au-Mont-d'Or. Et vrai aussi que leurs deux noms avaient été avancés dans l'enquête sur l'assassinat du juge François Renaud, comme dans celle de l'enlèvement de Christophe Mérieux.

n° 5

Impopulaire. Deux bombes explosent le 19 septembre 1942 au siège du PPF (Parti populaire français) provoquant un incendie.

n° 10

Sauvé mais pas elle. Une prostituée de 38 ans, Nicole Mayeur, dite Sandra ou la Sirène des jacobins, est tuée de quatorze coups de couteau par un de ses clients, le 29 juin 1985, vers 17 heures. À ses cris, ses « consœurs » bloquent la porte de sa chambre jusqu'à l'arrivée de la police. Le meurtrier, Christophe C., 27 ans, qui avait retourné son arme contre lui dans l'espoir de se donner la mort, sera sauvé grâce à une transfusion de quatorze flacons de sang. Autant que de coups de couteau.

Célestins (quai des) 20

Dernier gros câlin. À 18 heures, le 15 décembre 1898, on retire des eaux de la Saône le corps d'un homme en chemise blanche, enlacé à un boa, mort lui aussi. Il est identifié comme étant Pierre Roland, 60 ans, qui avait annoncé son suicide pour se savoir atteint d'une maladie à la moelle épinière. Mais pas un mot sur le serpent.

Chambonnet (rue Colonel-) 21

n° 1

Par le balcon. Dans ce bâtiment, annexe du palais de justice de Lyon, mais ancien Hôtel de l'Europe, un jeune délinquant, Nouredine B., condamné à trois mois de prison pour vol, furieux que son sursis ait été révoqué, prend en otage, le 17 mars 1983 vers 15 h 30, un juge d'application des peines, Mlle Bordenave, et un délégué des prisons. Il est armé et veut rattraper une secrétaire, qui a ouvert la porte du bureau par hasard. Ses otages en profitent pour s'enfuir en changeant d'étage par le balcon. Le fuyard se constitue prisonnier le soir même au poste de police de Perrache.

La bougie fond. Vers 4 heures du matin le 12 novembre 1994, un incendie vraisemblablement criminel détruit entièrement le magasin Cir-Bougies et, par crainte d'une explosion, les pompiers font évacuer provisoirement tous les locataires de l'immeuble.

n° 3

Métro coupé. Le 1er avril 1996, un engin de chantier, une foreuse, transperce la voûte du métro vers 20 heures, au moment où survient une rame de la ligne D automatique puisque sans pilote. La motrice est littéralement coupée en deux sur plusieurs mètres en raison de la vitesse du train, mais on ne déplore que trois blessés légers. Une voie d'eau survenue dans la voûte par cette brèche devra être colmatée.

Charité (rue de la) 22

Si ce n'est toi... Dans le contexte d'un anticommunisme débridé, lié à l'intervention soviétique en Hongrie, des groupes d'extrême droite, notamment élèves d'écoles confessionnelles conditionnés par les prêches du cardinal Gerlier, attaquent les locaux du journal du PCF, *La République*, situés à l'angle de la rue François-Dauphin, le 8 novembre 1956. Le siège départemental du PCF, place des Jacobins, et l'Agence interpresse publicité, rue Thomassin, sont eux aussi la cible d'exactions, ainsi que plusieurs locaux de quartiers du Parti communiste.

n° 72

Surpris. Sans doute victime d'un cambrioleur surpris, une femme de 65 ans, Gabrielle Michel, est assassinée dans son appartement le 25 mars 1970.

Charlemagne (cours) 23

n° 87

Sur le trottoir. Deux hommes, Jean-Pierre Bonin et Paul Brissard, 25 ans, sont abattus le 29 juin 1969 par de mystérieux tireurs qui circulaient à bord d'une estafette.

n° 100

Jamais vu sur glace. Lors d'un match en championnat de France, qui oppose, à la patinoire municipale, le 19 octobre 2002, le Hockey Club de Lyon aux Corsaires de Nantes devant 1 500 spectateurs, le palet lancé par un joueur en seconde période décolle et s'en vient frapper à l'arcade sourcilière un spectateur de 21 ans. Ce qui lui vaut cinq points de suture à l'hôpital. Un peu plus tard, un second palet vient s'échouer sur les genoux d'un autre spectateur. Événements rarissimes, même si, aux États-Unis, un enfant de 14 ans a été tué en 2001 par un palet reçu dans la gorge.

Childebert (rue) (anc. rue de l'Attache-des-Bœufs, au XVIIIe siècle) 24

Découpé en quartiers. Au XVIIIe siècle, on attachait là le bétail destiné à la boucherie, avant la construction du passage de l'Hôtel-Dieu. Démoli depuis, ce passage conduisait au quai de Rhône depuis la place de la République. C'est devant cette boucherie, à l'enseigne de la Sepe, que fut exposé un quartier du sergent Belair, exécuté et découpé pour n'avoir pas ouvert la barrière du pont de la Guillotière au soir du 11 octobre 1711 et avoir ainsi provoqué la mort de 265 personnes, écrasées, piétinées ou noyées. Première catastrophe due à la circulation.

n° 2

Chat sabré. Le 31 janvier 1893, Mlle Landry, teinturière, est attaquée dans l'entrée de son immeuble par un chat qui lui mord un doigt. La police dépêche sur les lieux le gardien Serge Tranchard, qui abat l'animal avec son sabre.

n° 18

Savate. À 9 h 45, le 30 octobre 1985, un homme se présente à l'étage de cet immeuble devant l'hôtesse de la banque Worms en exigeant 20 000 francs sous la menace d'une arme. Devant son refus, il la prend en otage et descend avec elle au Crédit commercial de France en renouvelant la même exigence. Face à un nouveau refus, il s'enfuit, mais est maîtrisé dans sa course par un CRS de passage, Jean-Pierre Guiot, 26 ans, spécialiste de la savate (boxe française).

n° 22

Vendetta. Vers 1 heure du matin, une bombe explose devant l'agence du Crédit agricole, le 12 septembre 1979. Quelques minutes plus tard, une autre devant la banque Worms, au 29 de la même rue, puis c'est au tour du bureau de poste de la rue Grôlée, des locaux d'Air France, rue Jussieu, de ceux d'Alitalia, rue de la Ferrandière. Ces cinq attentats, commis dans un mouchoir de poche, font de gros dégâts. Ils sont revendiqués par le Front de libération national de la Corse (FLNC).

Collonge (rue Claudius-) 25

n° 2

Les boules. Derrière son épicerie, Pierre Geay est très fier de son jeu de boules. Il le trouve dévasté, le 30 juin 1898, constatant aussi la disparition de trente boules et de huit paires de chaussettes qui séchaient sur le fil.

Comte (rue Auguste-) (anc. rue Saint-Joseph) 26

Morphinomane. Le 27 avril 1892, la belle Mme Porteret gît sur le parquet, ses cheveux blonds épars, assassinée de plusieurs balles de revolver. À ses côtés, son mari, auteur du crime. Le bon Dr Porteret avait abusé de la morphine, dite alors « absinthe des docteurs », au point d'en devenir complètement délirant.

Massacre chez les recluses. Quarante-trois personnes enfermées dans la prison dite des Recluses sont massacrées, le 4 mai 1795, par la foule qui estime trop clément le jugement pris contre les Jacobins.

n° 16

On rase gratis. En passant devant cet immeuble, au soir du 13 octobre 1994, le maire de Lyon, Michel Noir, se fait barbouiller de mousse à raser par des jeunes en goguette lors de l'inauguration de la fête des antiquaires.

Condé (rue de) (anc. rue du Peuple, en 1848) 27

Après-guerre. Le 1er mars 1920, Marcel-Armand Mercier, 19 ans, croise le capitaine Vincent Julien, 36 ans, rapporteur près le cinquième conseil de guerre de l'armée du Rhin, en compagnie d'une dame. Il se jette sur lui et le blesse au nez.

n° 7

À crédit. Une bombe explose, vers 2 heures du matin, le 8 mars 1968, devant La Solvac, un groupe spécialisé dans la vente de voitures à crédit. Pas de victime, mais de gros dégâts et pas de revendication.

Confort (rue) 28

n° 6

Chute mortelle. Un jeune homme s'empale sur une grille métallique en quittant l'appartement qu'il venait de cambrioler.

n° 6 et 9

On ne discute pas. En janvier 1834, une bande de jeunes voyous qui avaient trouvé abri chez Bœuf, logeur, au n° 9 de la rue Bourgchanin, sont arrêtés.

n° 26

Fanfan le stupide. Il voulait prouver à son copain que son revolver était vide. Alors, François C.,19 ans, tire une première fois en l'air et rien ne se passe, le 19 mars 1956 vers 23 heures. Mais quand il veut renouveler sa démonstration contre sa tempe, une cartouche restée dans le barillet est fatale à Fanfan, qui venait pourtant de déclarer : « Y a pas de danger, il est pas chargé. »

Cordeliers (place des) (anc. place du Méridien, pendant la Révolution) 29

Riche en événements.

1426. Charles d'Orléans, le prisonnier d'Azincourt, vient remercier saint Bonaventure de sa miraculeuse délivrance.

1484. L'évêque d'Utique dédie, par ordre de Charles de Bourbon, l'église des Cordeliers à saint Bonaventure.

1529. Une foule houleuse pénètre dans l'église et sonne le tocsin. C'est le début de la Grande Rébeyne.

1562. Les protestants s'emparent de l'église, mais la rendent deux ans plus tard, contre la promesse de l'édification d'un temple aux Terreaux.

1660. Ouverture par un Turc d'un café à Lyon, qui prend le nom de Caffé turc.

1680. Un incendie détruit en partie le couvent des Cordeliers.

1792. Le 9 septembre, les bataillons de la garde nationale arrêtent ceux qui l'accusent d'assassiner les détenus à la prison de Pierre-Scize.

1834. Dans l'église sont réduits à merci les derniers champions de l'insurrection lyonnaise d'avril.

La Grande Rébeyne. Le 25 avril 1529, devant des impôts de plus en plus lourds, un millier de personnes manifeste contre les usuriers. Les troupes royales sont appelées par les banquiers pour mater dans le sang cette émeute baptisée la Grande Rébeyne. La répression est sévère, puisque onze potences sont dressées dans Lyon afin de punir les émeutiers.

La réforme au couvent. Le 30 août 1572, les conseillers de la ville, craignant pour Lyon une nouvelle Saint-Barthélemy, comme en avait connu Paris le 24, font emprisonner les réformés au couvent des Cordeliers, mais aussi au palais de Roanne, à l'archevêché et aux Célestins. Des historiens parlent de 700 victimes. Mais une liste retrouvée note 109 exécutions.

Mourir en combattant. Après plusieurs jours de bataille, massacres et incendies, entre les 9 et 12 avril 1834, les derniers canuts qui résistaient contre la troupe sont fusillés dans l'église. Ils n'avaient pas admis la diminution du prix à façon des peluches pour chapeaux. On dénombre officiellement 642 morts et 600 blessés.

Piétiné. Un landau conduisant des conseillers de la préfecture renverse un enfant, qui passe sous les pattes des chevaux. Le gosse est emmené, gravement blessé, à l'hôpital de la Charité, le 2 janvier 1895.

Camion meurtrier. En plein mai 1968, le 25 exactement, un camion sans chauffeur est lancé en direction des forces de l'ordre sur le pont La Fayette où elles étaient établies. On relève le corps sans vie du commissaire Lacroix. Reconnus coupables par l'enquête du commissaire Taffine, deux manifestants, qui n'avaient rien d'étudiants, Raton et Munch, sont acquittés quelques mois plus tard par la cour d'assises du Rhône, suite à la plaidoirie de leur défenseur, Me François La Phuong. Les syndicats ouvriers et enseignants, craignant une provocation, n'avaient pas appelé à cette manifestation organisée par des mouvements gauchistes.

Courmont (quai Jules-) 30

Soufflot soufflé. Le 4 septembre 1944, au lendemain de la libération de Lyon, vers 15 h 30, des coups de feu sont tirés un peu partout sur les quais et notamment en direction de la façade de l'Hôtel-Dieu, où un tireur isolé aurait été aperçu sur le toit. Tirs aussitôt repris par les mitrailleuses américaines basées sur la rive gauche du Rhône, dont les balles traçantes ont tôt fait d'incendier le magnifique dôme dû à Soufflot qui, après plusieurs heures, s'effondre, au désespoir de milliers de Lyonnais présents. Ce dôme sera, de longues années plus tard et à grand renfort de millions, reconstruit à l'identique.

Château de cartes. En mars 1957, un ouvrier, père de huit enfants, s'écrase sur le trottoir. L'échafaudage, haut de 30 mètres, s'était effondré alors qu'il procédait à la réfection d'une toiture. Son compagnon a pu, à l'ultime seconde, s'accrocher à la gouttière.

Trop plein. Circulant trop vite sur ce quai le 26 juin 1999 vers 3 heures du matin, le conducteur d'une BMW percute la 205 d'une étudiante qui venait du pont La Fayette. Âgée de 20 ans, Émilie Saringella est tuée sur le coup dans sa voiture projetée à 20 mètres. Le chauffard avait 2,25 grammes d'alcool dans le sang.

Dubois (rue) 31

n° 4

Changement d'habitude. Ce n'est pas la première fois que le magasin de fourrure Au Kenya est dévalisé en ce mois de juillet 1982. C'est même la sixième édition. Mais, pour le coup, les cambrioleurs passent par les plafonds de l'hôtel voisin, fermé pour réfection.

Ferrandière (rue de la) 32

Ami mac. Au soir du 21 novembre 1927, Perrine T., 43 ans, abat, d'une balle dans la tempe, son ami Marius qui sortait d'un bar de la rue des Quatre-Chapeaux. Puis se laisse désarmer par des passants, alors qu'il lui restait cinq balles à tirer : « C'était juste mon ami, pas mon mac, a-t-elle expliqué aux policiers, mais il me demandait trop souvent de l'argent. »

n° 5

Fausse manœuvre. En 1891, lors d'un incendie et à la suite d'une fausse manœuvre, l'échelle des pompiers se renverse, blessant plusieurs personnes et provoquant la mort des sapeurs Devaux et Miraillet, à qui Lyon fait des obsèques émouvantes.

n° 21

À qui se fier. Deux élégantes dérobent un chapeau à Mme Orsat-Rondellui, modiste, le 22 janvier 1920.

Fleurieu (rue) ㉝

n° 12

Pour quelques centimes. Le 2 octobre 1974, une septuagénaire, Mme Lucie Guillermin, est tuée dans son appartement. L'assassin, qui n'a pas été retrouvé, en voulait à ses maigres économies.

Fochier (rue Alphonse-) (auj. rue Antoine-de-Saint-Exupéry) ㉞

n° 4

Crésus. Dans un garni de cet immeuble, on découvre, le 6 juillet 1848, le corps d'un mendiant, dont on estime tout d'abord la succession à 18 francs. Mais en évacuant son mobilier, une somme de 40 000 francs est découverte dans le tiroir d'un meuble en mauvais état.

Franklin (rue) ㉟

n° 4

La mort d'un flic. Le 2 décembre 1969, plusieurs policiers sont en planque dans cette rue pour surveiller le garage Maggiore, où des gangsters lyonnais sont susceptibles de venir louer une voiture pour commettre un hold-up. Frigorifiés, trois d'entre eux décident d'aller boire un grog au Café de la mairie, situé à l'angle de la rue d'Enghien. C'est alors qu'y pénètrent à leur tour deux des truands recherchés, dont le chef du gang, Paul Rémon, surnommé Nonœil en raison d'un strabisme prononcé. Une fusillade éclate aussitôt, qui entraîne la mort du truand, de son lieutenant Roméo Monari, mais également celle d'un officier de police, Jean Bianchini, père de trois enfants.

Gailleton (quai Docteur-) ㊱

n° 20

Et de cinq. Pour la cinquième fois, le 2 novembre 1981, Jean Fougerouse, dont le magasin de fourrure est situé dans la galerie de l'hôtel Sofitel, est délesté de 700 000 francs de visons. Les voleurs ont opéré à 4 heures du matin, à l'aide d'une voiture bélier.

Galliéni (pont) 37

Inaptes. Le 24 mai 1956, le chauffeur d'un camion militaire perd le contrôle de son véhicule, suite à la rupture d'une biellette de direction. Le véhicule se couche en sortant de la rampe menant à l'axe nord-sud. Les douze militaires présents à bord sont tous blessés. Ils venaient de l'hôpital militaire Desgenettes, où ils avaient été déclarés aptes pour aller servir en Algérie, comme rappelés de la classe 52/2.

Gasparin (rue) 38

n° 14

Gentil chien-chien. L'employé de M. Bordet, négociant en vins, qui sortait en portant un panier de bouteilles sur l'épaule, est renversé par un chien danois. Blessé au genou, il ne peut reprendre le travail, le 9 janvier 1895.

Gentil (rue) 39

n° 4

Otages en série. Trois gangsters parviennent à s'introduire de nuit dans les locaux d'une fabrique de bijoux, Gentilor, au troisième étage, et prennent en otage, un à un, à leur arrivée le 16 juillet 1981 au matin, les vingt-trois membres du personnel, dont huit sont assommés. Ils coupent le dispositif de sécurité, la caméra et se font ouvrir le coffre. Butin : 10 millions de francs, en or, argent, pierres et bijoux.

Grenette (rue) (anc. rue des Auberges) 40

Dégradé. Parce qu'il avait honteusement cédé la place de Fontarabie aux troupes espagnoles, en 1523, alors qu'il était gouverneur en Espagne, le capitaine Frauget est condamné à être dégradé de noblesse publiquement. Cela se passe rue Grenette, sur un échafaud, où, devant douze prêtres et une foule considérable, on lui arrache progressivement son casque, son corselet puis son baudrier, avant de le laver à l'eau chaude et de le rendre à une vie anonyme.

Grôlée (rue) 41

n° 11

Visite éclair. Ici, au Grand-Hôtel (aujourd'hui hôtel Boscolo-Concorde) est vu vivant pour la dernière fois, le 4 juillet 1974 vers 1 h 30, son P-DG Yves Marin-Laflèche, 42 ans, surnommé le Petit Prince. Selon le portier, son patron n'est resté que quelques minutes dans l'établissement, avant de repartir ou volant de son Alfa-Roméo, en compagnie d'un homme qui ne sera jamais identifié.

Le cadavre du P-DG sera retrouvé quatre mois plus tard, le 3 novembre, dans un bois près de Villefranche-sur-Saône, enveloppé dans un peignoir taché de sang. L'autopsie révélera qu'il a été abattu d'une balle à sanglier tirée par un fusil de chasse.

Trois personnes proches de lui ont été soupçonnées et ont bénéficié d'un non-lieu. Jamais son meurtrier ne sera identifié.

Cabot. En regagnant son hôtel vers 2 heures du matin, le 18 mars 1978, après avoir joué au TNP *Les gens déraisonnables sont en voie de disparition*, Gérard Depardieu accepte d'aller boire un verre au bar voisin avec un passant qui l'a accosté, qui, soudain, ordonne à son berger allemand d'attaquer l'acteur. D'où huit jours d'interruption de travail pour une morsure au poignet. Depardieu remontera cependant sur scène le lendemain et recevra, un an plus tard, 1 000 francs d'indemnités du propriétaire du chien, qui sera condamné à 800 francs d'amende.

Guillotière (pont de la) 42

Fallait pas venir. L'empereur romain Gratien y est assassiné, le 25 août 383.

Philippe Auguste, roi de France, et Richard Cœur de Lion, roi d'Angleterre, font étape à Lyon en 1190. Les deux souverains, à cheval, traversent sans encombre le vieux pont de bois vermoulu. Mais sous le poids des chariots chargés de vivres et de bagages, une arche s'effondre. De nombreux croisés et leurs chevaux meurent noyés, emportés par le courant du Rhône. Très marqué par cette catastrophe, le roi d'Angleterre fait un don important, sur sa cassette personnelle, pour la reconstruction du pont.

À l'affût. Sur les berges du Rhône, Jeannet Astrus, citoyen de Lyon, débusque un couple à moitié nu. « Je les vis courir aussi loin que ma vue me permettait, l'espace de trois portées de trait, depuis le grand pont en direction de Vaux », rapporte-t-il aux autorités, auxquelles le sieur Dallet et sa belle durent rendre compte. On ne rigolait pas avec les mœurs au XIVe siècle, et notamment avec l'adultère.

Goulet d'étranglement. Voulant se venger d'on ne sait quel affront, Odinon de Ponte décide de guetter le fils d'Ennemond Jay sur le pont, estimant à juste titre que sa fuite serait ici rendue plus difficile. Il l'embroche à coups de fourche, en juillet 1425.

Premier et meurtrier embouteillage. Sur ce pont a lieu, le 11 octobre 1711, la première grande catastrophe liée à la circulation. À la nuit tombée, en plein brouillard, une foule joyeuse, ayant fêté la Saint-Denis à Bron, regagne la presqu'île au moment où, venant de Bellecour, Mme de Servient cherche à traverser le Rhône avec ses carrosses pour regagner la rive gauche. Mais, erreur du garde en faction, les deux barrières restent baissées, emprisonnant les uns et les autres sur le pont. On ne peut plus ni reculer, ni avancer et, la panique s'en mêlant, on se piétine et s'écrase, avec cet effroyable bilan de 265 morts. Reconnu coupable de n'avoir pas ouvert à temps la barrière, le sergent, de garde ce soir-là au pont de la Guillotière, est aussitôt pendu.

Duel ridicule. Henri Vitton, maire de la Guillotière, est tué d'un coup de feu, à l'issue d'un duel sous le pont, rive gauche, le 6 janvier 1834. Il avait en effet traité de « polisson » un de ses administrés et ancien conseiller municipal, Hippolyte Clerc, au cours d'une conversation de bistrot qui a mal tourné. D'où la convocation fatale. On doit à Henri Vitton le percement de l'avenue du Maréchal-de-Saxe et du cours qui porte son nom.

Écumeur de ponts. Entre 1855 et 1856, Jean-Pierre Dumollard écume le quartier de la Guillotière, abordant de jeunes et jolies femmes et leur offrant de venir travailler chez son patron à la campagne, avant de les dépouiller et les assassiner. Quatre crimes au moins sont avérés. Accostée sur le pont de la Guillotière, Marie Pichon en réchappe, sentant le coup fourré quand, à la sortie de la gare de Montluel, son bienfaiteur veut lui faire abandonner sa malle en rase campagne, prétendant qu'il reviendra la chercher le lendemain. La jeune femme court jusqu'au village conter son aventure.

Solitaire. En ce bel avril 1894, un enfant de 10 ans tombe du parapet où il avait décidé de se promener. Un de ses copains pense savoir qu'il s'appelle Vernet et habite rue Bugeaud. En fait, il est de la rue Rabelais où les brigadiers apprennent la triste nouvelle à ses parents.

Herriot (rue Président-Édouard-) (anc. rue de l'Hôtel-de-Ville, en 1930) 43

Coup de Massu. Dans les jours qui suivent les événements du 13 mai 1958 à Alger, des inconnus apparemment peu inquiétés par les patrouilles de police recouvrent, au cours d'une nuit, toutes les plaques de la rue, de Bellecour aux Terreaux, d'autocollants aux mêmes dimensions, sur lesquels a été imprimé le nom du général Massu.

n° 18

Persévérante. Après s'être fait dépouiller de la caisse de son officine Lugdunum par un gangster armé d'une carabine le 22 septembre 1988, à l'heure de la fermeture, la pharmacienne, Mme Béné, ne s'avoue pas battue. Elle piste son voleur, le voit s'engouffrer dans le métro, alerte un contrôleur qui fait bloquer la rame à la station suivante, où le voleur est arrêté et le butin récupéré.

n° 33

L'or en barre. Le 7 juillet 1972, en début d'après-midi, trois hommes armés et cagoulés se font remettre à la Compagnie parisienne d'escompte trente-trois lingots d'or estimés à 1 million de francs.

n° 91

Abandon. Il est 11 heures, le 12 décembre 1998, lorsqu'au milieu des passants les trois passagers d'une BMW s'attaquent à la bijouterie Maier. Ils sont armés de fusils à pompe et cagoulés. La vitrine est défoncée d'un coup de pare-chocs, les présentoirs vidés de leurs bijoux et c'est la fuite devant une voiture de police qui abandonne la poursuite, afin d'éviter le carnage qu'aurait engendré une fusillade.

n° 98

Antisémitisme. Le 27 juin 1930, une bombe est lancée à 4 heures du matin contre le magasin de couture La Scabreuse, déjà visé récemment, comme trois autres commerces du quartier tenus par MM. Cahen, Wolf et Lévy. Attentats qui n'ont fait que des dégâts matériels et n'ont pas été revendiqués.

n° 103

La mort pour une montre. Le 7 juillet 1897, un bijoutier, M. Winterhalter, 30 ans, laisse son magasin ouvert pendant qu'il va boire un verre au Café Morel, place Le Viste, d'où il peut surveiller sa vitrine. En voyant entrer un client, il se précipite... pour recevoir un coup de couteau en plein cœur et un autre à la gorge. Le meurtrier, arrêté un peu plus tard, Émile Elsinger, 19 ans, sera condamné à mort le 27 novembre de la même année, après avoir plaidé qu'il était venu faire réparer une montre, mais qu'il avait été mal accueilli par le commerçant.

n° 103-105

Château de cartes. Vers 22 h 30, un échafaudage de huit étages, malmené par des rafales de vent, s'écrase sur les lignes des transports en commun et les véhicules en stationnement, le 25 octobre 1981. Pas de victimes. Heureusement, c'était un dimanche.

n° 104

La main dans le sac. Au petit matin du 26 novembre 1995, une patrouille de CRS surprend une équipe de casseurs cagoulés en train de charger dans une voiture volée des vêtements qu'ils ont pris dans la vitrine brisée du magasin Graphiti. Des truands foncent sur les CRS au volant d'une autre voiture volée qui faisait le guet. Un CRS est blessé, mais tire cinq coups de feu en direction des fuyards. L'un d'eux semble touché.

n° 105

Bonne année. Un prince originaire d'Arabie saoudite se présente chez Cartier, avec l'une de ses épouses, et prétend acheter plusieurs bagues pour son harem. Peut-être déstabilisé par la perspective d'une vente fabuleuse, le vendeur s'aperçoit trop tard qu'il s'agit d'un émir d'opérette. Bilan de la malversation : 240 000 francs en montres et bijoux. Le 29 décembre 1982. La période des vœux...

Hôpital (place de l') 44

Le feu à la taverne. Après le départ du personnel, le 30 janvier 1938, vers 2 heures du matin, un incendie se déclare dans les cuisines de La Grande Taverne. Les pompiers font des miracles pour protéger l'immeuble et l'Hôtel-Dieu voisin, et s'aperçoivent vite de l'origine criminelle de l'incendie. Le tiroir-caisse et le coffre-fort ont été vidés des 7 000 francs qu'ils contenaient. D'ailleurs, une lettre postée rue des Archers, avant le début de l'incendie, ne fait aucun doute : « On se venge comme on peut. » Le vengeur n'a jamais été identifié.

Sus aux cornettes. Atteint de fièvre chaude, sans doute une pneumonie, un malade de 28 ans, Miquel B., s'en prend, le 10 avril 1920, à deux religieuses qui le soignent dans la salle Sabran de l'Hôtel-Dieu et les frappe à la tête avec un couteau. Sœur J. et sœur G. s'en tirent avec des égratignures, tandis que le forcené est maîtrisé par les autres malades.

Anti-Veil. N'ayant toujours pas digéré la loi sur les interruptions de grossesse, un évêque et deux prêtres pénètrent le 25 janvier 1995 à huit heures du matin au centre d'orthogénie de l'Hôtel-Dieu. Ils s'enchaînent avec des câbles si gros qu'il faut faire venir un serrurier et sa scie électrique pour les déloger. Une manifestation identique a lieu au même moment à l'hôpital de la Croix-Rousse.

Hugo (rue Victor-) 45

Passe-temps. De joyeux drilles sont arrêtés pour avoir voulu témoigner leur affection aux dames qui passaient par là. De simples et chastes baisers, qui leur ont quand même valu un PV, en avril 1894.

n° 17

Le petit marchand. C'est ainsi que, dans le quartier, on appelait le marchand de primeurs, Joseph Pedrinis, 62 ans, un vieux garçon économe, estimé de tous. On le retrouve pourtant, le 25 mai 1920, dans son arrière-boutique, mort, après avoir été matraqué, bâillonné et ligoté. Son meurtrier, passé par un vasistas, reconnaîtra, après son arrestation, qu'il était venu récupérer une reconnaissance de dettes attestée par un notaire de Vienne.

Premiers attentats. Le samedi 28 novembre 1942, deux membres des Jeunesses communistes, Marcel Chadebech et Gil, un réfugié espagnol, décident de commettre le premier attentat contre les forces d'occupation. À 18 heures, à l'angle de la rue François-Dauphin, ils blessent d'un coup de revolver un soldat allemand. Ils avaient déjà tenté, le 11 novembre, un autre attentat, quai Saint-Vincent, mais leur grenade n'avait pas explosé.

n° 35

Mise à sac. Le magasin de deux honnêtes marchands de chaussures, M. et Mme Rousson, est complètement pillé pendant qu'ils sont détenus à la prison Montluc pour avoir servi de boîte aux lettres à la Résistance. Leur fils avait échappé de peu au même sort. Réfractaire au STO et caché dans l'entrepôt de la boutique, il était sorti un moment pour prendre l'air, en ce mois d'août 1944.

n° 37

C'était pas du cinéma. Arrivés à bord d'une BMW, deux truands, dont l'un déguisé en femme, se font remettre le contenu du coffre de l'agence BNP, le 27 mai 1983 (200 000 francs). Vingt et une personnes, employés et clients, doivent se coucher ventre à terre. Trois employés récalcitrants sont blessés à coups de crosse. Dans la rue, les passants croient au tournage d'un film.

Général courageux. Il n'est pas midi, le 27 mars 1984, lorsque deux hommes pénètrent dans les locaux de l'agence BNP. Ils sont armés et tentent de se faire remettre la caisse. Parmi les clients se trouve le général de gendarmerie Guy Delfosse, en uniforme, qui tente de s'interposer et de raisonner les truands, qui n'hésitent pas à l'abattre, avant de prendre la fuite, d'une balle dans la tête. Ce n'est que plus tard que ce hold-up et cet assassinat seront mis sur le compte d'Action directe et de son artificier, Max Frérot. Une caserne de gendarmerie porte désormais le nom de ce général, derrière les voûtes de Perrache.

Direct chez le potard. Malgré sa sirène, un fourgon de pompiers se voit couper la route à l'angle de la rue Sainte-Hélène le 24 mars 1938, vers 22 h 30. Pour éviter le chauffard, le conducteur, le sergent Pierre Perret, donne un coup de volant, mais son véhicule va s'encastrer dans la vitrine de la pharmacie. Quatre pompiers, dont le chauffeur, sont blessés. Ils allaient secourir un désespéré qui s'était jeté dans la Saône.

n° 40

Chemisier en vue. Une bombe explose dans la chemiserie de M. Tarolon. Cinq passants sont blessés. Le chemisier appartient à la Légion des volontaires français contre le bolchevisme.

n° 62

Guerre des chefs. Le capitaine Gaillard, en état de démence, s'accuse, le 24 avril 1893, du meurtre du gouverneur militaire de Lyon Lamure, dont on retrouve effectivement le cadavre à la cave, où il avait tenté de se réfugier.

Jacobins (place des) (anc. place Confort, en 1590) 46

Autoélection. En 1314, les cardinaux tiennent ici conclave dans le couvent des Jacobins, aujourd'hui disparu. Ne parvenant pas à trouver une majorité, ils demandent à l'évêque de Porto de désigner le successeur de

Saint-Pierre. L'évêque clame alors : *Ego sum papa* (« Je suis le pape »), avant d'être couronné sous le nom de Jean XXII.

Mis à mort. Le 15 mars 1590, le consulat fait exécuter sur cette place un certain nombre d'adversaires de la Ligue, dont deux capitaines, un sergent et un huissier.

Pas si neutre. Le 19 juillet 1790, un soldat suisse, Antoine Lagier, du régiment de Sunnemberg, est massacré par la foule devant la garde nationale, qui n'intervient que lorsque tout est fini. Mais, le 2 octobre suivant, deux de ses assassins sont retrouvés. L'un est pendu et l'autre subit le supplice de la roue.

Entre taxis. Quand un taxi veut doubler un tramway à l'arrêt, le 16 mars 1930 vers minuit, il se déporte trop et percute de plein fouet un autre taxi qui se retourne sur le toit et prend feu. Les deux chauffeurs sont légèrement blessés, mais un garçon de café, Georges Camino, qui vient de terminer son travail et passe au même moment, est tué sur le coup, la tête écrasée.

Vacances actives. Dédé, un truand lyonnais recherché depuis le 25 juillet 1987 pour un hold-up commis à Montluel, est aperçu le 2 août suivant, vers midi, par un inspecteur du groupe de répression du banditisme (GRB) alors qu'il téléphonait depuis une cabine publique de la place. Ce policier en vacances en croise un autre de la BRI, également en congé. Ensemble, ils procèdent à l'arrestation d'André Boiron, 44 ans, qui avait d'ailleurs été blessé à la jambe huit jours plus tôt par un tir des policiers à Vaulx-en-Velin, alors qu'il venait de forcer un barrage.

n° 3

Tailleur infernal. Dans l'arrière-boutique de son échoppe de tailleur, le corps d'Armand Cohen est découvert le 26 juin 1968, vers 17 heures. Il vient d'être abattu d'une balle de 11,43 mm dans la tête. Surnommé le Beau Serge dans son quartier, bâti en athlète et plutôt beau garçon, il brûlait la vie par les deux bouts, en véritable locomotive du Lyon by night qu'il était devenu. Assidu des maisons de jeux clandestins de Lyon et de la Côte d'Azur, il avait coutume de régler ses dettes en fournissant à ses partenaires de jeux des partenaires du sexe opposé. Ce qui ne manquait pas de provoquer des jalousies chez les maris trompés, parmi lesquels quelques industriels lyonnais. L'un d'eux, un instant suspecté, a préféré se mettre au vert quelques mois en Espagne.

n° 12

PC visé. En plein jour, vers 10 heures du matin, le 10 avril 1962, les passagers d'une voiture Simca bicolore tirent à la mitraillette en direction des fenêtres du siège du Parti communiste français, atteignant le plafond. Pas de blessé, pas de revendications. Baroud d'honneur de l'OAS ?

Jarente (rue) 47

n° 4

Taxi SVP ! Un chauffeur de taxi, Daniel Simonet, est retrouvé mort près de sa voiture le 9 mai 1981 à minuit, atteint d'un coup de couteau de boucher retrouvé sur place. La sacoche renfermant sa recette (environ 300 francs) a disparu, de même que deux suspects aperçus par des témoins.

Joffre (quai Maréchal-) 48

Raides morts. C'est à la hauteur de ce quai que se situaient naguère le confluent du Rhône et de la Saône et l'hôpital Saint-Laurent où, pendant la peste de 1628, on amenait par barque ou par chariot les malades et les mourants. Si nombreux, que la contagion enlevait jusqu'à 300 personnes par heure. Ne trouvant plus de bois pour s'abriter, des misérables confectionnèrent des cabanes avec des cadavres roidis par le froid. On chiffre à 70 000 le nombre des morts dus à cette épidémie.

n° 1

Quarté sanglant. À 13 h 30, le dimanche 20 avril 1980, quatre gangsters pénètrent dans le Billard club d'Ainay, qui fait également office de bureau du PMU, et exigent de la patronne, Hélène Teyssier, 53 ans, qu'elle ouvre le coffre dissimulé dans sa cuisine. Devant son peu d'empressement, ils l'abattent d'un coup de pistolet 9 mm. Ils seront tous arrêtés, un an plus tard, à Paris. Les joueurs de tiercé n'ont rien pu faire, ni ceux du billard, pourtant la queue à la main.

Le Viste (place) 49

La guerre est jolie. Un soldat allemand complètement ivre est trouvé par une patrouille d'agents de police, le 14 décembre 1942, la main et l'avant-bras entaillés.

On parle. Une bagarre éclate le 16 février 1930 entre les Jeunesses patriotiques, l'Action française et les Jeunesses communistes. Une heure plus tard, place Bellecour, plusieurs jeunes communistes, qui se rendaient à une réunion, sont agressés. Dont Roger de Kiriel, victime d'un coup de couteau et Georges Huin, d'une canne à épée.

Lintier (rue Paul-) (anc. rue des Deux-Maisons) 50

n° 4

Le milliard en fumée. L'entreprise chargée du ménage à la Trésorerie principale ramasse tout ce qui traîne dans les couloirs au matin du 28 décembre 1986. Et emporte un sac qui sera brûlé dans la matinée. Il contenait pour un milliard de centimes en chèques versés par les contribuables de sept communes du département du Rhône pour leurs impôts locaux. Ils ont dû en libeller un second.

Marronniers (rue des) 51

n° 3

Jeu tragique. Le 3 juillet 1893, Louis Bonin, 8 ans, joue avec d'autres gosses dans une impasse située dans la cour de l'immeuble. En grimpant sur des traverses en fer, il déséquilibre un énorme plateau de bois qui l'écrase, au point qu'il a « la tête aplatie et la poitrine enfoncée », disent les gazettes.

Maupin (rue Simon-) 52

n° 3

Jalousie perçante. Le 2 avril 1994, vers 3 heures du matin, une femme de 42 ans, Véronique Roselyne, est découverte sur le trottoir, tuée de deux coups d'un revolver de gros calibre tirés dans la nuque et d'un troisième au poumon. L'enquête permet de savoir qu'elle s'est violemment disputée peu avant dans un bar voisin de la rue Gasparin avec un homme paraissant bien la connaître. C'était son amant, David F., 38 ans, qui, arrêté, a reconnu qu'il n'avait pas supporté l'annonce d'une rupture.

Mazard (rue) 53

n° 1

La veuve qui rit. Alertés par l'odeur qui se dégage d'un appartement du premier étage, des voisins appellent la police le 14 août 1899. Elle y découvre le cadavre de la veuve Maria Juveneton, égorgée, et, dans une alcôve, ceux de deux de ses enfants, Anaïs et le petit Paul, étranglés. Le meurtrier, un garçon de 19 ans, Alphée Baron, est vite arrêté et reconnaît le carnage remontant à une semaine. Il sera condamné le 16 décembre aux travaux forcés à perpétuité, échappant à la peine de mort pour avoir, dans sa crise de folie, épargné deux autres enfants de la veuve, Gaston, 9 ans, et Marguerite, 12 ans, qu'il avait conduits dans un train pour les éloigner. « Je voulais me marier avec elle, a-t-il expliqué aux jurés, elle m'a ri au nez, je suis devenu fou. »

n° 2

Le poids du sac. Un livreur de farine glisse sur les pavés. Il a, révèlent les gazettes du 3 janvier 1893, la poitrine broyée par le sac qu'il portait au point de « vomir le sang à flots ». Mais il refuse d'aller se faire soigner à l'Hôtel-Dieu.

Mercière (rue) (anc. rue Marchire et rue des Marchands) 54

Faut pas traîner. Pour s'être promenés sans méfiance dans cette rue alors sans numéros, un capitaine d'infanterie y est tué au soir du 7 juin 1817, et un garde national blessé. Tandis que, dans un cabaret voisin, un demi-solde reçoit un coup de pistolet en pleine figure suite à des remontrances faites à des clients qu'il prenait pour des conjurés.

Ah, mais ! Les bourgeois de la rue et du quartier se révoltent. Tant et si bien qu'en 1269 ils forment une « commune » dirigée par deux consuls élus. Un peu plus de soixante ans plus tard, les Lyonnais se dotent de douze consuls. Mais ce n'est qu'en 1320 que l'archevêque et le roi accordent le droit aux Lyonnais de former une véritable commune, apte à élire conseillers et procureurs, à organiser le guet, à décider de leurs impôts et à faire appel à la justice du roi quand la justice locale est contestée par l'archevêque.

Puanteur. Le 8 novembre 1473, des poursuites sont engagées contre les tanneurs de la rue qui, en supprimant leurs chaudières, empestaient le quartier.

Justice populaire. Le 26 mai 1517, des poursuites sont engagées contre certains habitants de la rue qui s'étaient constitués en tribunal pour juger des blasphémateurs.

Du gâteau. Le 25 avril 1529, pendant la Grande Rébeyne, Laurent Ducornat, pâtissier, se fait piller sa boutique et se voit conduire à la prison de Roanne par les émeutiers affamés.

n° 33

Passage à tabac. Alertés par des passants, deux gardiens de la paix surprennent en flagrant délit deux cambrioleurs dans l'arrière-boutique de la boucherie Satre, le 24 avril 1930. Il s'ensuit une bagarre au cours de laquelle le brigadier Jean Berger est désarmé par un des truands, qui tire trois fois sur lui mais ne l'atteint qu'une fois à la cuisse. Le policier rescapé, pour soigner son collègue, confie les deux voyous, Philibert Furet et Louis Reynaud, tous les deux âgés de 30 ans, aux passants qui s'empressent de leur infliger une sévère correction.

n° 62

La belle et la bête. Le 9 novembre 1978, le corps tuméfié d'un jeune cuisinier lyonnais, Thierry Ducarre, est découvert dans le local à poubelles de cet immeuble. Les policiers n'ont aucune difficulté à remonter jusqu'à l'appartement des frères Vincent, en raison des traces de sang qui jalonnent le chemin du cadavre. Les deux frères, Georges et Jean-Claude, expliqueront que sa mort est intervenue lors d'un jeu sexuel, mais aucun n'avouera avoir manié le fil de téléphone qui l'a étranglé. Ils diront seulement avoir été amants, et Jean-Claude prétendra même avoir partagé avec Jean Marais une passion plus qu'intellectuelle.

Monnaie (rue de la) 55

À la baïonnette. Ce 2 janvier 1930, Pierre Bailly est attaqué par deux individus qui semaient la terreur dans le quartier, en menaçant notamment les passants avec une baïonnette.

n° 1 bis

Facteur à l'étage. Le 22 janvier, au quatrième étage de cet immeuble, un agent des PTT, Roger Pintero, est retrouvé mort par un locataire. Le contenu de sa sacoche avait disparu.

n° 10

Fusillade. Vers 19 heures, le 6 décembre 1961, une fusillade éclate au Café des primeurs, faisant quatre morts et sept blessés. C'est un nouvel épisode de la guerre que se livrent à Lyon deux factions algériennes, FLN et MNA.

Moulin (quai Jean-) 56

n° 13

En reculant. Il n'entend pas le bip du camion qui recule sur ce chantier du quai, le 30 mars 1956, vers midi. Simplement parce qu'il est sourd. Le chauffeur ne voit pas ce maçon de 49 ans, Pierre Durupthy, dans son rétroviseur et l'écrase...

Neuve (rue) 57

n° 9

Mal cachées. Durant la nuit du 12 novembre 1963, des malfaiteurs s'introduisent par la cour de l'immeuble, après avoir brisé un volet, dans l'arrière-boutique du Café de l'harmonie. Patients, ils fouillent meubles et tiroirs et finissent par découvrir les clés du coffre-fort, qu'ils n'ont plus qu'à ouvrir pour repartir avec la recette du PMU, soit 15 000 francs.

Palais-Grillet (rue) (anc. rue Puits-Pelu et rue du Charbon-Blanc) 58

n° 18

Les trois garçons. Dans les combles de cet immeuble, les policiers lyonnais découvrent, le 28 janvier 1923, dissimulée derrière la fausse porte d'un placard, la cache d'un trio de malfrats parisiens accusés d'avoir dévalisé à Paris un boucher pour 45 000 francs de titres et 50 000 en liquide. Tous âgés de 25 ans, on les surnommait les Trois Garçons, car l'un était garçon boucher, l'autre garçon de café et le troisième garçon d'étages dans un hôtel. Cette planque servait à tous les truands lyonnais et aux prostituées en situation irrégulière. Sous un faux plafond étaient planqués argent et bijoux.

n° 22

Lacérée. Alors qu'elle exerçait le plus vieux métier du monde dans la presqu'île, à deux pas de la place de la République, Angèle Carion, 45 ans, est assassinée à coups de rasoir. Sans doute par un client le 28 novembre 1966.

Perrache (gare de) 59

Dernier convoi. C'est de cette gare que part, le 11 août 1944, sous le n° 78, le train 14166, dernier convoi de la mort à destination des camps de concentration, alors que les Alliés s'apprêtent à débarquer en Provence et sont déjà en Normandie. Sept cent cinquante personnes, juifs et/ou résistants, dont 25 enfants, sont à bord, entassés dans des wagons à bestiaux. Ils sont séparés en Alsace, avant d'être dirigés les uns sur Auschwitz, les autres sur Dachau, Ravensbrück ou Mauthausen. Selon le mémorial, 120 rentreront, dont 30 Juifs seulement.

Perrache (quai) 60

Quai sur glace. Le 9 février 1830, la débâcle des glaces sur le Rhône, qui vient déjà d'entraîner plusieurs moulins, emporte deux usines amarrées le long du quai. Le personnel a pu quitter les lieux à temps.

Drapeau blanc. Une vive émotion s'empare des riverains quand arrive du Midi, en 1848, un bateau, *Le Vautour*, battant pavillon blanc. La foule croit à une insurrection légitimiste, et il faut, pour la calmer, le talent oratoire d'Arago, alors commissaire du gouvernement provisoire de Lyon. Mais il fait cependant saisir le navire et arrêter son capitaine.

Imberbes. Deux gosses de 13 ans et 15 ans errent dans la gare. Venus de Saône-et-Loire, ils veulent, en ce 3 janvier 1915, gagner le front pour en découdre avec le « boche ». C'étaient les premiers. Pendant une bonne partie de la guerre, des enfants candidats poilus devront être ramenés à la paix précaire de leurs foyers par la maréchaussée.

C'est un métier. Le 24 mai 1955, des centaines d'abeilles s'échappent de leur cageot dans l'autorail Clermont-Lyon. On fait venir, par taxi, un cheminot, apiculteur à ses heures, pour régler le problème. L'homme de l'art tape sur le carton et les insectes comprennent immédiatement qu'ils doivent retourner aux abris.

Horreur. Le 2 janvier 1915, un convoi de 21 amputés, évacués des hôpitaux du Midi, arrive à destination. Les soldats sont conduits à l'École de santé transformée en ateliers d'apprentissage. Ils viennent y apprendre un métier adapté à leurs nouvelles (in)aptitudes physiques.

n° 11

Noyade. En voulant attraper deux ballons qui dérivaient au fil du Rhône, le 17 juin 1955, René Monnot, 13 ans, tombe dans le fleuve et coule à pic.

n° 12

Bidon. Le 30 septembre 1986, deux dangereux détenus, Christophe D., 22 ans, et Manuel O., 25 ans, prennent en otage, à la prison Saint-Joseph, le gardien qui venait de leur ouvrir leur cellule pour la promenade quotidienne à 9 heures, grâce à un faux pistolet confectionné avec du contreplaqué et une fausse grenade moulée dans du savon noir. Ils l'enferment dans leur cellule, lui volent ses clés, libèrent un autre détenu, mais se font arrêter avant leur évasion, grâce à un système d'alerte mis au point entre les gardiens.

Toubib or not toubib. À la prison Saint-Joseph, où est incarcéré Klaus Barbie depuis le 8 février 1987, se présente Christian Barbier le 19 mai 1989. Il se prétend urologue et souhaite examiner le bourreau de Lyon pour une visite postopératoire. Dans sa trousse de « médecin », les gardiens découvrent un revolver Remington 44. Cet ancien chauffeur de taxi, qui voulait tuer Barbie, a été considéré comme illuminé par les psychiatres qui l'ont examiné après son arrestation. Il a été néanmoins condamné à douze ans de prison, dont huit avec sursis, le 22 septembre suivant.

VIP. Le 13 novembre 1992, après quarante-huit heures de garde à vue, le gendre du maire de Lyon, Pierre Botton, est écroué à la prison Saint-Joseph sur décision du juge Philippe Courroye, qui vient de l'inculper d'abus de biens sociaux, de banqueroute et de faux et usage de faux. Il éclabousse dans sa chute non seulement son beau-père Michel Noir, mais d'autres personnalités comme Charles Giscard d'Estaing et Patrick Poivre d'Arvor, qui seront tous jugés à Lyon.

n° 13

Bis repetita. En venant prendre son service le 8 juillet 1935, vers 6 heures le matin, une serveuse découvre sa patronne Marie C. qui a tenté de se suicider après avoir tué son amant Adrien R., parce qu'il avait une autre maîtresse. À noter que, dans ce même immeuble, en octobre 1933, une mercière, Mme Boivert, avait été assassinée par son fils, condamné aux travaux forcés à perpétuité.

n° 33

Concurrence. Une prostituée, croyant avoir affaire à une rivale, s'en prend à une passante et lui porte plusieurs coups de couteau, le 19 juin 1992.

n° 75

Sois sage, pépé. À 2 heures du matin, le 20 septembre 1968, trois hommes surgissent au siège des établissements Carnaud et ligotent sur son lit le gardien de l'entreprise, M. Léon Coupier, 51 ans, en lui intimant : « Sois sage pépé, on ne te veut pas de mal. » Après avoir découpé le coffre-fort au chalumeau et dérobé 15 000 francs, ils lui rendent son couteau avant de s'enfuir.

n° 84

Portefeuille providentiel. À la suite d'une série de queues-de-poisson, un entrepreneur de maçonnerie, Charles T., 33 ans, rattrape, à la station BP, les occupants d'une voiture qu'il poursuivait et tire sur ses deux occupants. Le conducteur, Laurent Jue, 24 ans, est tué sur le coup. Quant à son passager, Michel Frevisen, 20 ans, blessé lui aussi, il n'aura la vie sauve que grâce à l'épaisseur de son portefeuille, que la balle a touché. Arrêté, le meurtrier explique que ses balles ont dû ricocher et que ce n'était qu'un accident.

Perrin (place Antonin-) 61

Stupide poisson d'avril. En quittant la caserne de l'avenue de Debourg, le fourgon-tonne emmenant huit sapeurs-pompiers percute un poids lourd à 8 heures, le 1er avril 1981. Cinq soldats du feu sont blessés, mais ils éteignent quand même l'incendie provoqué au camion par l'accident, avant d'aller se faire soigner. La rage au cœur, car l'incendie pour lequel ils ont été appelés (au lycée d'Oullins) n'est qu'un canular.

Petit (rue Marc-Antoine-) 62

Riposte. Le 24 octobre 1960, une grenade lancée dans le Café d'Alger, fief du FLN, fait deux morts et neuf blessés. C'est la riposte à un attentat commis un mois plus tôt rue Mazenod au Café des Sept Chemins, rendez-vous du MNA.

Plat (rue du) 63

La fleur au fusil. La foule qui s'était rassemblée le long de la Saône, au port Saint-Paul et au port du Temple, s'en vient forcer le 7 février 1790 les portes de l'arsenal pour s'emparer de 12 000 fusils, malgré la résistance des volontaires armés par Imbert Colomès.

n° 10

Suicide ou non ? Le 25 février 1930, Antoine Jolivet disparaît de son épicerie. Son magasin n'a pas été cambriolé et le tiroir-caisse est intact. Mais des voisins affirment l'avoir entendu appeler au secours et avoir perçu le bruit d'une voiture qui démarrait. Quelques jours plus tard son corps est retrouvé dans le Rhône à Saint-Rambert-d'Albon, entouré d'une bande de tissu. L'autopsie n'ayant rien décelé, la thèse du suicide est retenue alors que rien dans son comportement ne le laissait prévoir.

n° 16

Bonne à tout faire. Le 16 mai 1933, la propriétaire d'un appartement du premier étage découvre, en rentrant du marché, sa bonne de 65 ans, Marie Deschamps, morte, le crâne défoncé à coups de barre de fer. L'appartement a été fouillé et il y manque ses bijoux, ainsi qu'une somme de 4 500 francs. Apparemment, d'après les traces de lutte, la malheureuse a tout fait pour défendre les biens de sa patronne. Arrêté à Paris, Jean Alexis L., un vagabond de 23 ans, s'accuse du meurtre, mais les policiers estiment ses aveux fantaisistes.

L'OAS ? Vers 1 heure du matin, le 30 novembre 1961, une bombe explose devant l'immeuble, siège de la *Chronique sociale*, dirigée par l'écrivain catholique Joseph Folliet. Cet attentat non revendiqué est mis sur le compte de l'OAS. Gros dégâts, mais pas de victime.

n° 24

Française ? Une bombe explose dans les locaux de l'*Union française*, hebdomadaire proallemand, le 25 octobre 1942. Un gardien de la paix en service à proximité est commotionné.

Poncet (place Antonin-) (anc. place de la Charité, en 1842) 64

Misère et splendeur. En cette année 1627, dès 5 heures du matin, les indigents sont sortis de l'hôpital de la Charité, mis en rangs devant l'établissement et dotés d'une livre de pain et d'un verre de vin. La procession s'ébranle à 8 heures, selon la coutume instituée par les bourgeois depuis la Grande Rébeyne de 1534, vers l'église Saint-Jean. En tête, cinq crieurs munis de clochettes et un vieillard en longue chemise blanche. Derrière, les commissaires qui maintiennent l'ordre à l'aide de bâtons blancs, le gouverneur, l'archevêque mitré et crossé, les marchands et échevins (conseillers) en robes de damas violet cousues d'or et toques noires, les gens de justice en hermine. Sur le parcours, la foule est muette. Il s'agit de montrer que la ville s'occupe bien de ses pauvres.

Le frère cardinal du cardinal. En démolissant la chapelle de la Charité, dont seul le clocher a été conservé, des ouvriers descellent un tombeau le 12 janvier 1935. Il renfermait les ossements du cardinal Louis de Richelieu, frère du ministre de Louis XIII. Il avait été archevêque de Lyon durant vingt-cinq ans, au XVIIe siècle. Ses restes ont été transférés à la cathédrale Saint-Jean, mais on s'est aperçu que son anneau épiscopal lui avait été arraché par des vandales.

Comme les bonzes. Le 15 avril 1965, vers 16 heures, dans le tambour vitré de la poste centrale, une femme de 37 ans, Suzanne Gisclon, s'immole par le feu à l'aide d'un bidon d'essence, sans que la foule médusée intervienne.

Aperçu. Disparu au cours de la nuit du 3 au 4 juillet 1974, Yves Marin-Laflèche, 42 ans, surnommé le Petit Prince, a été aperçu le 3, au début de la soirée, au café Le Français, dont il était propriétaire et ce, en compagnie de son barman, également son amant, Joël Matencio. Une des dernières fois où il fut aperçu vivant. Son cadavre sera retrouvé quatre mois plus tard, le 3 novembre, dans un bois près de Villefranche-sur-Saône, abattu d'une balle à sanglier. Un instant suspecté, Joël Matencio, bénéficiera d'un non-lieu.

n° 6

On meurt à l'hôtel. À ce numéro se trouvait l'Hôtel de Provence, qui aujourd'hui aurait sûrement quatre étoiles. C'est pourtant dans l'une de ses chambres que mourut le baron Larrey, l'illustre chirurgien de la Grande Armée, alors qu'il n'était que de passage à Lyon le 25 juillet 1842. Dans la même chambre devait s'éteindre quelques mois plus tard, le 10 décembre 1842, le poète Casimir Delavigne. À noter qu'à cette époque, sur cette place, au n° 8, se trouvait le siège de la Compagnie lyonnaise des omnibus, au n° 9, l'Institut ophtalmologique de Lyon et au n° 18 le siège du journal *Le Salut public.*

n° 11

Un p'tit canon ? À 21 h 30, le 27 novembre 1978, un client pénètre au Café Rhodanien et commande un whisky. Pour ressortir en s'excusant : « Je reviens, j'ai oublié quelque chose dans ma voiture. » Il revient effectivement, mais avec un fusil-mitrailleur, ses chargeurs et ses cartouches, et pose le tout sur le comptoir. C'est un sujet helvète de 30 ans, Silvio Merlini, réserviste de l'armée suisse et, comme tous les Suisses, en permanence en possession de son arme de dotation. Il ne voulait pas se la faire voler. Arrêté, l'homme est libéré, mais son arme saisie.

Port-du-Temple (rue) (anc. rue Écorche-Bœuf) 65

n° 7

Strangulation. Le 4 avril 1966, une prostituée de 53 ans, Angèle Rémy, est retrouvée étranglée dans la chambre de l'hôtel où elle avait coutume d'emmener ses clients.

Poulaillerie (rue de la) (anc. rue Maudite, pendant quatre siècles) 66

Vade retro. La maison de Pierre Valdo, « pauvre parmi les pauvres », considéré comme hérétique pour ne pas approuver les fastes de l'Église, est démolie en 1184.

Quatre-Chapeaux (rue des) (anc. rue de la Cornemuse) 67

n° 1

Radio Londres. Au premier étage, Marc Bloch, père de six enfants, avait installé un poste récepteur pour capter les messages de Londres durant l'Occupation. Arrêté le 8 mars 1944, il est fusillé par les Allemands quelques jours plus tard près de Trévoux (Ain). Il avait mis en place un dispositif d'insurrection dans toute la région.

Rambaud (quai) 68

La prime y passe aussi. Le 23 janvier 1922, des pêcheurs retirent de la Saône le corps de Robert Gonon, un comptable disparu depuis le 10 janvier. Après avoir arrosé jusqu'à minuit, avec des copains, la gratification de 2 000 francs touchée le matin même de son patron, peut-être est-il tombé à l'eau ? Mais où sont passées la prime et la bague qu'il avait au doigt ?

Arsenal en feu. Les bâtiments de l'ancien arsenal de Lyon sont la proie des flammes en ce mois de juillet 1982. Six cents mètres carrés de cette bâtisse promise à la démolition partent en fumée.

n° 30

Le pire évité. Vers 14 heures, le 12 février 1933, le feu prend dans les silos où sont stockés 50 000 quintaux de blé de l'Office national agricole. Le courage des pompiers permet de préserver le gazomètre tout proche, qui contient 20 000 mètres cubes de gaz lesquels, en explosant, auraient provoqué une véritable catastrophe.

n° 35

Eau polluée. Le 3 décembre 1990, on découvre au fond d'un puits le corps d'un clochard de 30 ans, Thierry Prévot, qui avait disparu du squat qu'il partageait avec trois compagnons de misère, derrière la gare de Perrache, depuis le 6 novembre. En fait, c'est ce jour-là qu'il avait été tué par ses copains lors d'une querelle après boire, lesquels avaient eu l'idée de le faire disparaître dans ce puits qu'ils connaissaient pour s'y être ravitaillés en eau.

Ravat (rue) 69

n° 31

Transpercé. On découvre, le 6 juin 1972, un Marocain, Mohamed Kabes, assassiné dans son logement à coups de couteau.

Remparts-d'Ainay (rue des) 70

n° 3

Comme ma mère. Le 4 janvier 1985, la concierge de l'immeuble, Inès Cavada, 50 ans, est retrouvée morte, étranglée dans sa loge, le visage recouvert d'un bas. Le lendemain, le meurtrier, Clodomir B., 24 ans, se présente au commissariat pour avouer : « Je l'ai tuée, car elle me rappelait trop ma mère, qui buvait elle aussi. » Ils s'étaient rencontrés l'avant-veille, au bistrot du coin.

République (place de la) 71

n° 53

Microbarre. Branle-bas de combat ce 16 mars 1988, lorsqu'on découvre un micro caché dans le téléphone de l'attachée de presse de Raymond Barre, dans les bureaux de sa permanence électorale. Il est alors candidat à la présidence de la République et son attachée de presse n'est autre que l'ancienne présentatrice vedette de l'ORTF, Noëlle Noblecourt. L'enquête ne permet pas de savoir si les poseurs de micros étaient de gauche ou de droite.

n° 55

Insupportable. Sans crier gare, un homme jette un pavé dans la vitrine de la bijouterie Au lingot d'or, tenue par Robert Sultani, le 26 novembre 1927, en fin d'après-midi. Il est rattrapé par les passants. Il explique qu'il n'en voulait pas aux bijoux. Titulaire de la médaille militaire et de la croix de guerre, Joseph Lavre, 30 ans, réformé à 65 % et grand blessé, vient de perdre son emploi chez Berliet à cause de la crise. « Je ne suis pas un voleur, précise-t-il au commissariat, je voulais simplement me venger de ceux qui possèdent et vivent dans le luxe, alors que je n'ai pas de travail depuis le 11 juin. »

République (rue de la) 72

Acrobate. Un attroupement se forme le 16 juillet 1893, vers 17 heures, au niveau de la place Le Viste pour admirer pendant plus d'une demi-heure les évolutions acrobatiques d'un cycliste. Ce qui enchante les badauds. Les policiers à pied n'ont jamais pu le rattraper. *Le Progrès* écrit le lendemain qu'il était « gris comme 36 Polonais ».

Et tape. Les blanchisseuses se rendent en manif au *Progrès* pour protester contre les patrons de bateaux-lavoirs qui ont porté de 1 franc à 1,10 franc le prix de la journée à la « platte », le 17 janvier 1915.

Avec des fleurs. De grandes grèves se déclarent au début de l'année 1920. Vingt-trois wagons de fleurs venus de Nice en direction de Paris sont bloqués. Les cheminots en font profiter les petits vendeurs des rues, qui inondent les Lyonnais de fragrances méditerranéennes.

On débaptise. Au cours de la nuit du 29 avril 1944, quelques plaques de cette rue ont été recouvertes par d'autres, intitulées rue de la Quatrième-

République. Tandis que la rue du Bât-d'Argent est devenue rue des Alliés et la place des Terreaux, place du Général-de-Gaulle.

Poignard anar. Le 24 juin 1894, le président de la IIIe République, Marie François Sadi Carnot quitte vers 21 heures le Palais de la bourse, où il venait de participer à un banquet. Installé dans un landau tiré par des chevaux, il s'apprête à rejoindre le Grand-Théâtre, par la rue de la République, lorsqu'un homme jeune, tenant un journal à la main, se précipite et grimpe sur le marchepied. Le journal dissimulait un poignard. Un coup au foie suffit pour entraîner, quelques heures plus tard, la mort du président, dans les salons de la préfecture.

L'homme se laisse facilement arrêter au cri de « Vive l'anarchie ». Arrivé de Vienne à pied, la nuit précédente, avec son poignard acheté la veille, il ne fait aucune difficulté pour reconnaître son geste, mais assure qu'il n'a pas de chef et qu'il a agi librement.

Santo Caserio, né le 8 septembre 1873, n'a pas 21 ans lorsqu'il est guillotiné devant la prison Saint-Paul, le 16 août 1894. Un record : cinquante-trois jours entre les faits et leur sanction et quatorze jours après le verdict. Le poignard de Caserio est exposé au musée de l'École nationale supérieure de police de Saint-Cyr-au-Mont-d'Or.

On est loin, à Lyon, de songer à l'époque à un attentat. Au point que les journaux quotidiens, dans leurs éditions départementales, font paraître un compte rendu de la soirée au Grand-Théâtre, laissant entendre que le président de la République y a été vivement applaudi, alors qu'en fait il est déjà mort. Au lendemain de ce drame, 180 maisons de commerce, dont les propriétaires ont des noms à consonance italienne, sont pillées ou brûlées et il faut près de trois jours à la police pour réprimer ces désordres.

n° 12

Les lingots sont lourds dans le sac. Ayant pénétré la nuit du 4 juillet 1984, en descellant une grille au premier étage, dans les locaux de l'agent de change Vincent Brac de la Perrière, une équipe de truands prend en otages les onze membres du personnel au fur et à mesure de leur arrivée, à 8 heures du matin. N'ayant pas apporté assez de corde pour les attacher, ils le font en arrachant le fil du téléphone. Ils repartent avec des pièces d'or et 13 lingots estimés à 4,5 millions de francs, qu'ils enfournent dans un sac tyrolien.

n° 12

Joyeux Noël. Deux convoyeurs de fonds de la Société générale doivent apporter à la banque Veuve-Morin-Pons la recette récoltée le 24 décembre 1968 dans plusieurs magasins. Vers 20 heures, deux hommes cagoulés et armés les soulagent de leurs valises renfermant 330 000 francs. Sans leur crier « Joyeux Noël ». L'enquête prouvera qu'il s'agissait de Guy Reynaud, auteur de hold-up spectaculaires (Carrefour et Casino de Charbonnières).

n° 32

Alarme défaillante. Le 24 novembre 1972, vers 3 heures, des malfaiteurs, après avoir découpé les grilles de protection à la cisaille, brisent huit vitrines de la bijouterie Augis et repartent avec tous les bijoux exposés, estimés à 120 millions de francs.

L'occase. Le 31 janvier 2004, un gangster profite de l'entrée d'une cliente à la bijouterie Augis pour se glisser derrière elle et, sous la menace d'une arme, casse les vitrines intérieures du magasin, avant de s'enfuir avec une poignée de bijoux. Une course-poursuite s'engage avec une voiture de police, qui est percutée à Vaise par celle du truand et du complice qui l'attendait au volant. Deux policiers sont blessés par le choc.

n° 61

L'ingrate. Pour la deuxième fois en moins d'un mois, un bijoutier lyonnais est agressé. Le 7 novembre 1981, Joseph-Marius Gaudin, 73 ans, est retrouvé chez lui, visage tailladé et plaies au crâne. À la retraite, il avait toujours sur lui des pierres et des bijoux. Celle qu'il présentait comme sa fille adoptive, mais ne l'était pas, est arrêtée.

n° 62

Vers la fin. Une bombe ravage le local du PPF, le 21 juillet 1944.

n° 63

Constat. La charge de l'huissier Giry est cambriolée à l'aide de fausses clés, le 20 janvier 1898. L'argent présent n'a pas été volé. Seuls des dossiers ont disparu concernant notamment des saisies à venir.

n° 73

Coïncidence ? Un incendie se déclare dans la nuit au cinéma Le Gémeau. Deux heures plus tard, même chose au cinéma UGC, rue du Président-Carnot, à quelques centaines de mètres, le 18 avril 1992.

n° 77

Cocotte de luxe. Quand il s'aperçoit que sa maîtresse, Antoinette Pigneret, 20 ans, a d'autres amants et qu'elle se fait entretenir par ailleurs sous des noms et prénoms différents, le lieutenant Maxime Victor Abadie, officier au 157e régiment d'infanterie, sort son arme de service et tue l'infidèle, le 15 février 1898 à midi, dans son appartement du quatrième étage. Puis il se tire une balle dans le ventre.

n° 79

Le feu aux fesses. Des engins incendiaires explosent sous les fauteuils du cinéma Pathé-Palace, le 9 décembre 1942. Un spectacle en faveur de la Relève devait y être donné par le bureau de placement allemand.

Dernière séance. Pendant que 600 spectateurs assistent au cinéma Pathé à la projection du film *Liste noire*, un drame se joue au troisième étage du bâtiment, le 22 août 1984 vers 22 h 30. Cinq coups de feu sont tirés par deux gangsters, laissant deux cadavres derrière eux. Celui du contrôleur chargé de relever les caisses, Patrice Saraydarian, 24 ans, et celui du projectionniste, Alain Barnault, 35 ans, sans doute venu à son secours. Un des agresseurs, K. A., 23 ans, appréhendé quelques jours plus tard, a toujours soutenu qu'il n'était que le guetteur et n'avait pas tiré. Il sera condamné le 19 février 1990 à vingt ans de réclusion par la cour d'assises du Rhône.

n° 85

Attentat en sous-sol. Caserio était-il ou non anarchiste ? En tout cas, la ville fut touchée très tôt par les attentats revendiqués comme tels. Dès octobre 1892, un engin explose à L'Assommoir, cabaret situé dans le sous-sol du théâtre Bellecour, tuant un jeune ouvrier de vingt ans. La nuit suivante, une explosion a lieu sur le quai de la Vitriolerie, devant le bureau de recrutement.

Plus vite, facteur. Pour prouver qu'à vélo il irait plus vite que la Poste pour acheminer une lettre à son journal depuis la capitale, un journaliste du *Progrès*, Jean Périlhon, part de la porte d'Orléans, après avoir posté le double de sa missive à Paris. Après 500 kilomètres sous la pluie et dans le brouillard, il gagne son pari le 1er avril 1982. Et ce n'est pas un canular.

Sabordage. Dans son bureau de cet immeuble, qui abrite aujourd'hui la FNAC, Émile Brémond, directeur du *Progrès*, décide de saborder son journal, le 11 novembre 1942. Entouré de son épouse, du responsable de la rédaction, Henri Amoretti, d'Yves Farge, Rémi Roure, Pierre Dorval et Georges Vuillermet, il entend ainsi protester contre un article mensonger que la censure voulait faire paraître dans ses colonnes. Le journal ne reparaîtra qu'en 1944.

Saint-Antoine (quai) 73

Casse-toi. Une rixe éclate dans la taverne de Michelet Buatier en octobre 1431, entre un étranger sans doute venu par la Saône et un habitant du quartier.

Parking sans vidéo. Au premier niveau du parking souterrain, situé en amont de la passerelle du palais de justice sur la rive gauche de la Saône, on retrouve l'Austin Morris de Bernard Galle, le gendre du notaire Louis Chaine, le 22 septembre 1980. Elle présente à l'arrière droit une trace de choc. Parti de la maison familiale de Lissieu (12 km), il ne gagnera jamais l'étude de son beau-père, rue Émile-Zola, où il était censé se rendre. C'est sur ce trajet de 500 mètres, du parking à l'étude, qu'il disparaît. Malgré la rançon de 5 millions de francs versée à ses ravisseurs, Bernard Galle ne sera retrouvé ni mort ni vivant. Selon les enquêteurs, l'enlèvement aurait eu lieu dans le parking.

n° 13

On n'entre pas. Vers 2 heures du matin, le 18 décembre 1983, Pierre Bouillard, 38 ans, portier d'un club de danse Le Saint-Antoine, est abattu d'une balle de P38 dans la tête par un homme à qui il avait par deux fois refusé l'entrée en raison de son état d'ébriété. Le meurtrier prend ensuite la fuite à bord d'une Simca 1100 dérobée au conducteur qui se garait.

Saint-François-de-Sales (rue) 74

Premier attentat. Le 7 octobre 1884, une bombe explose sur une fenêtre de la caserne de gendarmerie située à l'angle de la rue Sala. L'attentat, qui n'a pas été revendiqué, n'a pas fait de victime.

Saint-Nizier (place) 75

Récidiviste. Louis d'Arbent, tavernier, de sombre réputation, est cité en justice cinq fois entre 1431 et 1432, pour coups, fraude sur les jeux, compromission dans un vol.

n° 1

Bas de laine. Deux malfaiteurs fracturent la porte du magasin Les Deux Orphelines, mais ne parviennent pas à faire sauter le coffre qui contient 7 000 francs de recettes de l'année 1894. Ils repartent avec huit paires de chaussettes à 20 francs.

Sainte-Hélène (rue) 76

Bonne mère. On la connaissait plus à Lyon sous son surnom de « maman des poilus » que de son vrai nom, Clotilde Bizolon : durant la Grande Guerre, elle s'était dévouée corps et âme pour les troupiers montant en ligne, et surtout pour ceux, blessés, qui en revenaient marqués à jamais. Pour eux, elle laissa sa maigre fortune, n'acceptant en retour que la Légion d'honneur, qui lui fut remise lors d'une grandiose cérémonie. Malgré ses 68 ans, elle reprit du service en 1939 pour remonter le moral de nos troupes et soulager la misère des réfugiés qui, par centaines, arrivaient en gare de Perrache. Jusqu'à un matin de l'année suivante, où sa concierge la découvrit dans son modeste logis de la rue Sainte-Hélène, baignant dans son sang, le crâne fracassé à coups de marteau et le ventre percé par un couteau de cuisine. Crime crapuleux non élucidé, jusqu'à ce qu'un clochard unijambiste se suicidât quelques mois plus tard dans l'enceinte même du palais de justice, à l'aide d'une ampoule de cyanure. Sans qu'il pût être identifié, on retrouva, dans le taudis qu'il occupait, un marteau taché de sang, sur lequel étaient encore collés quelques cheveux gris de la « maman des poilus ». Depuis, une partie de la rue Sainte-Hélène a été rebaptisée

Clotilde-Bizolon, et sa tombe, au cimetière de la Guillotière, est, encore aujourd'hui, fleurie par des mains anonymes.

Demoiselle affamée. C'est dans l'arrière-boutique de son magasin, à l'enseigne À l'épaulette d'or située dans cette rue du vieux quartier d'Ainay, qu'Émilienne Colas a été retrouvée étranglée et égorgée le 3 novembre 1965, au milieu des uniformes militaires qu'elle écoulait avec beaucoup de mal. Deux déserteurs du 1er régiment de la Légion étrangère, un instant suspectés, ont été très vite mis hors de cause sans que, pour autant, le coupable fût identifié. Même s'il ne pouvait s'agir que d'un familier. Comment expliquer, sinon, dans le réfrigérateur de la vieille demoiselle qui vivait seule, la présence de deux tranches de jambon, de deux biftecks et de deux desserts ?

n° 2

Mystère. Le comptable de la société de Saint-Vincent-de-Paul, par ailleurs horloger au 48 de la rue Sergent-Blandan, est retrouvé, gorge tranchée, dans le bureau de l'association caritative, le 28 février 1902. Une mystérieuse dame en noir a été vue par la concierge devant l'immeuble. Faisait-elle le guet ? Quelque chose a-t-il été volé ? Seul le comptable connaissait le contenu de la caisse.

n° 18

Oiseuse mathématique. Durant l'Occupation se trouvait là le siège de la Milice. Le 28 juin 1944, l'un de ses chefs, Paul Touvier, désigne les sept israélites qui seront fusillés le soir même à Rillieux en représailles de l'exécution, le même jour à Paris, du ministre de l'Information, Philippe Henriot. Pour sa défense, à son procès, Touvier affirmera : « Les Allemands voulaient cent otages, j'en ai donc sauvé quatre-vingt-treize. »

n° 31

Sommeil de pierre tombale. Alertés par des voisins, eux-mêmes alertés par l'odeur, les pompiers découvrent un retraité de la SNCF, Adolphe Huvenin, mort depuis plusieurs jours déjà dans son lit. Sa fille adoptive, Josiane, qui, à 31 ans, jouait encore à la poupée n'avait rien dit à ses voisins sinon : « Pépé, il dort. »

n° 39

Toiles de fonds. Lorsque les policiers demandent, le 16 mai 1989, à Jacques D., antiquaire, d'ouvrir la valise qu'il vient de retirer à la consigne de la gare de Perrache, celui-ci a beau jouer l'étonné, il doit reconnaître que les sept tableaux qui s'y trouvent ont une origine frauduleuse. Il y a là cinq Renoir estimés à 10 millions de francs. Volés le 27 avril dans la propriété d'un collectionneur parisien. Les deux complices de l'antiquaire, filés depuis Paris, ont également été arrêtés.

Sala (rue) 77

Évasions. C'est là que se situait naguère l'hôpital militaire Desgenettes, dans l'ancienne prison des Recluses, et c'est là aussi que, le 11 avril 1920, cinq soldats qui y étaient soignés, mais aussi détenus, s'en évadent vers minuit. Après avoir descellé une pierre du mur extérieur, ils descendent les trois étages par des draps tressés. La semaine précédente, vingt-cinq autres détenus avaient tenté la belle de la même façon mais en vain.

n° 41

Artisans en colère. Une bombe explose vers 1 heure du matin le 17 août 1982 devant les locaux de la Concurrence et de la consommation, situés dans l'hôtel des finances. Les dégâts sont importants et l'attentat est revendiqué à l'AFP par les Artisans de France.

n° 74

Résurrection inspirée. Le 3 octobre 1804, naît Léon Denisard Rivail. Son père, un juriste, l'envoie dans une école suisse qui s'inspire des préceptes de Jean-Jacques Rousseau. Après des études studieuses et quelques échecs, il se lance, à Paris, dans l'écriture d'ouvrages destinés à améliorer l'enseignement. En 1855, il rencontre un magnétiseur qui lui dit, entre autres choses, qu'au temps des druides, il s'appelait Allan Kardec. C'est avec ce nouveau nom qu'il invente le « spiritisme ». Au fil de ses tournées promotionnelles en Europe, ses adeptes se font nombreux. À tel point que, dans les années 60, est fondée, 8, place de la Croix-Rousse, une crèche spirite.

Stella (rue) (anc. rue Noire) 78

Guignol. C'est dans un café de cette rue que Laurent Mourguet ouvre en 1808 son premier théâtre de Guignol.

Dégâts collatéraux. Une bombe détruit une voiture allemande garée dans cette rue. Le chasseur du Grand Nouvel Hôtel et la téléphoniste de l'hôtel Carlton sont gravement blessés, le 13 novembre 1942.

n° 5

Sur le trottoir. Le 18 juillet 1968, Gilbert Perroud, 25 ans, bien connu des services de police, est abattu au pistolet sur le trottoir, à l'angle de la rue Grôlée.

Suchet (cours) 79

n° 33

Grâce aux pères. Après avoir scié deux énormes barreaux de sa cellule et jeté un câble sur le mur d'enceinte de la rue Dugas-Montbel, un malfaiteur italien, Mirasso, parvient à s'évader de la prison Saint-Paul dans la nuit du 8 septembre 1897. Il a bénéficié de la complicité de détenus acquis à sa cause par les cadeaux qu'il leur faisait grâce aux dons que lui octroyaient les pères camilliens, visiteurs des prisons avant l'heure. Il est de nouveau arrêté, mais en Allemagne, le 31 décembre de la même année.

Première grève de la faim. Accusé, à tort selon lui, d'être un tueur en série, Joseph Vacher entame sans doute la première grève de la faim de l'histoire pénitentiaire, en janvier 1898, dans sa cellule de la prison Saint-Paul. Mais il est trahi par son codétenu, un mouton au service des matons, qui le balance : il mangeait en cachette la nuit. Condamné à mort, il est exécuté sur le champ de Mars de Bourg-en-Bresse, le 31 décembre 1898, à l'âge de 29 ans, pour avoir assassiné, éventré, déchiqueté et émasculé dix jeunes bergers de la région. Non sans avoir crié : « Malheur à ceux qui m'ont condamné. » En 1976 Michel Galabru incarnera un mémorable Vacher, « l'anarchiste de Dieu », dans *Le Juge et l'Assassin*, le film de Bertrand Tavernier.

Œdipe. En février 1902, Henri Vidal, dit le Tueur de femmes, est transféré de Nice à Lyon. Il a avoué quatre assassinats. Une belle affaire offerte aux médecins Lacassagne et Boyer qui se répandent en savants diagnostics sur cet individu qui, contrairement à Vacher, est capable de pleurer, notamment en parlant de sa mère. Depuis son retour du Soudan, son cerveau « remue de droite à gauche et il s'y passe quelque chose ». L'homme est doux, apaisé, semble-t-il, par son maton, Gliastroni. Brave garçon. Lors de son arrestation, il avait sans ambages déclaré qu'il avait « la haine des femmes ».

La veuve se retire. À deux reprises, le 16 janvier 1940, la « veuve » a fonctionné devant la prison Saint-Paul. C'était la dernière fois en France que le couperet de la guillotine tombait en public. Le Parlement avait estimé que ces exécutions causaient trop de scandales. N'avait-on pas vu des spectateurs tremper leur mouchoir dans le sang des suppliciés ?

À Lyon, ce jour-là, on coupait le cou à deux malfaiteurs âgés de 19 ans, Louis Deveaux et René Saunier, que la cour d'assises du Rhône avait condamné à mort, le 10 décembre 1939, au cours d'un procès dramatique entrecoupé par les sirènes des alertes aux bombardements.

Six meurtres leur avaient été reprochés. Celui d'un chauffeur de taxi de Vaise, M. Bonnet-Ligeon, le 5 février 1938, celui d'un octogénaire d'Écully, M. Jourdon, le 20 avril, celui d'une septuagénaire, Mme Dorillard, et de son gendre de 55 ans, M. Pouillat, à Saint-Rambert-l'Île-Barbe le 10 novembre, et celui de M. Toussaint, au nord de Lyon, le 29 décembre.

Couperet. À 6 h 30 le 3 novembre 1943, un résistant de 23 ans, Émile Bertrand, dit Roger, est guillotiné dans la cour de la prison Saint-Paul. Il avait été condamné à mort le 25 octobre par la section spéciale de la cour d'appel de Lyon pour l'exécution d'un brigadier-chef, le 18 septembre, près du canal de Jonage. Un autre gardien de la paix avait été blessé et leurs armes et uniformes volés. Il avait également tué le 6 octobre un autre brigadier grande-rue Saint-Clair.

Première séance. Le 9 septembre 1944, la cour martiale tient sa première séance. Elle condamne à mort le chef milicien Claude Dagostine. Celui-ci sera fusillé dès le lendemain.

Lynchage évité. La foule envahit la prison, le 5 décembre 1944. Son but : lyncher deux condamnés à mort, M. Cussonac, intendant de police, qui sera fusillé le 11, et le préfet Angeli. Yves Farge, préfet de la Libération, intervient de justesse pour éviter le massacre.

Mutinerie. Les 500 militants du FLN détenus à la prison Saint-Paul se mutinent, le 15 avril 1958. Les prisonniers affiliés au MNA sont, quant à eux, enfermés à Saint-Joseph.

Restez couvert. Le 27 mars 1987, André Fisher tente de s'évader de la prison Saint-Paul en faisant exploser son lavabo proche de la porte de sa cellule. Il s'était procuré l'explosif et le détonateur grâce à sa fiancée qui, en venant le rencontrer au parloir intime de la prison, lui avait glissé le tout dans un préservatif.

Tarzan. Grâce à un pont de bois réalisé dans sa cellule avec des lattes de plancher, un dangereux détenu parvient à s'échapper de la prison Saint-Paul, le 8 juin 1957. François Lorenzo avait été condamné, le 4 avril, à vingt ans de travaux forcés pour meurtre. Vers 14 h 30, il a profité de la promenade pour se hisser sur le toit du préau et jeter sa passerelle au-dessus du mur de ronde et sauter dans la rue. Un complice, qui devait s'enfuir avec lui, a eu moins de chance et s'est brisé les reins en tombant dans le chemin de ronde.

À livres ouverts. Albert Collomb, surveillant principal à la prison Saint-Paul, est gravement blessé par balles, le 27 juillet 1971. Il tentait de s'opposer à l'évasion d'un dangereux gangster, Guy Chauffour, qui venait de recevoir, dans un colis de livres, un revolver et un pistolet. Après trente jours de coma, le gardien meurt à l'hôpital. Et son assassin, Chauffour, est condamné à mort le 24 mars 1972.

Vert en prison. Roger Rocher, président de l'Association sportive de Saint-Étienne (ASSE), pénètre dans la prison Saint-Paul le 30 novembre 1983, après son inculpation par le juge Desmure, dans le cadre de l'affaire dite de « caisse noire des verts ». Il sera écroué trois mois.

Le feu à la taule. Le 23 août 2001, un détenu de 32 ans, incarcéré pour hold-up et prise d'otages dans la Drôme, met le feu à son matelas, pourtant ignifugé, dans sa cellule de la prison Saint-Paul, et meurt intoxiqué. La fumée oblige les gardiens à évacuer les trois étages du bâtiment et à regrouper soixante détenus dans les cours. Onze personnes, dont dix surveillants, doivent être soignées à l'hôpital.

Retour des flammes. Et le 26 avril 2002 deux jeunes détenus de 17 ans meurent dans les mêmes circonstances après avoir mis le feu à leurs paillasses. Ils voulaient protester contre le fait que, dans le quartier des mineurs, ils étaient vingt-sept pour treize places seulement.

Et encore. Dix jours plus tard, nouvel incendie vers 22 heures qui oblige trois détenus et trois gardiens à se faire soigner à l'hôpital.

Templiers (rue des) 80

n° 4

Dans son garage. Le 9 mai 1944, des automobilistes se présentent au garage de Louis Villard. Ils ne sont pas clients mais résistants, et ils abattent ce milicien de 30 ans de quatre balles de revolver.

Thomassin (rue) (anc. rue de la Rôtisserie, en 1550, et rue du Plat-d'Argent, en 1630) 81

Trocon pour être honnête. Le sieur Trocon le jeune, qui habitait cette rue, est condamné le 18 mai 1776 à 50 livres d'amende. Il se disait « rhabilleur d'os » et avait entrepris la guérison de la femme de l'ouvrier Lambert, son voisin.

Balance. François Vidocq, bagnard en fuite, trouve en 1800 une chambre où se cacher. Reconnaissant à travers la cloison la voix de son camarade de chaînes à Toulon, il se livre avec lui à fortes beuveries du côté des Brotteaux. Voulant raccrocher, il négocie un laissez-passer pour Paris avec le préfet contre le nom de quelques-uns de ses amis. En 1809, il commence sa carrière de grand flic et crée la brigade de sûreté.

Tilsitt (quai) 82

Arsenal en péril. En 1711, des inondations causent de gros dégâts à l'arsenal installé sur les bords de Saône.

Le 7 février 1790, ce même arsenal est pillé, 3 000 fusils disparaissent.

Dans la nuit du 22 au 23 août 1793, une bombe provoque l'incendie de l'arsenal, ce qui entraîne la démolition de 117 maisons des rues adjacentes (rue Sala et rue Sainte-Hélène).

Tupin (rue) (anc. rue Pépin et rue de la Lune) 83

n° 8

Propagation. Le 22 juillet 1799, naît Pauline Jaricot, qui créera, en 1819, l'œuvre de la Propagation de la foi. Riche, elle s'habille en servante pour soigner les malades incurables et s'offre à Dieu « pour le rachat de la France et le salut de la classe ouvrière ». Son cœur repose à l'église Saint-Polycarpe et son corps à Saint-Nizier. Certains historiens situent sa naissance au 21 de la rue Puits-Gaillot.

Double vie ? Dans la nuit du 22 au 23 mai 1955, le jeune et sémillant barman de La Manille se volatilise. Roger Bonestzky, 23 ans, était estimé de tous. Un ami l'a rencontré vers 1 h 30 rue de la République. Il semblait en proie à une grande terreur et paraissait souffrir, affirmant : « Il m'a eu, ils m'auront. » Conduit à l'Hôtel-Dieu, il en est reparti après des soins. Il avait reçu quelques jours auparavant une lettre recommandée de Paris où, d'après ses parents, il n'avait aucune relation.

n° 30

Essai raté. En découvrant, le 14 mars 1930, dans la caisse à outils de son copain Jean Tonello le revolver tout neuf qu'il vient d'acheter, Xavier Fontaine, 20 ans, suggère : « Et si on l'essayait ? » Aussitôt dit, aussitôt fait, au sixième étage de cet immeuble où travaillent les deux maçons. Mais le coup part trop tôt et Xavier meurt d'une balle dans la bouche. La thèse de l'accident est retenue par les policiers.

Verdun (cours de) (anc. cours du Midi, en 1893) 84

Digestion pénible. Sur ce cours stationnait le cirque Pinder et ses deux éléphants lorsque l'un d'eux arracha, avec sa trompe, le 1er mai 1893, le béret d'un garçon de 16 ans qui s'était approché trop près, et l'avala. Ayant sans doute mal digéré le couvre-chef, l'animal rompit ses entraves le lendemain, pour s'en aller briser la porte cochère du n° 9, avant d'être rattrapé par son cornac.

Fais le malin ! Le cirque Castanet-Pezon stationnait là le 12 septembre 1895. Histoire de frimer auprès de ses petites amies, Léon Eyssette, 23 ans, entre dans la cage du lion Romulus pour s'y faire photographier. Il est déchiqueté malgré les efforts du dompteur Lucas pour le tirer des griffes du fauve.

Sur le trottoir. Vers 19 h 45, le 14 janvier 1962, trois hommes à bord d'une voiture ouvrent le feu sur deux passants à la hauteur du collège Juliette-Récamier. La fusillade fait deux morts, Louis Durand, 48 ans, et Marcel Badinet, 45 ans. La police penche pour un règlement de comptes.

n° 12

Gestapo. Ici se trouvait l'hôtel Terminus, aujourd'hui Château Perrache, dans lequel, durant l'Occupation, la Gestapo avait installé ses locaux. Le 13 mars 1944, Lise Lesèvre, une résistante de 43 ans, y fut conduite, après avoir été arrêtée sur un quai de la gare de Perrache. Elle fut ensuite transférée à l'École de santé militaire de l'avenue Berthelot où, en présence de Klaus Barbie, elle subit dix-neuf séances de torture. Au procès de celui qu'on a surnommé le Bourreau de Lyon, elle fut le principal témoin à charge. Un autre résistant, Vincent Planqué, vint également dire au procès qu'il avait été interrogé par Barbie à l'hôtel Terminus, qui le terrorisait avec des chiens bergers allemands. C'était le 10 avril 1943.

n° 21

Le nain se rebiffe. Un ivrogne qui menaçait, le 2 octobre 1969, un homme de petite taille au Café des Étrangers abat à bout portant un client, Antoine Gadio, 24 ans, qui s'interposait. Le tireur, arrêté par d'autres clients, avait déjà importuné le nain qui travaillait dans un cirque tout proche.

n° 30

Nuit rentable. Vers 3 heures du matin, le 24 octobre 1970, trois gangsters se font remettre la recette de la Brasserie Georges par son directeur M. Gantelme. Butin : 25 000 francs.

n° 38

L'assassin habitait au 306. Le 18 juillet 1983, Angelo Perret, 61 ans, veilleur de nuit à l'hôtel Bristol, est découvert mort, poignardé au ventre derrière le comptoir de la réception. Les soupçons se portent sur le locataire de la chambre 306, un Uruguayen de 29 ans, Pedro E., très vite surnommé le Tueur des veilleurs de nuit ou el Bandito. Avant son arrestation, il avait déjà tué à Valence un autre veilleur de nuit et blessé trois autres à Grenoble, Marseille et Toulon.

Zola (rue Émile-) (anc. rue Saint-Dominique, avant 1902) 85

Coup sur coup. C'est là qu'on entendit, le 25 mars 1853, deux coups de feu chez l'armurier, M. Gobert. Un client, M. Émile de Vauxonne, conseiller à la cour, vient de le tuer accidentellement et s'est aussitôt suicidé.

n° 12

Un homme confiant. Suite à un héritage, M. Martinez, en route pour Paris, s'arrête à Lyon pour y passer la nuit et gare sa voiture non loin de son hôtel, sans prendre le soin de décharger son coffre. À son réveil, il est vide des sept tableaux de maîtres qu'il renfermait : quatre Degas, un Gauguin, un Fragonard et un Delacroix, estimés à 500 000 francs. C'était le 18 juin 1969.

n° 13

Bombe au *Pays*. Deux bombes explosent au siège du journal *Le Pays libre*, le soir du 11 septembre 1942, à dix minutes d'intervalle. Quatre personnes sont blessées, dont une serveuse de 33 ans, habitant rue du Plat.

n° 15

Justice expéditive. Vers 9 h 30, le 22 septembre 1980, un coup de téléphone anonyme parvient à l'étude du notaire, Me Louis Chaine. Il y est question d'un pli urgent qui vient d'être déposé dans la boîte aux lettres. Ce pli, écrit sans trembler par Bernard Galle lui-même, dit ceci : « Père, j'ai été enlevé. Ce n'est pas un rapt politique. »

Louis Chaine, par ailleurs vice-président du conseil général du Rhône et président départemental du CDS, décide de ne pas alerter la police et fait savoir par un signal (un drapeau rouge sur le balcon de son domicile) qu'il est prêt à verser la rançon de 5 millions de francs qui lui a été réclamée au domicile du frère de son gendre.

Le 25 septembre, cette rançon est déposée par Hervé, l'un des fils du notaire, dans les toilettes de la gare de Bourg-en-Bresse. Mais le destinaire est un jeune maître chanteur âgé de 19 ans, Jérôme R., qui a voulu profiter du désarroi de la famille. Finalement, la rançon sera versée aux véritables ravisseurs, deux hommes armés, mais le 17 octobre suivant, par un associé du notaire, Me Rousseau, seul sur une moto, sur un petit chemin de Décines.

Curieusement, dix-neuf mois seulement après sa disparition, Bernard Galle est déclaré juridiquement mort par le tribunal de Lyon, le 16 avril 1982, sans que son cadavre ait été retrouvé. Une formalité qui demande d'ordinaire au moins dix ans.

3e ARRONDISSEMENT

Abondance (place de l') ❶

Affamé. Sur cette place est inauguré, le 8 mars 1931, un monument à la mémoire de Barthélemy Thimonnier, l'inventeur de la machine à coudre. Ce qui fit dire à beaucoup de Lyonnais qu'il était paradoxal de voir un homme pratiquement mort de faim célébré sur la place de l'Abondance ! Thimonnier, comme Jacquard pour son métier à tisser, avait mal été accueilli par la classe ouvrière.

Abondance (rue de l') ❷

n° 77

Liquidation. Le 1er mars 1935, Mme Goby, 53 ans, est retrouvée morte dans son lit, le visage bandé, après avoir reçu une balle dans le front durant son sommeil. Dans une lettre retrouvée sur la table, son mari, Charles Goby, explique qu'il est l'assassin et qu'il va se suicider sur la tombe de ses parents, parce que sa fabrique de scies bat de l'aile. Le même jour à 13 heures, il se tire une balle dans la tête au cimetière de la Guillotière.

Arc (rue Jeanne-d'-) ❸

Ciel ! Le 6 juin 1951, un locataire trouve, dans sa cave, deux bombes de 100 kilos, destinées à être lancées d'avion, laissées par son prédécesseur.

Augagneur (quai Victor-) ❹

La complainte du pendu. Le 9 juillet 1933, les passants du pont La Fayette entendent deux coups de feu provenant du bas port. Ils découvrent le corps d'un homme qui, pour mettre fin à ses jours, avait imaginé un curieux stratagème. Il s'était mis une corde au cou, pensant qu'en se tirant une balle dans la gorge il périrait étranglé. Son système ayant mal fonctionné, il s'est tiré une nouvelle balle dans la tempe, ce qui a déclenché la corde qu'il avait attachée aux poutrelles du pont. Eugène Vey, 52 ans, avait laissé ce mot pour expliquer son geste : « Je souffre trop, je ne peux plus travailler, je préfère disparaître. »

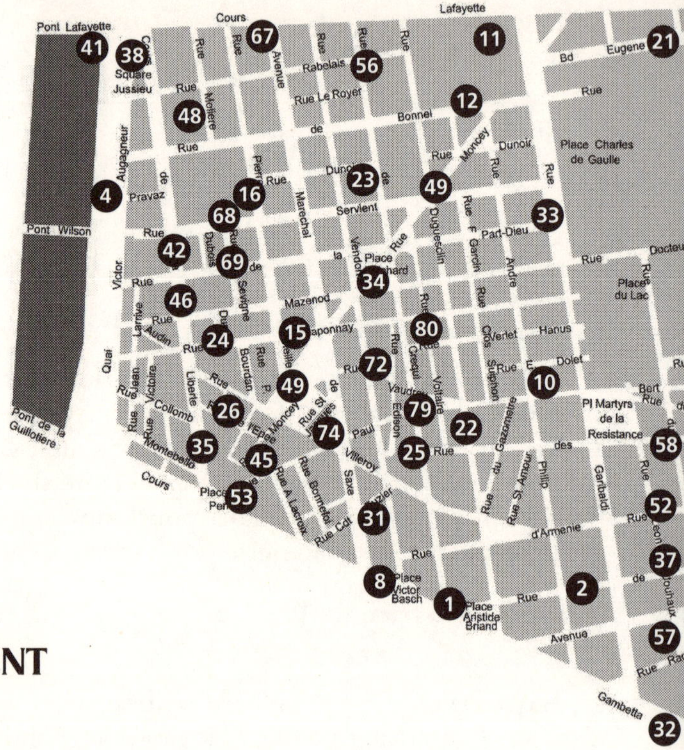

3e ARRONDISSEMENT

1. Abondance (place de l')
2. Abondance (rue de l')
3. Arc (rue Jeanne-d'-)
4. Augagneur (quai Victor-)
5. Balme (rue de la)
6. Bara (rue)
7. Baraban (rue)
8. Basch (place Victor-)
9. Bellœuf (impasse)
10. Bert (rue Paul-)
11. Boileau (rue)
12. Bonnel (rue de)
13. Buisson (rue Ferdinand-)
14. Camille (rue)
15. Chaponnay (rue)
16. Corneille (rue Pierre-)
17. Cyrano (rue)
18. Danton (place)
19. Danton (rue)
20. David (rue)
21. Deruelle (boulevard Eugène-)
22. Du Guesclin (rue)

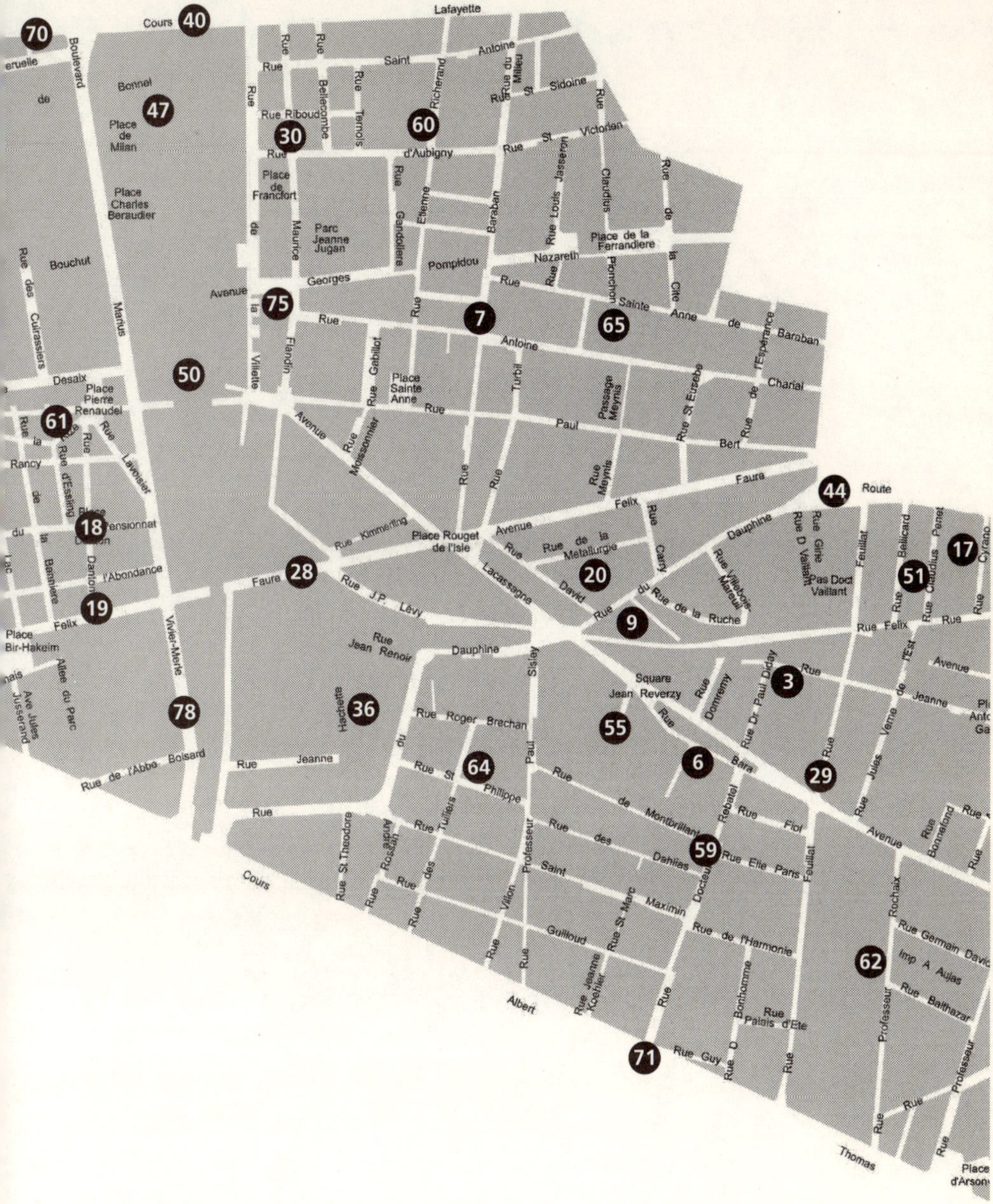
Lafayette
Cours
Boulevard
Bonnel
Place de Milan
Place Charles Beraudier
Rue des Cuirassiers
Bouchut
Marius
Desaix
Place Pierre Renaudel
Rue Lavoisier
Rancy
Rue d'Essling
Place du Pensionnat
l'Abondance
Felix
Place Bir-Hakeim
Allée du Parc
Ave Jules Jusserand
Vivier-Merle
Rue de l'Abbé Boisard
Rue Riboud
Bellecombe
Rue Ternois
Place de Francfort
Maurice
Parc Jeanne Jugan
Saint
Antoine
Richerand
d'Aubigny
Rue Gandolière
Etienne
Pompidou
Georges
Avenue
Villette
Flandin
Rue Gabillot
Place Sainte Anne
Rue Moissonnier
Rue Kimmerling
Place Rouget de l'Isle
Rue du Milieu
Rue St Sidoine
Rue St Victorien
Rue Louis Jasseron
Claudius
Baraban
Nazareth
Place de la Ferrandière
Rue de la Cité
Ponchon
Rue Sainte Anne de Baraban
Antoine
Turbil
Paul
Passage Meynis
Rue Meynis
Rue St Eusèbe
Rue de l'Espérance
Charial
Bert
Faura
Felix
Avenue
Route
Dauphine
Rue de la Métallurgie
Rue Carry
Rue Villebois Mareuil
Rue Girie
Rue D Vaillant
Pas Doct Vaillant
Feuillat
Rue Bellicard
Rue Claudius Penet
Cyrano
Lacassagne
David
Rue du
Rue de la Ruche
Rue Felix
Rue J.P. Lévy
Rue Jean Renoir
Dauphine
Sisley
Hachette
Rue Roger Brechan
Rue Jeanne
Rue
Rue St Philippe
Rue Tuillers
Rue St Théodore
André Rossan
Rue des
Square Jean Reverzy
Domremy
Rue Dr Paul Diday
Rue Bara
Rebatel
Rue de Montbrillant
Rue des Dahlias
Rue Elie Paris
Rue Fiol
Saint Maximin
Rue St Marc
Docteur
Guilloud
Rue Jeanne Koehler
Rue de l'Harmonie
Bonhomme
Rue Palais d'Eté
Rue Guy
Professeur
Villon
Rue Jules Verne
Avenue
Jeanne
Rue de l'Est
Rochaix
Rue Bonnefond
Rue Germain David
Imp A Aujas
Rue Balthazar
Professeur
Cours
Albert
Thomas
Place d'Arsonval
70
40
47
30
60
75
7
65
50
61
18
19
28
20
9
44
51
17
3
36
55
64
6
29
59
78
62
71

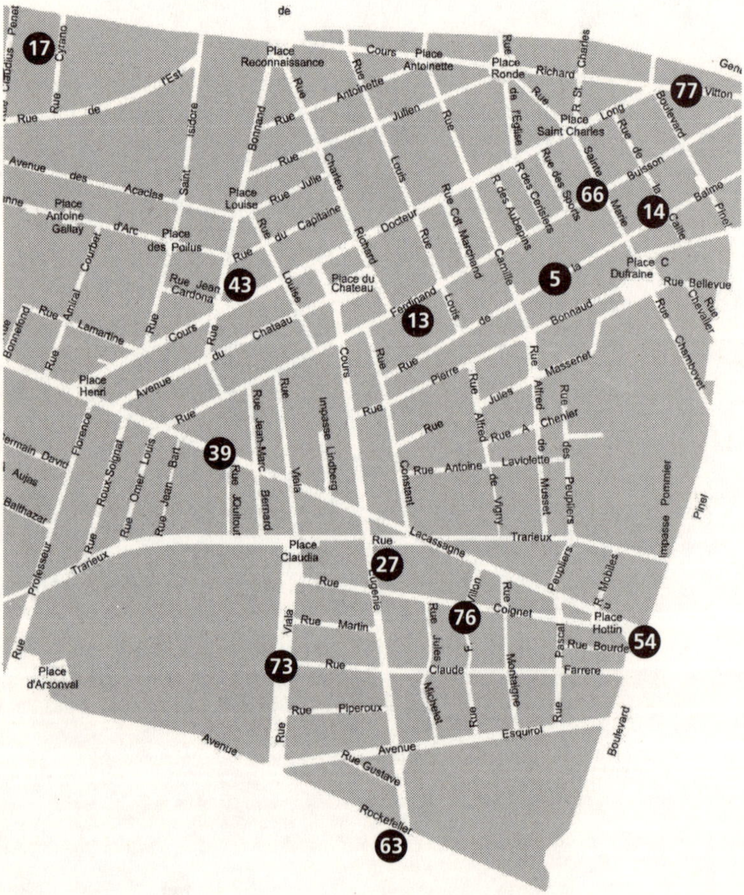
17
77
66
14
5
43
13
39
27
76
54
73
63
Place Reconnaissance
Cours
Place Antoinette
Place Ronde
Richard
Rue St. Charles
Vitton
Boulevard
Place Saint Charles
Rue de l'Est
Cyrano
Isidore
Bonnand
Avenue des Acacias
Place Antoine Gailay
Place Louise
Rue Julie
Rue du Capitaine
Place des Poilus
Amiral Courbet
Rue Jean Cardona
Rue Lamartine
Place du Chateau
Cours du Chateau
Docteur
Rue Cdt Marchand
R. des Aubépins
R. des Cerisiers
Rue des Sports
Rue de Buisson
Place C Dufraine
Rue Bellevue
Rue Chevalier
Rue Chambovet
Ferdinand
Camille
Rue Bonnaud
Place Henri
Avenue
Rue Pierre
Rue Jules
Rue Massenet
Rue A. Chenier
Alfred de Musset
Rue Antoine
Laviolette
de Vigny
des Peupliers
Impasse Pommier
Pinel
Impasse Lindberg
Rue Jean-Marc Bernard
Rue Jouffroy
Viala
Roux-Soignat
Rue Omer Louis
Rue Jean Bart
Florence
Aujas
Balthazar
Professeur
Rue Trarieux
Trarieux
Place Claudia
Rue Lacassagne
Eugénie
Constant
Rue Coignet
Place Hottin
Rue Bourde
R. Mobiles
Rue Martin
Rue Jules Claude
Michelet
Montaigne
Pascal
Farrere
Rue Piperoux
Avenue Esquirol
Rue Gustave
Rockefeller
Place d'Arsonval

23 Dunoir (rue)
24 Duphot (rue)
25 Edison (rue)
26 Épée (rue de l')
27 Eugénie (cours)
28 Faure (avenue Félix-)
29 Feuillat (rue) (chemin des Maisons-Neuves à Monplaisir)
30 Flandin (rue Maurice-)
31 Fuzier (rue du Commandant-)
32 Gambetta (cours)
33 Garibaldi (rue)
34 Guichard (place)
35 Gutenberg (rue)
36 Hachette (rue Jeanne-)
37 Jouhaux (rue Léon-)
38 Jussieu (square)
39 Lacassagne (avenue)
40 La Fayette (cours)
41 La Fayette (pont) (anc. pont Charles-X, en 1829)
42 Liberté (cours de la)
43 Long (cours du Docteur-) (anc. rue Henri)
44 Maisons-Neuves (place des)
45 Marignan (rue)
46 Mazenod (rue)
47 Milan (place de)
48 Molière (rue)
49 Moncey (rue)
50 Part-Dieu (gare de la)
51 Penet (rue Claudius-)
52 Pensionnat (rue du)
53 Péri (place Gabriel-) (anc. place Circulaire, du Repentir, de la Fraternité, du Pont)
54 Pinel (boulevard) (chemin de Villeurbanne à Vénissieux)
55 Pins (impasse des)
56 Rabelais (rue)
57 Rachais (rue)
58 Rancy (rue des)
59 Rebatel (rue du Docteur-)
60 Richerand (rue Étienne-)
61 Rize (rue de la)
62 Rochaix (rue du Professeur-) (anc. rue des Sablonniers)
63 Rockefeller (avenue)
64 Saint-Philippe (rue)
65 Sainte-Anne-de-Baraban (rue)
66 Sainte-Marie (square)
67 Saxe (avenue du Maréchal-de-)
68 Servient (rue)
69 Sévigné (rue de)
70 Tête-d'Or (rue)
71 Thomas (cours Albert-)
72 Vendôme (rue)
73 Viala (rue)
74 Villeroy (rue)
75 Villette (rue de la)
76 Villon (rue François-)
77 Vitton (cours Richard-)
78 Vivier-Merle (boulevard Marius-)
79 Voltaire (place)
80 Voltaire (rue)

Mauvaise manœuvre. Vers 15 h 30, le 19 avril 1997, en effectuant une manœuvre sur le bas port à la hauteur du pont Wilson, un conducteur perd le contrôle de sa voiture qui plonge dans les eaux du Rhône. Les pompiers retireront plus tard Mario et Yolande Carducci, tous deux âgés de 70 ans, noyés par 4 mètres de fond entre deux péniches.

Péniche en feu. Vers 2 heures du matin, le 29 juin 2001, une péniche amarrée sur ce quai, qui abrite la discothèque Le Fish, prend feu. Les pompiers font évacuer les 500 clients présents par les trois passerelles du bâtiment. L'incendie a été provoqué par une surchauffe du système de ventilation.

Balme (rue de la) ❺

n° 43

Deux coups de grâce. Dans son appartement du deuxième étage de la cité ouvrière des Charmilles, Mohamed D., 58 ans, tue sa femme de dix coups de couteau, le 8 juin 1938, après un repas de midi sans doute trop arrosé. Il tire aussi deux coups de revolver sur son cadavre allongé dans la cuisine. Il tente bien de se suicider après, en se tirant une balle dans la poitrine et en ouvrant le gaz, mais en vain.

Bara (rue) ❻

n° 18

Avec le ticket. À 18 h 30, le 1er décembre 1978, une femme de 25 ans, Catherine S., sonne chez sa voisine et lui demande d'appeler la police, avant de s'écrouler morte, des suites de trois coups de couteau. L'arme est retrouvée dans un sac, avec un ticket prouvant qu'elle a été acquise la veille. Son ex-mari a été un instant soupçonné.

Baraban (rue) ❼

Lait à volonté. En ce 12 janvier 1930, une voiture automobile accroche une carriole livrant du lait. Les bidons se déversent sur la voie.

Interception imprévue. À deux pas du siège des Renseignements généraux, le 28 mars 1986, des policiers prennent en filature la voiture d'un homme venu chercher sa fille, âgée de 16 ans, qui logeait au n° 42. Leur but initial n'était pas de l'arrêter, mais de le pister seulement, pour remonter jusqu'à ses complices, car ils l'avaient identifié comme étant André Olivier, l'une des têtes pensantes d'Action directe. Seulement, l'homme s'étant aperçu de la filature, les policiers décident de l'intercepter, après une course-poursuite dans le quartier des Brotteaux. Avec lui dans la voiture se trouvaient son complice, André Blanc, et de nombreuses armes, dont il ne s'est pas servi pour protéger sa fille, couchée par terre à l'arrière du véhicule.

Basch (place Victor-) 8

n° 4

Cherchez la femme. Quatre gangsters, dont trois hommes, se font remettre, sous la menace de pistolets et couteaux, le contenu d'un coffre de l'agence du Crédit du Nord, le 3 juin 1981. Il était 11 h 10 et il renfermait 400 000 francs. C'est une femme assise comme une cliente avant l'attaque qui semblait diriger l'opération.

Bellœuf (impasse) 9

n° 5

Par le trou. En effectuant des travaux dans un placard le 13 février 1999, au troisième étage, des ouvriers percent le galandage. Par l'orifice ainsi pratiqué, ils aperçoivent le corps ensanglanté d'une femme. Mauricette Bommard, 53 ans, avait été tuée trois semaines plus tôt par son voisin de 66 coups de couteau. Elle l'avait surpris en train de cambrioler son appartement.

Bert (rue Paul-) 10

La bataille du rail. À l'angle de cette rue et de l'actuel boulevard Vivier-Merle, un tramway à vapeur, composé d'une motrice et de deux voitures de voyageurs, se rendant à Montchat et à Bron, est happé par l'express arrivant de Genève, le 20 décembre 1901. La locomotive coupe-vent partage en deux la première voiture. On déplore cinq morts et trente et un blessés.

n° 8

Neptune sauvé des eaux. Le feu se déclare en pleine nuit dans une chambre vide (n° 23) au deuxième étage de l'hôtel Neptune. Quelques jours plus tard, les locataires de la chambre, absents au moment du sinistre, se dénoncent comme étant à l'origine du feu. Serge P., 35 ans, et Geneviève R., 25 ans, s'étaient connus à l'hôpital psychiatrique du Vinatier. Pensionnaires de l'hôtel depuis quinze jours, ils n'avaient pas de quoi régler la note. Malgré le feu et l'eau des pompiers, le Neptune n'a pas trop souffert de l'incendie.

n° 23

En mal de marmot. Une poussette dans laquelle pleure un bébé est découverte par le concierge, le 4 avril 1982, vers 20 heures. Une jeune fille de 20 ans, Martine O., est interpellée quelques instants plus tard par la police, dans le quartier. C'est elle qui avait enlevé l'enfant, Laurent Gamot,

16 mois, à Paris, trois jours plus tôt, alors qu'elle en avait la garde dans le 18e arrondissement. Déjà, à Roanne, en juillet 1981, elle avait enlevé Éric, un enfant de 4 ans, retrouvé sain et sauf deux jours plus tard. « Si mes parents ne me reprennent pas chez eux, a-t-elle expliqué aux policiers, je continuerai à enlever des enfants. »

n° 29

Marre. Le 3 juin 1923, durant la nuit, François Jacquemond, 49 ans, abat sa maîtresse, Antoinette, âgée de 40 ans, pendant son sommeil, puis se tire une balle dans la tête, sans même laisser un mot d'explication.

n° 86

À la fermeture. Le propriétaire du café Chez Medjoub était occupé à baisser son rideau, le 6 novembre 1957, vers 19 heures, quand deux tueurs à pied ont vidé les chargeurs de leurs armes sur les clients qui s'en allaient. Les pompiers ont emmené deux blessés graves, mais également deux morts, dont l'un a été achevé d'une balle dans la tête. Sur place, vingt douilles ont été récupérées par les policiers, qui ont attribué cette tuerie au FLN.

n° 90

Peur du sang. Au cours d'une dispute avec son fils, le 3 décembre 1981, au quatrième étage, vers 13 heures, Yves Bartoloni, 55 ans, tourneur, blesse légèrement son fils à la joue droite, d'un coup de pistolet. Devant le sang qui coule, l'homme s'affole, retourne son arme contre lui et se tire une balle dans la tempe.

n° 149

Dominos. Deux coups de feu retentissent le 3 novembre 1957 vers 18 h 30 à la porte du café Chez Sassi. Par peur, les joueurs de dominos présents se réfugient au fond de l'établissement, faisant ainsi une cible idéale pour deux tireurs entrés en trombe et qui laissent sur le carreau un mort et quatre blessés graves. Sans doute une action du FLN.

n° 288

Banale affaire. Vers 23 heures, le 2 juin 1986, Gérard Schnaebelé, 32 ans, est blessé d'une balle dans le ventre alors que son père, Jean, présenté par la rumeur publique comme le « parrain du milieu lyonnais », venait d'être arrêté pour une banale affaire de recel d'objets volés à la société Black et Decker, dont le P-DG, Kenneth Marston, avait été abattu le 25 avril devant son domicile d'Écully.

n° 313

Pour la riposte. En plein jour, une fusillade fait quatre blessés parmi les clients du bar Chez Chantal, le 16 juin 1980 vers midi. Le patron devait bien s'attendre à quelque chose, puisque les policiers ont trouvé six carabines chez lui.

Boileau (rue) ⓫

n° 188

Journal intime. Le 13 février 1939, on découvre le corps sans vie de Louise Davault, 72 ans, dans l'appartement attenant à son épicerie. La caisse et ses économies ont disparu. L'enquête permet d'identifier trois jeunes voyous, dont deux sont condamnés aux travaux forcés à perpétuité, peine commuée dix ans plus tard à vingt ans de détention. Le troisième, Gabriel D., dit Moustique, a été supprimé entre-temps par l'un de ses complices, Louis-Charles P., âgé de 28 ans, à qui il a été imputé d'autres agressions, grâce au journal intime qu'il rédigeait quotidiennement.

n° 196

Radical. Firmin Flatot, 45 ans, patron du bar Comptoir national, n'a pas supporté qu'un de ses clients, Charles Guillemin, 34 ans, devienne aussi l'amant de sa femme. Alors, le 15 novembre 1893, il plante un long couteau dans le ventre de son rival, tailleur de pierres, qui en meurt.

Bonnel (rue de) ⓬

Ville ouverte. Le 11 novembre 1942, il est 16 heures lorsqu'une petite escouade de motocyclistes allemands pénètre dans la cour de la préfecture. Les attendent une partie du conseil municipal, le préfet Émile Bollaert et le cardinal Gerlier, primat des Gaules. Lyon est déclarée « ville ouverte ». Les Allemands avaient, à minuit, franchi la ligne de démarcation.

Sale boulot. Me Moinecourt, huissier, se présente au domicile de M. et Mme Bonnefoy, vers 11 h 15 le 29 avril 1955. La porte n'est pas fermée. Il trouve le plombier-zingueur et son épouse pendus à une poutre. Mais qui va payer les dettes maintenant ?

Bis. Un camion attelé d'une remorque entre en collision avec un cyclomoteur à l'angle de la rue Du Guesclin, le 24 mai 1955. Une heure plus tard, le même véhicule heurte un tramway à la hauteur du 18 de l'avenue du Maréchal-de-Saxe.

n° 72

Pyromanie précoce. Vers 9 heures du matin, le 3 septembre 1981, une fillette de 2 ans, en jouant avec des allumettes, met le feu au F3 qu'occupe sa famille au troisième étage. Sa maman, Nadia Guenaoui, parvient à s'échapper avec trois de ses enfants, de 1, 3 et 4 ans, mais doit renoncer à sauver « l'incendiaire ». Un pompier courageux, le caporal Antoine, traverse les flammes et ramène la fillette saine et sauve.

Buisson (rue Ferdinand-) ⓭

n° 28

Une lettre en or. Ici, dans la boîte aux lettres du Dr Patrick Galle, les ravisseurs de son frère, Bernard, kidnappé le 22 septembre 1980, ont laissé une lettre écrite de sa main et qui fixait le montant de la rançon : 5 millions de francs.

Camille (rue) ⓮

n° 6

Coup tordu. Des malfaiteurs pénètrent dans une maison et volent huit poules, auxquelles ils tordent le cou sur le champ, en février 1902.

Chaponnay (rue) ⓯

n° 38

Xénophobie. Une bagarre éclate en pleine nuit, le 26 février 1898, entre des locataires français et italiens d'un hôtel garni. Un manœuvre de 25 ans, Ernest Mino, meurt d'un coup de couteau, mais comme seuls les Italiens étaient armés, il est possible que, dans l'obscurité, il y ait eu erreur sur la personne.

Corneille (rue Pierre-) ⓰

Solide gaillard. Une pierre de 8 kilos échappe à un maçon qui était en train de l'installer au deuxième étage d'un immeuble en construction, le 8 avril 1894. Elle atteint un jeune apprenti qui, après avoir reçu un pansement rudimentaire, rejoint son appartement, rue de l'Épée.

n° 96

Un sur deux. Le 3 janvier 1894, un camionneur, M. Barge, laisse seuls quelques instants ses deux fils dans l'appartement du deuxième étage. Ils en profitent pour jouer avec des allumettes et mettent le feu à leurs vêtements. Des voisins parviennent à sauver l'aîné avec une couverture, mais le plus jeune, âgé de 6 ans, meurt de ses brûlures.

n° 106

Préfets à l'ombre. Au moment où il s'apprêtait à déjeuner à la préfecture avec Philippe Henriot, venu prononcer un discours au vélodrome Tête-d'Or, le préfet régional Bonnefoy est convoqué par les Allemands au siège de la Gestapo, où il est arrêté en même temps que ses collègues de Marseille, Nice et Montpellier, en février 1944.

n° 106

Premières victimes. Le 22 juin 1940, trois hommes sont abattus à coups de revolver dans la cour de la préfecture. Un Noir et deux Algériens. C'étaient les premières victimes civiles des nazis. Au même moment, le secrétaire des syndicats, Vivier-Merle, et le cardinal Gerlier étaient, avec d'autres personnalités, retenus dans les étages en garantie de « bonne conduite » de la ville à l'égard des occupants.

n° 132

Association avortée. Pour avoir refusé de servir un client ivre un peu avant minuit le 26 novembre 1988, le patron du bar Le Corneille, Marcel Burgaud, 46 ans, se fait expédier *ad patres* de sept coups de pistolet. L'auteur, Didier R., s'est constitué prisonnier le lendemain en expliquant qu'il avait aussi un différend avec sa victime à propos de l'achat en commun d'un bar dans le quartier des hôpitaux.

Cyrano (rue) 17

n° 23

Crimes cathodiques. Par gentillesse, Philippe, 32 ans, et Anna, 27 ans, accueillent leur voisin un peu paumé, Nicolas R., 24 ans, le soir du 8 septembre 2000 pour visionner ensemble un film d'horreur, *Jennifer 8*, dans lequel évolue un tueur en série. Soudain, durant la projection, l'invité du couple sort un poignard qu'il avait attaché à sa jambe et le plonge dans le cœur de Philippe, qui en meurt, puis tente de fracasser la tête de la jeune femme contre le mur. Elle s'en tire avec une fracture. Quant au meurtrier, il dira simplement : « C'est la télé qui m'a donné l'ordre de tuer. »

Danton (place) 18

n° 4

Balle perdue. Le mardi 30 novembre 1943, Rémy Colonel, un milicien de 29 ans, protégé par la police allemande, est abattu d'une rafale de mitraillette par des résistants qui prennent la fuite. La jeune fille qui avait organisé ce traquenard mourra elle aussi à la suite d'une blessure occasionnée par une balle perdue.

Danton (rue) 19

n° 5

Mon œil. La clientèle honorable du café Au rendez-vous des vrais amis avait demandé au patron, Louis Coquard, 35 ans, de faire un peu le ménage parmi ses clients trop dévoyés. Ce qu'il a fait. Seulement, deux apaches expulsés reviennent le 31 décembre 1921, au petit matin, et tirent sur le patron, qui est tué sur le coup, et sur deux clients qui sont gravement blessés. L'un des meurtriers, Léon Teppe, 31 ans, déjà cinq fois condamné, expliquera, une fois arrêté, qu'il a agi pour les beaux yeux de la serveuse, Marguerite.

n° 13

Ségrégation. Le 11 septembre 1986, un homme de 30 ans est découvert, un peu avant minuit, dans les couloirs de cet immeuble, gravement blessé. Victor Dedinger avait reçu un coup de couteau près du cœur du videur d'une discothèque voisine, La Troisième Dimension, qui l'avait repoussé en disant : « Ici, on n'accepte pas les gitans. »

David (rue) 20

n° 2

Papys ripoux. Deux individus porteurs de masques de vieillards et armés se font remettre la recette du bar PMU Le Café de la Place, le 19 juin 1989, soit 70 000 francs. Ce hold-up est à mettre sur le compte d'un gang composé de policiers ripoux du 3e arrondissement.

Deruelle (boulevard Eugène-) 21

Coexistence difficile. À la fin de l'année 1946, un centre d'hébergement est créé dans les anciennes casernes de la Part-Dieu, afin de loger la main-d'œuvre étrangère, notamment nord-africaine, jusque-là cantonnée dans les garnis des 3e, 7e et 5e arrondissements et de Villeurbanne, Vénissieux et Saint-Fons, qui ne suffisaient plus en cette période de reconstruction du pays. Derrière les hauts murs s'entassaient 1 600 personnes, qui payaient un loyer de 800 francs par mois. Le contact avec les riverains était difficile, d'autant que, les listes d'attente étant fort longues, beaucoup de ces exilés dormaient sur le trottoir en espérant bénéficier d'une place subitement laissée vacante.

Du Guesclin (rue) 22

n° 138

Aspirée. Parce qu'elle buvait trop malgré ses cures de désintoxication, un homme de 45 ans étrangle son épouse le 13 avril 1998 avec le cordon de son aspirateur, puis il appelle son fils et l'attend dans leur appartement du premier étage pour lui dire : « Je n'en pouvais plus. »

n° 178

Riposte. Le 17 septembre 1960, au Bar de la Jeunesse, deux grenades sont lancées dans ce fief du FLN. L'attentat fait un mort et douze blessés. C'était la riposte du MNA à un autre attentat à la grenade commis douze jours plus tôt rue Mazenod contre un fief du MNA.

n° 246

Collaboration. Alors qu'il se rendait à son travail, Aimé Chazard, 63 ans, est abattu, le 22 décembre 1943 à 9 h 30, de cinq balles de revolver par deux hommes qui le suivaient. Il était membre du PPF (Parti populaire français) et appartenait aussi au groupe Collaboration.

n° 269

Dilemne. Pour sauver cette vendeuse de 37 ans, les pompiers sont arrivés trop tard le 21 avril 2002 vers 4 heures du matin. Ils ont trouvé Marie-Pierre Bartet carbonisée, à cheval sur la barrière en fer de sa fenêtre, alors que le feu faisait rage dans son appartement. Ils ont estimé qu'elle allait sauter dans la rue depuis le cinquième étage, mais qu'elle n'en a pas eu le temps ou le courage.

Dunoir (rue) 23

n° 4

Même le piano. Dans la nuit du 3 janvier 1981, les locaux de l'église évangélique sont vandalisés. Le piano est cassé, des bibles sont souillées. Seul indice, un tag : « Au commencement était le verbe. » La veille, l'église d'Écully avait été incendiée, comme le sera, le 17 janvier, celle du 8e arrondissement, puis celle de Villeurbanne, le 29 mars.

Duphot (rue) 24

Pas de tonalité. Le 9 novembre 1981, un incendie se déclare au central téléphonique Sévigné, à 18 h 30. Pendant plusieurs jours, Lyon est coupée du monde, alors que ses habitants peuvent encore s'appeler entre eux.

Edison (rue) 25

n° 21

Nez en moins. Lors d'une crise de folie, le 13 décembre 1981, Frank D., 21 ans, porte quinze coups de couteau à sa mère Marie, 57 ans, dans leur appartement du troisième étage. Et s'acharne, puisqu'il lui tranche le nez et lui coupe les lèvres.

Épée (rue de l') 26

n° 12

Taudis. Le 14 novembre 1982, l'escalier de l'immeuble s'effondre. Les pompiers évacuent les habitants par les fenêtres. Tous étaient des immigrés qui vivaient dans des conditions déplorables. Seize logements n'avaient qu'une seule pièce, treize, une pièce et une cuisine, et cinq, deux pièces et une cuisine. Trois n'avaient pas l'eau courante.

n° 17

Vive la France ! En regagnant son domicile avec sa femme et son neveu, le 26 mai 1956, vers 21 heures, Mouloud Abibès, 47 ans, boucher de son métier à cette adresse, est abattu d'une balle dans le dos. Dans le quartier, on l'appelait Mouloud le Francophile.

Eugénie (cours) 27

n° 30

Fauteuil vide. Quatre inconnus, dont deux portent des uniformes allemands, se présentent le dimanche 12 décembre 1943 au domicile de M. Faure-Pinguely, conseiller à la cour d'appel de Lyon, à 7 h 45, et, après l'avoir frappé à coups de matraque, l'achèvent d'une balle dans la tête. Ce magistrat avait plusieurs fois siégé comme président et prononcé des peines capitales contre des résistants.

Faure (avenue Félix-) 28

n° 33

Légitime défense refusée. Vers 1 heure du matin, un inspecteur de police, Bernard Taffine, 27 ans, tente, le 6 novembre 1982, de séparer, devant le bar La Gueulardière, deux hommes qui se battaient. Il intervient d'abord avec sa bombe lacrymogène, mais il est blessé par l'un d'eux, Mohamed Abidou, 41 ans, à coups de cutter, à la main et à la gorge. Il fait alors usage de son arme et tue son agresseur. Le juge, Mme Zampino, l'inculpera d'homicide volontaire, au grand dam des syndicats de police.

n° 148

Acharnement. Au foyer Sonacotra, vers 2 heures du matin, dans la nuit du 27 novembre 2004, un locataire est réveillé par un bruit et une odeur de fumée venant de la chambre d'à côté. Il aperçoit une ombre dans le couloir et il se trouve nez à nez avec un voisin. C'est sans doute lui qui, sous l'emprise de médicaments et de drogue, vient de tuer de onze coups de couteau Sy N'Demba, qui gît sous son lavabo. Le feu mis à la poubelle était censé masquer le coup.

n° 186

Trop tard ! Quand le feu prend dans son appartement, le 12 décembre 2002, à 2 heures du matin, un père courageux cherche à sauver son fils âgé de 13 ans. Ses voisins l'arrachent aux flammes, car il était trop tard pour l'enfant, tant le brasier était important. Un pompier a même vu fondre la visière de son casque. Les voisins ont dû être évacués et une femme enceinte hospitalisée.

Feuillat (rue) (chemin des Maisons-Neuves à Monplaisir) 29

n° 38ter

Esprit tueur. Le 23 mai 1996, vers 15 h 30, un patient découvre dans son cabinet le kinésithérapeute qu'il venait consulter, Louis Chatelain, 56 ans, abattu d'une balle dans le ventre. Il était passionné d'ésotérisme.

n° 67

Cadavre encombrant. Dans son appartement, Mustapha el-Dalifi, 27 ans, est abattu d'une balle dans la tête, le 11 mars 1979. Son meurtrier, Nebila B., est arrêté alors qu'il descendait son cadavre dans la rue. Il projetait de s'enfuir en Haute-Volta avec un butin de 600 francs.

Flandin (rue Maurice-) 30

n° 35

Amour martial. Parce qu'une employée de la Caisse d'assurance maladie, dont il est amoureux, a repoussé ses avances, Pierre-Yves A., 28 ans, pénètre dans les locaux, le 6 septembre 1983, casqué, muni d'un gilet pare-balles, un poignard d'assaut à la ceinture, une carabine à la main. Il prend trois otages au huitième étage, tire une dizaine de coups de feu avant d'être désarmé par le sous-directeur qui avait fait mine de s'évanouir.

Fuzier (rue du Commandant-) 31

n° 8

Aucune piste n'est exclue... C'est dans son appartement, au quatrième étage, qu'André Chirol, un commissaire de police à la retraite, a été exécuté le 14 janvier 1976 de cinq balles de 8 mm, dont une dans la tête. La disparition d'une somme de 5 000 francs a fait tout d'abord penser à un crime crapuleux. Cette piste, cependant, a été abandonnée, 3 500 autres francs, bien en évidence, ayant été laissés sur place par le meurtrier. La thèse du drame familial ayant aussi été écartée, l'enquête s'est orientée vers la vengeance d'un repris de justice, que le commissaire avait naguère fait incarcérer, puis vers une affaire d'espionnage remontant au passage du policier à la DST, et enfin vers le crime d'un barbouze, le commissaire Chirol ayant été chargé d'enquêter en sous-main sur les commanditaires de l'assassinat du juge Renaud. Quelques mois plus tard, la veuve du policier mettait en cause leur propre fils, Yves, mais après que celui-ci se fut suicidé pour des raisons inconnues.

Gambetta (cours) 32

Record à la Guiness. Le 2 janvier 2004, vers 23 heures, les policiers arrêtent le conducteur d'une voiture qui remontait cette artère en sens interdit, un maçon villeurbannais de 52 ans. L'homme ne titubait pas et tenait des propos presque cohérents. Et pourtant, deux contrôles successifs font apparaître le chiffre effarant de 6,5 grammes d'alcool par litre de sang. Un record qui a fait exploser celui d'un Lorientais, à 4,59 grammes, mais pas celui d'un Polonais contrôlé à 8 grammes.

n° 1

Faux Allemands. Le 16 novembre 1943, jour de fermeture, deux hommes, qui se font passer pour des policiers allemands, se présentent à la Brasserie de l'Étoile, plusieurs fois plastiquée, et emmènent son directeur, Antonin Jutard. Son cadavre est retrouvé le lendemain sur la route de Limonest, lesté de trois balles de revolver. Il avait reçu plusieurs lettres de menaces du Comité national antiterroriste. La place devant sa brasserie porte désormais son nom.

n° 9

Jeunesse résistante. Le 9 juillet 1944, les Allemands débarquent dans cet immeuble, où se tenait une réunion d'état-major des Forces unies de la jeunesse. Sept jeunes résistants sont arrêtés et deux d'entre eux abattus en tentant de fuir, dont le chef national des FUJ, Hugues Barange. Il avait 24 ans.

n° 55

Sous le traversin. Durant la promenade quotidienne de son époux âgé de 84 ans, Mariette Bernaze, 64 ans, est attaquée par un inconnu dans son trois pièces situé au rez-de-chaussée. À son retour, son mari la retrouve étranglée sur son lit et étouffée aussi sous son traversin. Mais il ne retrouvera pas leurs économies, estimées à 20 000 francs. C'était le 24 avril 1893.

n° 89

Lis fané. Dans la nuit du 18 au 19 janvier 1944, le local de l'Action française royaliste est dévasté. Les affiches de Pétain sont lacérées et des slogans antifascistes recouvrent les murs.

n° 94

Engrenage. Dans la fabrique de pâtes alimentaires de M. Ferrand, un chauffeur-mécanicien a la main droite broyée par une machine. Plutôt que de graisser les engrenages, comme d'habitude, avec un morceau de bois, il avait utilisé un chiffon de papier. C'était le 2 janvier 1895.

n° 149

Cher travail. Au petit matin du 30 janvier 1915, Joseph Tarzot, ouvrier fondeur, est tué par l'explosion d'un cylindre de cuivre en fusion, à l'usine Thévenin-Seguin et Cie.

n° 158

En fumée. Pendant l'année 1955, 10 000 paquets de cigarettes Gauloises quittent clandestinement la Manufacture des tabacs. Deux employés indélicats reconnaissent être les auteurs des vols. Sept receleurs, des cafetiers pour la plupart, sont arrêtés.

Garibaldi (rue) 33

Du tac au tac. En avril 1992, un septuagénaire est agressé dans le hall de son immeuble et délesté de son portefeuille. Dans une rue parallèle, il reconnaît la jeune complice qui accompagnait son voleur et lui arrache son sac à main. Ce qui permit d'identifier les deux lascars.

n° 81

Indésirable. Une bombe explose au rez-de-chaussée du bureau de placement allemand, le 6 octobre 1942. Importants dégâts matériels.

n° 167

Quel manche. En passant par là, Marcelle Lanau est grièvement blessée par une hachette tombée du troisième étage, en mars 1918. L'outil était celui de M. Baud, qui fendait du bois chez lui. Il s'était démanché.

n° 208

Des courageux. Alors qu'il comptait aller se promener, le 27 juin 2005, au parc de la Tête d'Or, un homme de 45 ans, Yves X., est attaqué par trois jeunes gens qui lui volent son portable et 50 euros. Il circulait pourtant dans un fauteuil roulant, qu'ils ont renversé avant de frapper le malheureux, atteint depuis l'âge de 15 ans d'une maladie évolutive, qui le prive de l'usage de ses jambes. « S'ils sont arrêtés, je ne leur souhaite pas la prison, mais d'aller travailler dans un centre spécialisé pour handicapés physiques », a déclaré l'infirme.

n° 254

Nuit bleue chez le percepteur. Au cours de la nuit du 13 au 14 février 1970, six perceptions lyonnaises, comme celle de cette rue, sont plastiquées (rue Creuzet, rue de l'Épée, rue Saint-Hippolyte, quai de Serin, quai Pierre-Scize). Gros dégâts seulement. Le Cid-Unati est suspecté.

Guichard (place) 34

Anar avare. Dans un café de la place, des ouvriers font la quête le 21 janvier 1938, vers 21 heures, pour leurs camarades touchés par la crise. Ce qui a le don d'irriter un anarchiste, bien connu dans ce quartier de la Bourse du travail, Giovani Vella. Non seulement il refuse de cotiser, mais renverse le plateau de la collecte, avant de se faire jeter à la rue par les syndicalistes outrés. C'est alors qu'il sort un revolver et tire sur le café du coin. Pas de victime. Son arme s'enraye, ce qui permet à un policier présent de le maîtriser, puis de le protéger ensuite de la foule qui veut le lyncher.

Exactions de guerre. Deux soldats allemands attaquent des cafés de la place et de ses environs pour en voler les caisses et des bouteilles, en décembre 1942.

Dieu reconnaîtra les siens. Le 5 septembre 1955, les garnis, comme tous les lieux accueillant des travailleurs algériens, sont l'objet d'une grande rafle policière. Plus de 2 000 personnes sont contrôlées à travers la ville et les « suspects » conduits à la caserne de CRS de Sainte-Foy. Des voix s'élèvent contre cette opération sans discernement, notamment au congrès de la CGT.

Sacré numéro. Les perchistes Daisy et Partner s'apprêtaient à terminer leur numéro sur le « tourbillon de la mort », donné à l'occasion du gala des déportés du travail, le dimanche 20 janvier 1957, quand leur perche cassa, les entraînant dans une chute brutale. Plus de peur que de mal.

Gutenberg (rue) 35

n° 6

Canne blanche. Quatre hommes vêtus de blousons noirs et casqués dévalisent la bijouterie Annaba et n'hésitent pas, avant de s'enfuir à moto, à tirer à deux reprises sur un aveugle de 54 ans, Léon Benitha, qui tentait de les intimider avec sa canne blanche. C'était le 6 mai 1983.

Hachette (rue Jeanne-) 36

Torturé. Au cours de la nuit du 7 juin 1943, le commissaire du quartier des États-Unis, M. Cros, meurt au fort Montluc des suites de tortures. Les Allemands l'accusaient d'avoir favorisé l'évasion d'un colonel et de trois généraux gaullistes qui avaient pu gagner l'Angleterre.

Belles ratées. Un israélite, Alfred Eszinazie, 32 ans, est abattu par les Allemands, le 21 juillet 1943, alors qu'il tentait de s'évader du fort Montluc vers 22 h 15. Et le 15 décembre, c'est un Alsacien de 56 ans, Jean Weyland, qui subit le même sort, alors qu'il cherchait à se faire la belle.

Le carnage. Le jeudi 13 juillet 1944, les Allemands viennent chercher 197 prisonniers politiques, jusque-là incarcérés au fort Montluc. Ils seront tous fusillés dans la journée : 22 à Genas, 52 à Grenay, 28 à Mions, 40 à Saint-Hilaire-de-la-Côte, 40 à Sathonay-Camp et 15 à Saint-Germain-au-Mont-d'Or. Six jours plus tard, 52 autres prisonniers sont emmenés pour être fusillés à Chatillon d'Azergues.

L'appel. Pour commémorer à leur manière l'appel du 18 juin 1940, les Allemands emmènent ce jour-là, quatre ans après, 20 détenus du fort Montluc pour les fusiller près de La Verpillière et 20 autres le lendemain, exécutés à Saint-Laurent-de-Mure.

Pour un câble. Parce qu'un câble téléphonique allemand a été détruit par une explosion le 17 août 1944, 4 détenus du fort Montluc, âgés de 25 à 35 ans, sont emmenés et fusillés sur les lieux de l'attentat. Le même jour, 5 autres détenus sont emmenés pour être fusillés rue du Bachut (actuelle rue Joseph-Chapelle), où deux Allemands avaient été tués lors d'un attentat en début d'après-midi, et cinq autres à Vénissieux devant le garage Renault.

Torturés et brûlés. Le dimanche 20 août 1944, les Allemands emmènent 130 détenus du fort Montluc dans la maison du gardien du fort de Saint-Genis-Laval, à laquelle ils mettent le feu avant de la faire sauter. Les victimes avaient été torturées.

Fin du cauchemar. Les Allemands ayant quitté le fort Montluc le jeudi 24 août 1944 à 20 h 30, 1 200 prisonniers sont libérés à 22 h 30.

Menuisiers improvisés. Trois insoumis ou déserteurs incarcérés à la prison Montluc parviennent à s'évader le 15 novembre 1957. Employés à l'atelier de menuiserie, ils s'étaient confectionné une échelle à l'aide d'un madrier de 5 mètres, en y clouant tous les 20 centimètres des tasseaux en guise de barreaux, avec laquelle ils ont escaladé le premier mur d'enceinte, puis le second. Mais trop pressés, ils ont préféré sauter de ce second mur plutôt que d'utiliser encore leur échelle improvisée. Résultat : une entorse pour l'un, Jean A., un tibia cassé pour le second, Paul P. Quant au troisième, Gérard D., il put prendre la poudre d'escampette.

Exécuté. À 4 heures du matin, le 8 août 1958, le couperet de la guillotine tombe dans la cour de la prison Montluc. Jean Guyenot, 28 ans, vient d'être exécuté. Il avait été condamné à mort pour le meurtre d'un chauffeur de taxi grenoblois, Henri Estellon, commis le 11 septembre 1956.

Solution radicale. Le 27 juin 1964, Mazouz Ghaouti, dit le Gorille, et Robert Actis, 25 ans, sont guillotinés à Montluc, alors prison de femmes, qui ne manquèrent rien du « spectacle » et firent entendre leur douleur. Le premier s'attaquait aux commerçants à coup de barre de fer, le second avait abattu à la mitraillette un transporteur de fonds des usines Berliet.

La baraque aux Juifs. Le fort Montluc est aujourd'hui une prison de femmes, baptisé la « baraque aux Juifs » par ceux qui y séjournèrent avant leur déportation. Elle fut choisie symboliquement par le juge Riss, pour que le boucher de Lyon, Klaus Barbie, y passe sa première nuit en France, le 5 février 1983, avant son transfert à la prison Saint-Joseph. Naguère prison militaire pour la troupe, puis prison politique pendant l'Occupation, Jean Moulin y fut incarcéré.

Trop cool. Un gardien de prison de 52 ans, Charles P., avait laissé circuler dans les couloirs de la prison Montluc un détenu de 32 ans, André R., le 16 avril 1985, pendant qu'il effectuait sa ronde. Au lieu d'attendre son retour, le prisonnier en a profité pour en délivrer un autre, Boumediene M., qui s'est servi de la serrure démontée pour frapper le surveillant. Ce dernier en mourra après cent trente jours de coma. Les deux complices seront condamnés le 14 avril 1989, l'un à perpétuité, l'autre à vingt ans de réclusion.

Jouhaux (rue Léon-) 37

À l'œil. Une femme qui descend de sa voiture devant le bar Skimani reçoit, sous un œil, une balle perdue tirée par des individus en train de se « quereller » à l'intérieur de l'établissement, le 5 janvier 1990.

Jussieu (square) 38

Mal léché. Le 27 novembre 1969, dans les jardins de ce square, situé près de la « Fosse aux ours », non loin du quai Augagneur, le corps d'un homme de 27 ans, Raymond G., est retrouvé au petit matin. Il a été abattu d'une balle de revolver. À l'époque, ce square était un lieu de prédilection des travestis.

Lacassagne (avenue) 39

Transports en commun. Vers 22 h 30 le 12 octobre 1943, des grenades sont lancées dans un tramway de la ligne 24, à l'angle de la rue Jules-Verne. Dix soldats allemands sont grièvement blessés. Dès le lendemain, le couvre-feu passe de 23 heures à 20 heures et théâtres et cinémas sont fermés.

La Fayette (cours) 40

Passage à niveau. La barrière du passage à niveau étant ouverte à 4 heures du matin, un fiacre s'engage sur la voie ferrée, le 4 août 1897, à la hauteur de la gare des Brotteaux. Un train de marchandises en provenance de Genève percute l'attelage. Le fiacre est désintégré, le cheval et le cocher sont blessés.

Combat de rue. Le 28 août 1944, à l'angle du boulevard de la Part-Dieu (aujourd'hui Marius-Vivier-Merle), une équipe de quatre résistants, Eugène Clément, René Barrot, Albert Lesvigne et Gabriel Bourdarias, est attaquée par les Allemands alors qu'elle emportait un stock d'armes à Vénissieux. Ils trouvent tous la mort.

n° 24

En goguette. Occupés dans l'arrière-boutique de leur horlogerie, Mme Mayousse et ses deux fils entendent un grand fracas dans la rue. En ce 4 avril 1918, deux poilus venaient de mettre à sac leur vitrine.

n° 54

Self-service. Parce qu'elle voulait le quitter, Henri Villa tire sur sa femme, le 18 février 1897, et se suicide aussitôt. La famille n'a pas eu grand-chose à débourser pour les funérailles, Mme Villa gérait à cette adresse un magasin de fournitures pour deuils.

n° 78

Asphyxie ou suicide ? Les cadavres de deux jeunes gens, Jean-Baptiste Caprini, manœuvre, 25 ans, et Paulette Savielle, bonne, 23 ans, sont retrouvés le 30 octobre 1935 dans leur garni. On les avait vus la veille au café, elle tricotant, lui jouant au billard. Empoisonnement ou monoxyde de carbone ?

n° 102

En cavale. Les passants, nombreux en ce 19 novembre 1992 vers 19 h 30, ont à peine le temps de comprendre, quand ils aperçoivent un groupe d'hommes armés se précipiter sur les deux passagers d'une grosse moto Kawasaki. Il s'agit des hommes de la PJ qui viennent de réussir un beau coup en arrêtant deux redoutables gangsters, Jimmy Seguro et Philippe Fabre, évadés depuis le 11 septembre de la centrale de Clairvaux en compagnie de quatre autres détenus. Ils étaient en prison pour hold-up, prise d'otages et tentative de meurtre sur un gendarme. Lors de leur arrestation, ils sont en possession de deux armes et d'une grenade chacun, dont ils n'ont pas eu le temps de se servir.

n° 124

Précautions. Le 16 septembre 1895, on découvre, devant la porte de l'usine Bocuse, six cartouches de dynamite. Les policiers estiment que leur propriétaire s'en est débarrassé par peur de perquisitions éventuelles, suite à un attentat commis la veille à Paris, chez M. de Rothschild.

n° 134

Crêpage mortel. Devant cet immeuble, le 13 avril 1943, deux passants s'indignent de voir deux jeunes Françaises discuter avec un soldat allemand, et leur tirent les cheveux. Alertés par la bagarre et les cris qui s'ensuivent, des gardiens de la paix interviennent, et l'un d'eux, Jean Cordier, 50 ans, tente de désarmer le soldat, un aviateur qui avait dégainé son arme. Un coup part, que l'Allemand reçoit entre les yeux. Tous les témoins, civils ou policiers, sont arrêtés par la Feldgendarmerie.

n° 162

La peur du boss. Lucien Paulin est retrouvé mort le 4 août 1958 au garage Excelsior, dont il était le veilleur de nuit. Il s'était tiré une balle dans la tête, expliquant son geste par un mot : la honte d'avoir légèrement accidenté la voiture de son patron.

n° 246

Tiercé dans le désordre. Saïd, 24 ans, et Daniel, 25 ans, ne savaient pas qu'ils étaient filmés lorsqu'ils ont attaqué le bar PMU Le Lido, le 3 mai 1988, à l'aide de bombes lacrymogènes. Le patron de la crime, Daniel Mercier, était là et, devant le film présenté, ils n'ont pu nier.

n° 258

Achevé. À 8 h 30 le 4 avril 1968, Pierre A. est abattu et achevé dans le caniveau d'une balle de carabine, alors qu'il montait en voiture devant son domicile. Le meurtrier n'est autre que son fils, Jean-Pierre, 22 ans, étudiant en médecine qui reprochait à son père son divorce.

La Fayette (pont) (anc. pont Charles-X, en 1829) 41

On débaptise. Le 5 septembre 1829, arrive à Lyon, par ce pont, le général La Fayette, dans une calèche tirée par quatre chevaux et escortée de 500 cavaliers et de 10 000 piétons. Le lendemain, le général organise, au cours d'un banquet au Jardin de Flore, dans le quartier des Brotteaux, une quête qui rapporte 1 800 francs, au profit des victimes d'un incendie survenu rue des Archers. C'est de ce jour que ce pont a pris le nom du général, très estimé à Lyon, où il était déjà passé en 1785 à son retour d'Amérique.

Omelette géante. Le 12 mai 1893, un cheval s'emballe sur le pont et vient heurter une charrette qui transportait 500 œufs. Tous sont cassés. Étonnant ?

Rien ne sert... Le 6 avril 1930, Pierre Boissin, 60 ans, revient d'un enterrement. En retard à son travail, il veut prendre le tramway en marche sur le pont, côté rive gauche. Il rate le marche-pied, chute et se fait sectionner le pied droit au niveau de la cheville. Les greffes n'existaient pas encore.

Collision. En venant en renfort, le 28 juin 1963 vers 23 heures, pour calmer une manifestation d'Algériens du FLN qui souhaitaient faire libérer un des leurs, détenu à l'hôtel de police de la rue Vauban, un fourgon de police percute un trolleybus de la ligne 3. Le chauffeur, le sous-brigadier Antoine Chovet, 45 ans, est tué sur le coup. Neuf policiers sont blessés. Le détenu n'a pas été élargi.

Liberté (cours de la) 42

n° 1

Pour 100 francs ! Le 6 novembre 1965, on découvre, dans son appartement, une commerçante de la grande-rue de la Guillotière. Elle avait été étranglée dix jours auparavant. Arrêté quinze jours plus tard à Marseille, alors qu'il voulait s'engager dans la Légion étrangère, Jean G., 23 ans, avouera que ce meurtre lui avait rapporté 100 francs.

n° 19

Femme à barbe. Par le *Progrès* du 20 octobre 1895, on apprend que, en raison de l'énorme succès qu'elle remporte à la Brasserie genevoise, la femme à barbe se voit forcée, avec plaisir, de rester encore quelques jours à Lyon. Et d'ajouter que la bière y est médaillée et les consommations de première marque.

Long (cours du Docteur-) (anc. rue Henri) 43

Répartition des tâches. En cette veille de nouvel an 1989, un couple est occupé à ses derniers achats de réveillon dans la supérette des époux Thivent quand un braqueur fait irruption, 11,43 en main, et s'empare de la caisse. Déçu de la modicité de son contenu, il tire, mais l'arme s'enraie. Les deux hommes l'immobilisent, pendant que les femmes appellent les voisins à l'aide. Conciliant, le braqueur propose de rendre son butin.

n° 18

Le bon docteur. À la suite d'attentats perpétrés par la Résistance, Jean Long, membre du *Coq enchaîné*, est enlevé à son domicile, le 22 octobre 1943, par un groupuscule baptisé Comité national antiterroriste. Son corps est retrouvé sans vie, le lendemain, à Ternay (Rhône). Médecin, il apportait son aide aux résistants.

n° 96

L'amour n'a pas d'âge. Parce qu'elle ne veut plus vivre avec lui, Gabrielle T. va se réfugier chez sa sœur. Mais son amoureux, Émile D., 70 ans, vient la rechercher le 15 octobre 1957 à 8 heures, un long couteau à la main, en proférant des menaces : « Reviens, sinon tu vas mourir. » Et devant son refus, il la poignarde, expliquant ensuite aux policiers : « À notre âge, on n'a pas le droit de se séparer. »

Maisons-Neuves (place des) 44

n° 69

Encore les allumettes. En 1897, le 16 mai, deux enfants restés seuls dans leur appartement jouent avec des allumettes. Le feu prend, André Jantzi, 3 ans, meurt carbonisé, mais sa sœur, 9 ans, est sauvée par des voisins qui la roulent dans une couverture.

Marignan (rue) 45

Vache de bagarre. Le 18 avril 1894, un paysan conduisant sa vache par le licol, dans le quartier, est la proie de quolibets de la part d'une bande de jeunes gens venus à Lyon pour le conseil de révision, qui prétendent lui barrer le chemin. Une bagarre s'ensuit, suffisamment passionnée pour retenir l'attention des chroniqueurs.

n° 10

Exotisme. M. Millot, le marchand de volailles du quartier, est retrouvé sauvagement assassiné, en mai 2001, dans son appartement du quatrième étage. On lui a volé deux coquillages en forme de casque prussien et huit éventails japonais.

Mazenod (rue) 46

n° 12

Enfant martyr. Le 10 janvier 1893, Maurice, 3 ans, est enfin libéré de ses chaînes. Il restait sans manger, attaché au pied de son lit. S'il a survécu, c'est que ses voisins lui passaient des croûtons de pain par un trou pratiqué dans la cloison de leur appartement.

n° 17

Disparition mystère. Le 3 février 1977, vers 16 heures, un enfant de 6 ans, Yves B., quitte son école de la rue Mazenod pour rejoindre son frère Yannick, âgé de 9 ans, à l'autre sortie de l'école, rue Chaponnay. Nul ne le reverra jamais mort ou vivant. En moins de 300 mètres, ce gamin blond aux yeux gris-vert s'est volatilisé. Fugue, accident, enlèvement crapuleux ? Vingt-huit ans après les faits, sa mère remue encore ciel et terre pour essayer de savoir la vérité, notamment en visionnant les photos retrouvées chez des pédocriminels.

n° 69

Grenade. Lancée dans le Café des Sept Chemins (PC du MNA ?), elle fait trois morts. C'était le 5 septembre 1960.

n° 85

La couturière piquée. Vers minuit le 28 juin 1920, Marie-Pierrette Maisonneuve, une couturière de 20 ans qui vit dans un garni, a juste le temps de crier au secours avant de mourir, le poumon perforé d'un coup de couteau. Arrêté un peu plus tard, son meurtrier, Jean-Louis Rammault, 24 ans, expliquera qu'il a agi par jalousie, sa bien-aimée fréquentant un autre militaire que lui.

Milan (place de) 47

n° 3

Amour à mort. Patrick M., 30 ans, sort, le 13 mai 1982 à 0 h 30, un 22 long rifle en main. Sa compagne de 32 ans gît dans l'appartement, sur le lit, entourée de fleurs. Il la veillait depuis quatre jours, après l'avoir tuée. Leurs collègues de la compagnie d'assurance où ils travaillaient s'étaient inquiétés de leur absence.

Molière (rue) 48

n° 30

Fusillés. Le 27 juillet 1944, la Gestapo sonne à la porte d'un appartement. Une réunion du CCAC (Comité de coordination et d'action chrétienne) vient de se terminer. Seules deux personnes sont encore là : Gilbert Dru et Francis Chirat, qui seront enfermés au fort Montluc, puis extraits pour être fusillés sur la place Bellecour.

n° 66

Amour au vitriol. Ils s'étaient beaucoup aimés, Antoine Rousset, 29 ans, et Jeannine Deraix, 18 ans, couturière. Jusqu'à ce que la gamine tombe enceinte et que les visites du galant se fassent plus rares. Alors, à cette adresse, le 23 août 1893, elle est allée l'attendre, une tasse dans une main, un flacon de vitriol dans l'autre. Ils se sont tous les deux retrouvés à l'hôpital, lui très brûlé au visage, elle aux mains. L'histoire ne dit pas s'il a reconnu l'enfant.

Moncey (rue) 49

Comme c'est bizarre ! Le 17 février 1956, le tenancier du Sphinx est arrêté pour « tenue de jeux de hasard ».

n° 23

À la bougie. L'épicerie de M. Jacquier est en partie détruite en son absence par un incendie, le 9 mars 1897, et il souhaite un peu trop vite percevoir le montant de son assurance, soit 32 000 francs. C'est compter sans la vigilance d'un de ses voisins qui avait remarqué, en descendant à la cave tôt le matin, un système pouvant s'apparenter à une mise à feu (pétrole, bougie, linges et vieux journaux). La police, prévenue, lui fait vite avouer qu'il s'agissait d'une escroquerie à l'assurance et qu'il avait demandé à un ami, un certain Mariotti, ancien policier marseillais, d'incendier son magasin en son absence. Les complices se sont retrouvés en prison.

n° 152

Arrêtez la musique. Parce qu'il n'avait pas obéi aux sommations, une patrouille allemande tire sur un jeune musicien qui rentrait chez lui vers minuit, le 30 juin 1943. Atteint à l'artère fémorale, Marcel Gicquel, 25 ans, meurt en arrivant à l'hôpital.

Part-Dieu (gare de la) 50

Merci, patron. Un ouvrier transférant un chargement de bois sur un camion pour le compte des frères Mure perd l'équilibre au moment de consolider le tout par une chaîne. Il tombe tête la première sur la voie, sans que ses collègues puissent intervenir, le 27 avril 1894.

Penet (rue Claudius-) 51

n° 19

Dans le dos. Le 7 juillet 1978, deux hommes cagoulés font irruption à l'heure de l'apéritif au Comptoir des Centurions et tirent sept coups de feu sur un client qui leur tournait le dos, assis sur un tabouret face au comptoir. C'était un ancien de la bande de Guy Reynaud, Maurice Gilli, 43 ans. Il était aussi proxénète.

Pensionnat (rue du) 52

Boniment. On n'a jamais su pourquoi ces deux camelots en sont venus aux mains le 27 février 1897 au matin. Pour une affaire de femme ou d'emplacement sur les marchés, ou peut-être les deux. Toujours est-il que Jean Deflassieux, 37 ans, est mort d'un coup de poignard et que son meurtrier, Jean Bonnemer, 32 ans, a écopé pour cela de six ans de réclusion, cinq mois plus tard, le 2 août.

Rafale. Le 19 janvier 1943, Pierre Anselme, 50 ans, ancien chef de centre de la Milice, est abattu à 8 heures à l'angle de la rue Garibaldi de quatorze balles de mitraillette tirées par des inconnus qui passaient en voiture.

Péri (place Gabriel-) (anc. place Circulaire, du Repentir, de la Fraternité, du Pont) 53

Révolution à la mairie. Le 30 avril 1871, jour d'élections municipales, un groupe d'insurgés, refusant la loi de Thiers interdisant aux villes de plus de 20 000 habitants d'élire leur maire et ses adjoints, s'empare de la mairie de la Guillotière. Du balcon, le Dr Crestin propose la formation d'un comité révolutionnaire de quartier, dont il devient président. Il trahira peu après ses « amis » en refusant de prendre leur tête et en se réfugiant dans le bureau du maire, Hénon, sur ces mots : « Vos rues ne sont pas les miennes. Faites comme vous l'entendez. » Il y eut de nombreuses victimes, dont le préfet Valentin, blessé à la jambe.

Ceinture. Sur cette place, un vendeur de draperies orientales, Lakhad ben Ali, se fait attaquer, le 29 janvier 1894, par des jeunes du quartier qui lui dérobent deux ceintures de flanelle rouge.

L'hirondelle fait les adolescents. Intrigué par le comportement de deux adolescents, vers 4 heures du matin le 13 février 1938, une hirondelle (policier cycliste porteur d'une pèlerine), Célestin Brun, veut les contrôler. Il essuie cinq coups de feu, est blessé à l'épaule, mais riposte et touche, également à l'épaule, le tireur qu'il parvient à maîtriser, ainsi que son complice. Les deux garçons, qui n'avaient pas 18 ans, venaient de cambrioler l'armurerie Moulard, cours Gambetta. Ils avaient encore sur eux onze revolvers, deux couteaux de chasse et six boîtes de cartouches.

Drôle de contrôle. En procédant à des contrôles, le 6 mars 1943, dans le café Le Mâconnais, les Allemands lâchent une rafale de mitraillette qui fait deux victimes : Charles Lusinchi et le secrétaire de l'Association culturelle israélite, Eugène Elmalet.

La fin de Tonton. À 6 h 15 le matin du 29 novembre 1991, Daniel Boiron, surnommé Tonton dans le milieu, est abattu au volant de sa R 18 alors qu'il était bloqué à un feu rouge. Après une fusillade sans témoins, il a été achevé d'une balle dans la tête. Il était proche du gang des Lyonnais.

L'éminence grise. C'est non loin de cette place qu'a été enlevé dans sa propre voiture, le 22 juin 1991, Charles Favre, considéré à Lyon comme le conseiller et l'éminence grise du cardinal Decourtray. Durant près d'une heure, en roulant dans Lyon, deux hommes armés l'ont questionné courtoisement, tout en ayant pris soin de lui couvrir la tête d'une taie d'oreiller. La situation du milicien Paul Touvier semblait les intéresser. Puis ils l'ont libéré dans le 9e arrondissement, non sans lui avoir dérobé ses documents, son argent liquide et sa carte bleue.

n° 12

Pédocriminalité. Le 1er janvier 1979, les policiers découvrent les preuves qu'ils cherchent dans l'appartement de Paul D., 65 ans. Des documents, des photos d'un réseau de ballets bleu-rose s'intéressant aux fillettes et garçons de 8 à 13 ans. Il était pourtant président de deux associations : les Droits du piéton et les Bons Templiers.

Pinel (boulevard) (chemin de Villeurbanne à Vénissieux) 54

n° 108

Le feu à l'hôpital. Vers 22 h 30, le 1er novembre 1984, un incendie se déclare au pavillon de pneumologie de l'hôpital militaire Desgenettes. Quatre-vingts malades doivent être évacués, mais deux d'entre eux succombent au cours de la nuit. Les dégâts sont évalués à 3 millions de francs. Un soldat de 24 ans, Éric J., avouera être à l'origine du feu.

Pins (impasse des) 55

Aïe ! Un maçon de Villeurbanne a la cuisse broyée lors d'un accident de tramway à vapeur, sur la ligne Lyon-Bron, le 2 janvier 1895.

Rabelais (rue) 56

Y a plus d'enfants ! Deux petites filles en viennent aux mains et aux pieds, pour une raison inconnue, le 20 janvier 1895. Les coups pleuvent, y compris dans le ventre. L'une d'elles se sert de son parapluie pour assurer le KO.

n° 81

Alêne fraîche. À la suite d'un vol commis dans son immeuble, le cordonnier Léon Gayer, 34 ans, ne supporte pas les insinuations qui le désignent comme coupable. Il s'ouvre le ventre d'un coup de tranchet, le 3 mars 1923. Il est sauvé *in extremis.*

n° 111

Modèle. Au troisième étage, Mme C., 69 ans, renverse sur elle son pot-au-feu et se brûle grièvement. Rentrant du travail le soir, son époux ne s'émeut pas outre mesure, repart au petit matin et revient tranquillement vers 15 h 45, le 14 janvier 1957. Il attend la tombée de la nuit pour informer le commissariat de police du décès de son épouse, survenu dans la journée. Il était connu pour être un travailleur modèle, mais d'une grande intempérance dans sa vie privée.

Rachais (rue) 57

n° 7

Insupportable. À 18 ans, Jean-François n'avait pas admis le divorce de ses parents et en rendait responsable sa mère, Catherine C., 40 ans. Aussi, le 22 janvier 1989, lui a-t-il enlevé la vie à coups de couteau dans leur appartement du quatrième étage. Puis il a tranquillement attendu la police, alertée par des voisins.

Rancy (rue des) 58

Queue de cheval. Sous le chapiteau en dur du cirque Rancy, qui se trouvait là en permanence, l'écuyer, M. Burnet-Fillas, avait coutume, à la fin de son numéro, de se faire tirer dans la sciure par son cheval au galop en le tenant par la queue. Mais le 18 mars 1894 au soir, l'animal lui a décoché une ruade dans la tête, qui l'a conduit tout droit à l'hôpital.

n° 13

Acrobate cambrioleur. Un cambrioleur acrobate sévit à Lyon en ce début d'année 1956. Le 1er janvier, il passe par le toit puis par le balcon et s'introduit chez Mme Cottaz pour lui voler ses bijoux. Il opère de la même façon et la même semaine au 24 du cours Albert-Thomas et au 77 de la rue Vauban.

Rebatel (rue du Docteur-) 59

n° 24

Misère anachronique. Dans la cour mal éclairée de leur immeuble, trois enfants tombent, le 29 mai 1983, dans la fosse d'aisances, après avoir déplacé les tonneaux qui en protégeaient l'accès. Une fillette de 3 ans ne pourra être ranimée.

Richerand (rue Étienne-) 60

n° 29

Seul rescapé. En jouant dans l'appartement de ses parents au deuxième étage, un enfant met le feu à un canapé vers 11 heures, le matin du 13 avril 1991. La grand-mère, octogénaire, chargée par sa fille de garder ses petits-enfants, ne pourra rien faire. Elle mourra, ainsi qu'Anaïs, 18 mois, et Benjamin, 4 ans. Seul, Geoffroy, 3 ans, sera sauvé par les pompiers.

Rize (rue de la) 61

n° 9

Au vitriol. Laure T., une dévideuse à soie de 36 ans, ne supporte plus les infidélités de son amant, Joseph D. Aussi, le 8 novembre 1896 à 11 heures, elle l'attend devant chez lui et le vitriole. Le soir même, elle dort en prison, mais seule.

n° 26

Et que ça saute ! Deux policiers (des faux) se présentent le 23 avril 1982 chez une locataire de 83 ans au troisième étage. Une voisine suspicieuse alerte police secours. À l'arrivée des policiers (des vrais), les deux malfrats prennent peur et préfèrent sauter par la fenêtre. Une chute de 12 mètres qui les conduit tout droit à l'hôpital. C'étaient deux Parisiens âgés de 29 et 39 ans.

Rochaix (rue du Professeur-) (anc. rue des Sablonniers) 62

n° 51

Cadeau du loyer. Jusque-là locataire exemplaire, Jean Marie Cottin, 44 ans, ajusteur, se met, après son licenciement, à boire, à jouer, et ne paye plus son loyer aux époux Guiguet. Ceux-ci lui proposent alors de tirer un trait sur ses arriérés de neuf mois, à condition qu'il quitte les lieux. Cottin le prend mal, le 12 janvier 1934, et tire sur eux avec un browning, avant de se suicider, après avoir tenté de mettre le feu à leur maison. Blessés, elle à la cuisse, lui à l'épaule, les époux Guiguet parviennent à maîtriser l'incendie.

Rockefeller (avenue) 63

Carnage. Vers 15 heures le 13 juin 1944, des jeunes gens attaquent à la grenade un camion rempli de soldats allemands qui ripostent aussitôt. Huit sont blessés et deux tués. Mais la riposte fait trois morts et huit blessés parmi les passants tandis qu'une villa est incendiée.

Saint-Philippe (rue) 64

n° 40

Blague mortelle. Un homme, voulant faire peur à sa femme à son retour de courses, s'accoutre d'un masque confectionné avec une chambre à air de moto, le 27 février 1956. Il meurt étouffé.

Sainte-Anne-de-Baraban (rue) 65

n° 7

Fausse route. Après avoir quitté son mari, Josette Jacquet, 35 ans, n'a plus supporté son amant, Charles Meyer. Elle le tue de dix coups de couteau, le 4 janvier 1898, avant de se laisser désarmer par les passants.

n° 34bis

Mère abusive. Fin décembre 1929, M. Gaillard, puisatier éconduit par sa fiancée, vient chercher sa malle. C'est la belle-mère qui l'accueille et le trucide à coups de couteau.

Sainte-Marie (square) 66

Abel et... Louis. Le 14 juin 1897, Louis Poncet, 18 ans, s'amuse à tirer dans son jardin avec une carabine sur une boîte en fer-blanc, sans s'apercevoir que son frère Abel, âgé de 13 ans, s'élance au même moment en courant. Le gosse est tué sur le coup.

Saxe (avenue du Maréchal-de-) 67

Cheval blessé. Gênés par la hauteur d'une vespasienne, les conducteurs d'un fiacre qui allait à la Guillotière et d'un tramway électrique qui venait de Saint-Fons ne se voient pas, le 28 novembre 1895, à 6 heures du matin, à l'angle de la rue Moncey. Le choc est très violent, le fiacre traîné sur plusieurs mètres. Le cheval est renversé et blessé, ainsi que le cocher et un voyageur.

n° 1

Débuts violents. Vers midi, le 10 décembre 1981, quatre hommes se présentent à l'agence de la BNP située à l'angle de cette avenue et du cours Franklin-Roosevelt. Tous sont armés de gros calibres et se montrent d'une rare violence dans la salle des coffres. Le responsable de l'agence,

M. Janishon, est gravement blessé d'un coup de poignard au ventre et une employée, Mme Donzelle, rouée de coups. Avant de s'enfuir avec un butin de plusieurs millions de centimes, les gangsters laissent sur place un texte signé « Affiche rouge », dénonçant le colonialisme français. Ce n'est que plusieurs années après ce hold-up que les enquêteurs découvriront que c'était un coup d'Action directe.

n° 78

Toujours le mystère Renaud. L'avocat Yves Bismuth découvre, le 3 mars 1982, que son cabinet a été cambriolé et que plusieurs de ses dossiers ont disparu. Il était l'avocat des fils du juge assassiné, François Renaud. Une émission télévisée avait été, quelques jours plus tôt, consacrée à cet assassinat. Le 25 juillet 1982, le cabinet de ce même avocat sera en partie détruit par un incendie criminel. C'était un dimanche, à 8 heures du matin.

n° 95

En fumée. Pour faire réchauffer son frichti, un clochard de 64 ans se réfugie dans le cagibi du distributeur de billets de la Caisse d'épargne, le 20 juillet 1988. Les flammes de son réchaud de camping mettent le feu à l'appareil.

n° 142 bis

Renvoyez l'ascenseur. Venue faire le ménage dans cet immeuble déserté par ses locataires durant le week-end, Yvonne Darnand, 60 ans, passe quarante-huit heures dans l'ascenseur qui s'est bloqué entre deux étages. Délivrée le 2 octobre 1979, elle refuse de se rendre à l'hôpital et s'excuse même d'avoir dû briser la glace de l'appareil pour pouvoir respirer.

n° 144

Magasin. Deux malfaiteurs, après avoir tiré un coup de feu, se font remettre la somme de 50 000 francs par M. Grosco, gérant du magasin Super U, le 18 septembre 1990. Hold-up attribué par les enquêteurs au gang composé de policiers ripoux du 3e arrondissement.

n° 165

Immoralité. En cette année 1942, les habitants de l'immeuble demandent le départ de deux des locataires, qu'ils soupçonnent de se livrer à la prostitution, au vu des nombreuses visites masculines qu'elles reçoivent. Ces deux femmes sont Berty Albrecht et sa fille, du mouvement Combat, dont l'appartement, qu'occupait également Henry Frénay, servait de lieu de rendez-vous à la Résistance. Elles déménageront.

n° 215

Fluet. Le 1er janvier 1895, des cambrioleurs s'introduisent dans la charcuterie. Le plus mince d'entre eux se glisse entre les barreaux de l'imposte, puis ouvre tout simplement la porte à ses complices. Dinde truffée, foie gras disparaissent. De quoi faire un somptueux repas de jour de l'an.

Servient (rue) 68

Cruelle. Un homme, qui avait aperçu une superbe créature de sa connaissance dans un fiacre, entreprend de suivre l'équipage. Mal lui en prend, il reçoit un coup de fouet sur l'œil, le 7 mai 1902 vers 22 heures.

n° 5

Et que ça brille. Chaque jour Mme Schneider sortait après le déjeuner. C'est le cas, ce 11 mars 1918. Sa bonne de 20 ans, Eugénie Morel, est chargée, pendant ce temps, d'astiquer la maison. Notamment de faire briller plaque et poignée de la porte palière, que son meurtrier n'a eu qu'à pousser. De retour, sa patronne trouve la jeune fille étouffée, ligotée et bâillonnée. L'appartement est pillé. Le jeune boucher du coin, un moment suspecté de complicité, est innocenté. Le déserteur Charles Brenner est arrêté.

n° 12

Main leste. 26 avril 1986. Attentat à l'explosif contre les locaux de l'American express, revendiqué avec des graffitis par le Front révolutionnaire arabe, qui se targue également de l'assassinat à Écully, la veille, du P-DG de Black et Decker, Kenneth Marston. La police y voit plutôt la main d'Action directe.

n° 67

Le feu aux pièces. Le 3 août 2000, le feu prend pour une cause inconnue au deuxième sous-sol du nouveau palais de justice, dans la salle des scellés où sont gardés les documents des affaires prêtes à être jugées. Il s'en est fallu de peu pour que la salle voisine soit atteinte, celle où sont stockés d'autres scellés, comme les armes saisies, les objets précieux ou la drogue.

n° 107

Mauvais début. Une rixe éclate, le 1er janvier 1895, dans un café. Une bouteille atteint à la tempe Jean-Baptiste Morillot, scieur de long, qui est gravement blessé. Les auteurs prennent la fuite.

n° 129

La poudre a parlé. À 10 h 30, le dimanche 25 octobre 1981, plusieurs individus cagoulés et armés d'extincteurs à poudre saccagent le hall d'accueil de l'hôtel Frantel, situé au trente-troisième étage de la tour de la Part-Dieu. Malgré le bouclage du quartier, ils n'ont pas été retrouvés.

Comptez 33. C'est sans doute le hold-up le plus élevé de Lyon qu'ont commis trois hommes armés, le 26 août 1984, à l'hôtel Frantel, vers

3 heures du matin, au trente-troisième étage de la tour du Crédit Lyonnais. Le veilleur de nuit assommé a dû ouvrir le coffre. Butin : 25 000 francs. Les gangsters sont repartis tranquillement par l'ascenseur.

Sévigné (rue de) 69

n° 4

Comme des lapins. Vers 22 heures, le 13 septembre 1935, le conducteur solitaire d'une voiture ouvre le feu sur un groupe qui discutait au bas de cet immeuble. Deux d'entre eux sont blessés. La voiture revient quelques instants plus tard, mais cette fois avec deux passagers qui tirent à leur tour sur les rescapés. Arrêtés quelques jours plus tard, les tireurs, des proxénètes, nient tout en bloc, malgré la présence de douilles dans leur voiture volée à Paris.

Tête-d'Or (rue) 70

n° 123

Les joies de la caserne. Le 7 mai 1930, au cours de la nuit, sept familles sont incommodées par le gaz d'éclairage dans cette caserne qui abrite 112 ménages de policiers. Un brigadier de 48 ans et son fils âgé de 16 ans doivent être hospitalisés.

Thomas (cours Albert-) 71

n° 153

La tuile. Le 16 juillet 1982, un ouvrier fondeur de 51 ans s'aperçoit, en regagnant son domicile, qu'il a égaré les clés de sa chambre mansardée. Il demande à son voisin la permission d'y accéder par le toit. Et c'est la chute mortelle.

Vendôme (rue) 72

Un drôle de paroissien. Lorsqu'il se fait arrêter dans cette rue, le 16 janvier 1897, à la sortie d'une église de l'actuelle avenue Foch, un Allemand, Jules Schlusmaker, est en possession de multiples pièces de monnaie et d'une baguette engluée. Il finit par avouer que depuis son arrivée en France, il y a trois ans, il ne vit qu'en pillant les troncs des églises lyonnaises avec sa badine collante et que cela lui rapporte environ 5 francs par jour.

n° 90

Bouc émissaire. Quelque vingt-cinq jeunes saccagent le café de Mme Grégoire, le samedi 16 avril 1894, et maltraitent les consommateurs. Un seul est arrêté pour avoir frappé à coups de bouteille Placide Borel, employé au 133 de la rue Du Guesclin.

n° 200

Tristes noces. Bruno Rabescati, 25 ans, et Solange, 21 ans, se sont mariés quatre mois auparavant et viennent d'emménager, en ce 27 mai 1956, au quatrième étage de l'immeuble. Seulement, ils ne prennent pas garde que le tuyau d'arrivée de gaz a été mal branché sur leur cuisinière. Et on les retrouve se tenant par la main dans leur lit, asphyxiés tous les deux.

n° 217

Ôte-toi de là. En février 1944, le nouveau chef de la Milice, Paul Touvier, s'installe ici, après avoir expulsé le couple juif qui y habitait, Roger et Sarah Lévy, qui ne rentreront jamais du camp d'Auschwitz où ils furent déportés.

Trop, c'est trop. Le 4 mai 1992, une femme de 27 ans tentant de mettre fin à ses jours échoue dans son opération. Voulant un dispositif imparable, elle avait trop forcé sur les produits inflammables... qui ont soufflé la flamme.

n° 245

Évaporée. Le 15 février 1923, Suzanne Lathuraz, 14 ans, qui avait accompagné tôt le matin ses parents à la gare pour un voyage d'une journée à Besançon, disparaît de son domicile. On ne la retrouvera jamais, malgré la publication de sa photo dans les journaux lyonnais.

Antisémites. Vers 1 heure du matin le 10 août 1989, une pierre est lancée par des inconnus dans la vitrine de la librairie israélite Levi Its AK, suivie par un cocktail Molotov enflammé. Le feu est vite maîtrisé, mais l'attentat n'a pas été revendiqué.

n° 256

Abandon. En fin d'après-midi le 10 février 1995, une fillette d'environ 3 ans est découverte dans le hall de l'immeuble, assise dans sa poussette en train de grignoter un gâteau. Avant de l'abandonner, sa mère a pris soin de sonner par l'interphone chez tous les locataires de l'immeuble afin d'en alerter au moins un.

n° 260

Incompatibles. Le feu détruit l'usine d'impression sur tissu. Sept ouvriers nettoyaient les plaques d'impression à l'acétone, produit volatil, quand une étincelle jaillit d'un compresseur.

Viala (rue) 73

n° 3

À méchant, méchant et demi. Le 9 octobre 1975, sont découverts dans l'appartement du deuxième étage, qui surplombe l'école maternelle, les corps de la directrice, Josette Gauthier, 48 ans, et de son mari, Jean, 48 ans, chef magasinier. Elle a reçu vingt coups de couteau, lui, sept. Quelques jours plus tard, un homme de 26 ans, Alain F., se présente dans un commissariat parisien pour porter plainte contre une prostituée. Mais il se trouble et déclare : « Attention, je suis méchant et j'ai tué deux personnes à Lyon. » Il sera condamné à la réclusion criminelle à perpétuité, le 22 juin 1976, expliquant qu'il avait voulu se venger de M. Gauthier, pour lequel il avait travaillé. « Il était méchant, il m'avait renvoyé. »

n° 31-35

Piège. À 14 h 30, le 17 juin 1944, Francisque Vacher, André Bollier, Marie Morat et Paul Jeullet viennent prendre la relève de leurs camarades dans l'imprimerie clandestine d'André Bollier. Trente miliciens et deux cents Allemands les attendent. À l'issue de l'assaut donné à la mitrailleuse, on relève les corps d'un polytechnicien et de deux employés du *Progrès*, qui ont eu cependant le temps, pendant le combat, de brûler tous les papiers compromettants pour la Résistance. Les assaillants n'ont pu saisir que quelques exemplaires des journaux clandestins *Combat* et *Action*. Seule Marie réchappe de la tuerie. Blessée, elle est amenée au pavillon M de l'hôpital Édouard-Herriot, puis enlevée et sauvée par un commando ami.

Villeroy (rue) 74

Refus fatal. Un dimanche soir de février 1902, un homme baigne dans son sang en pleine rue, atteint de sept coups de couteau. C'est Baptiste Laville, un ouvrier. Des témoins l'avaient vu décliner un peu rudement l'invitation d'une fille, dont les cris avaient attiré les souteneurs. À l'issue d'une razzia monstre sur la ville parmi macs et prostituées, la police arrête un certain Abrial, dont un de ses amis confirmera qu'il l'avait rencontré le dimanche tragique et qu'il lui avait lancé : « Je viens de refroidir un gonze qui avait manqué de respect à une fille de la rue Marignan. »

À bicyclette. Un cycliste tire sur un soldat allemand et le tue, en fin d'après-midi, le 12 janvier 1943.

n° 27

Double identité. Le corps d'un homme égorgé est découvert le 27 avril 1976, au cours de la nuit, dans le caniveau, devant le restaurant Chez Mallek. Connu dans le milieu sous le surnom de Miloud le Balafré, ce garçon de 23 ans avait sur lui deux cartes d'identité, celles de Tahar Hassouna et de Driss Filalli. On ne saura jamais lequel des deux est mort.

n° 71

Usine à gaz. Un grave accident se produit au cours de la démolition de l'usine à gaz de la Guillotière, le 25 mai 1902. Un mort et cinq blessés.

Villette (rue de la) ⑮

Veuve pour veuve. Âgée de 56 ans, la veuve Foucherand, serviable et gentille, était très estimée dans son quartier. Son café ne désemplissait pas. Aussi n'a-t-elle pas hésité à le rouvrir, le 21 décembre 1898, vers 22 heures, pour six clients un peu éméchés qu'elle connaissait. Elle s'est même assise avec eux et leur a payé une tournée, après qu'ils eurent réglé toutes leurs consommations. Seulement, deux d'entre eux au moins sont revenus, après minuit, pour la dévaliser, après l'avoir frappée à coups de bouteille et achevée alors qu'elle râlait. Ensuite, ils se sont partagés le butin à raison de 5 francs chacun, le chef de la bande, Évariste Nouguier, 20 ans, dit Charlot, s'adjugeant son bracelet et ses boucles d'oreilles. Quatre d'entre eux seront arrêtés le lendemain après une fusillade avec la police à Saint-Étienne et les deux autres à Lyon au domicile de Nouguier, baptisé le Tatoué, rapport au serpent et au « mort aux vaches » inscrit sur sa poitrine. Nouguier et Gaumet seront condamnés à mort le 2 septembre de l'année suivante, leurs complices à cinq ans de prison.

n° 40

Vin piégé ? Pour étancher sa soif, le 11 mars 1930, Albert Buissière, 27 ans, va, pendant la pose, selon une détestable habitude, chercher dans les écuries une bouteille de vin dans les provisions de ses copains de travail. Il en boit une rasade et hurle de douleur. C'était du Crésyl pur. Il en meurt le soir même, après d'atroces souffrances. On n'a jamais su si c'était une erreur de rangement ou un piège tendu par ses collègues.

Villon (rue François-) ⑯

n° 14

Combinaison. Le 28 juin 1989 les voisins de Mme Rita Bocco, 80 ans, s'inquiètent de voir ses volets rester clos. Pour cause, la vieille dame est couchée sur son lit en combinaison, mais elle a reçu seize coups de couteau dans le dos par un inconnu qui n'avait pas forcé sa porte.

Vitton (cours Richard-) ⑰

n° 9

Bons baisers. Le 19 juin 1982, 40 000 cartes postales, souvent rarissimes, collectionnées depuis dix ans par Mme Thinet, sont volées dans son magasin spécialisé dans les bibelots et cartes anciennes.

n° 64

Coup de balai. À 12 h 30, trois hommes armés, en blouses grises et passe-montagne, tentent de se faire remettre la recette du PMU au Bar des Sports. C'est sans compter sur la réaction de la patronne et des clients. La première assomme un gangster avec le balai qu'elle tenait à la main. Un habitué blesse le second avec un couteau de cuisine et les autres désarment le troisième à coups de chaise. Les trois gangsters ont dû passer à l'hôpital avant la case prison.

n° 71

Contrariée Le 5 juillet 1933, vers 17 heures, le corps de Marie Cathelin, 33 ans, est retrouvé sur son lit dans sa chambre située derrière le café-comptoir que gère son concubin. Sa main gauche est crispée sur un revolver dont une balle lui a perforé le crâne. Bien qu'elle soit droitière, l'enquête conclut au suicide.

Vivier-Merle (boulevard Marius-) 78

Vidée en six minutes. Le jeudi 8 février 2004, à 11 heures, les haut-parleurs de la gare de la Part-Dieu invitent tous les usagers et commerçants à évacuer les lieux le plus rapidement possible à la suite d'un « incident technique ». Il n'y a ni panique ni bousculade, d'autant qu'il s'agit d'un exercice organisé par la SNCF, le premier du genre en France. Exercice pleinement réussi puisqu'en moins de six minutes la gare fut vide.

n° 47

Cyclo flingueur. Le vendredi 27 novembre 1987, vers 23 heures, deux gardiens de la paix interpellent un cyclomotoriste dans le parking en sous-sol de l'hôtel Mercure de la gare de la Part-Dieu. L'homme cherche à fuir en tirant sur les deux policiers, qui parviennent cependant à le maîtriser. La prise est bonne, puisqu'il s'agit de Max Frérot, l'artificier d'Action directe, en cavale depuis deux ans.

Quatre jours plus tard, il est inculpé 51 fois par le juge Marcel Lemonde pour une série d'attentats, de hold-up et d'assassinats, notamment celui du général de gendarmerie Guy Delfosse. Les deux policiers, Marc Baquero et Bruno Hugol, blessés lors de la fusillade, sont décorés quelques jours plus tard de la médaille d'argent des actes de courage et de dévouement par le préfet Georges Bastelica.

n° 58

Arme blanche. Les gazettes nous apprennent que, sur cette place, le 14 janvier 1893, une marchande des quatre-saisons, Annette Cholet, a été cruellement mordue à une main par un client mécontent et qu'elle s'est faite soigner à la pharmacie de la rue Paul-Bert.

Voltaire (place) 79

Une voix s'éteint. Marcel Métral, un jeune plâtrier-peintre de 28 ans, ancien secrétaire départemental du PCF et ex-rédacteur en chef de *La Voix* *du peuple*, est abattu d'une balle dans le dos en rentrant chez lui, le 28 décembre 1942.

Voltaire (rue) ⓼⓪

n° 10

Dans le pétrin. Le jeune Jean G., 15 ans, est délesté de son portefeuille et attaché à la rampe de l'escalier avec la ceinture de son imper alors qu'il partait à son travail, le 10 janvier 1955. Il lui arrive sensiblement la même chose, le 19 janvier. Le gosse avait tout inventé, n'osant pas dire à ses parents qu'il n'aimait pas son métier d'apprenti pâtissier.

n° 38

Balade tragique. Edmond N., ouvrier terrassier, ne supporte pas que sa belle-mère aille se promener avec son épouse dans le quartier avant le repas du soir. Le 16 mai 1938, il les retrouve au comptoir d'un café et abat sa femme d'une balle dans le ventre.

n° 57

Mal compris. Le 10 août 1944, au petit matin, Désiré Tréma et son épouse Anne sont abattus à leur domicile à coups de revolver. Lui était interprète de l'armée allemande.

4e ARRONDISSEMENT

Actionnaires (rue des) ❶

n° 7

Courte liberté. Le 3 août 1972, Robert Delugeart est abattu devant son domicile, de sept balles de revolver. Il venait de sortir de prison.

Alma (rue de l') ❷

Tour infernale. Un certain Pitrat, entrepreneur de maçonnerie, ayant fait fortune au début du XIXe siècle, décide d'élever sur le mont Sauvage, l'endroit le plus élevé de la Croix-Rousse, une tour de 100 mètres pour servir d'observatoire et de musée. Elle devrait même permettre de voir la mer ! Las ! les fondations sont insuffisantes et les matériaux de mauvaise qualité. Le 27 août 1828, l'ouvrage s'effondre en cours de construction, tuant une petite fille. La tour, reconstruite peu après, est rachetée par un parvenu qui veut en faire un lieu de fête : bals, concerts et restaurant. Sans succès. Les sœurs de Saint-François-d'Assise l'achètent alors.

Anselme (rue) ❸

n° 14

Oblitérés. Les propriétaires du magasin Les Deux Palettes (rue Émile-Zola), Jean et Mathilde Chabuet, âgés de 60 ans, sont découverts assassinés, lui étranglé, elle poignardée, le 24 septembre 1985, dans leur appartement au deuxième étage. Leur porte blindée n'a pas été forcée, mais une collection de timbres, estimée à 70 000 francs, a disparu.

Arnaud (place du Commandant-) ❹

Un républicain. C'est dans cette rue qui porte aujourd'hui son nom, que le chef d'atelier Antoine Arnaud, commandant du 12e bataillon de la garde nationale, connu pour son républicanisme, est arrêté le 20 décembre 1870 et sommé de se mettre à la tête des émeutiers pour s'emparer de l'hôtel de ville. Comme il refuse, il est traîné par la foule salle Valentin où,

4e ARRONDISSEMENT

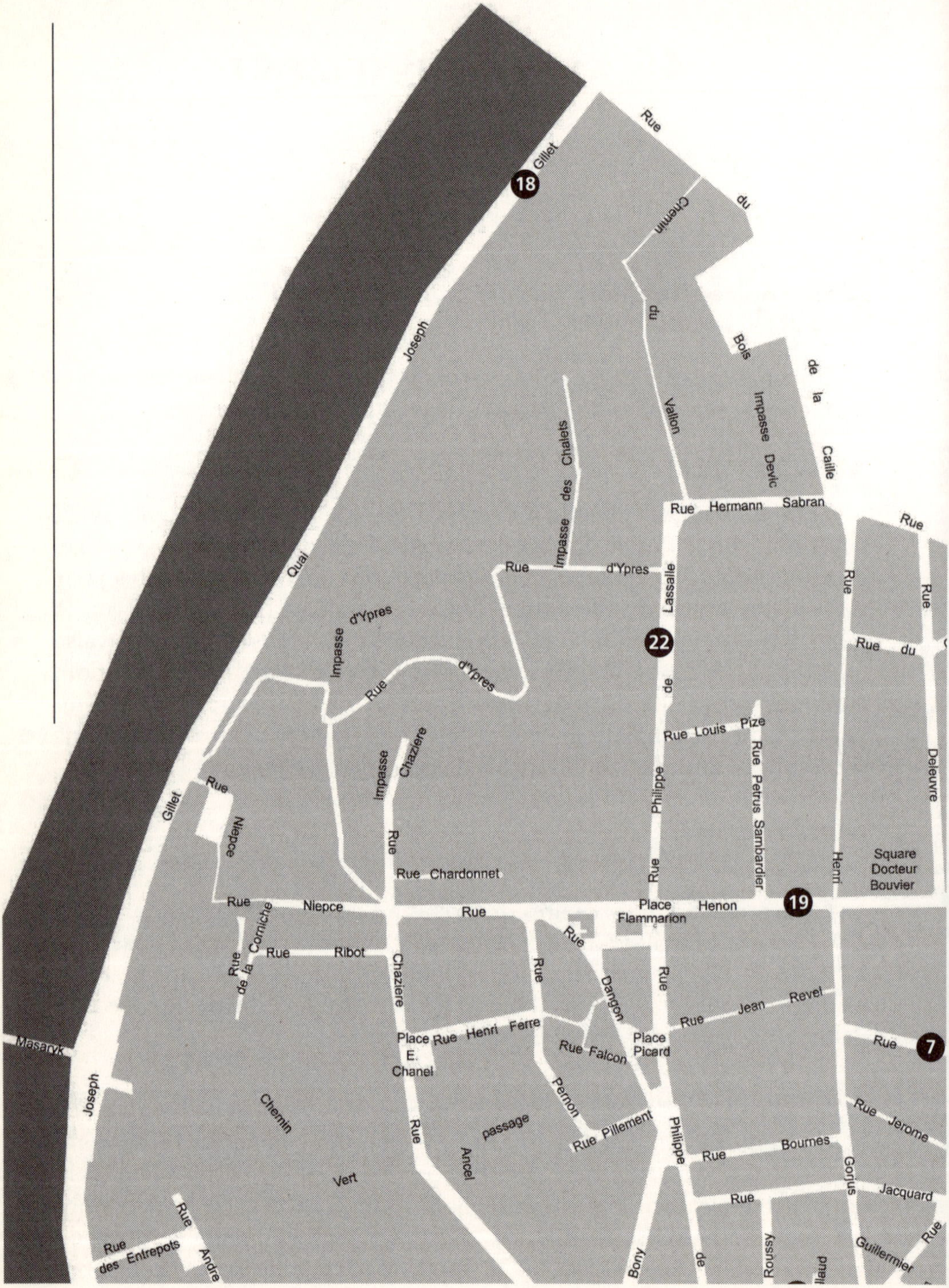

1. Actionnaires (rue des)
2. Alma (rue de l')
3. Anselme (rue)
4. Arnaud (place du Commandant-)
5. Artaud (rue)
6. Austerlitz (rue d')
7. Barodet (rue) (anc. rue de l'Enfer, en 1793)
8. Belfort (rue de)
9. Bertone (place Marcel-) (anc. place du Peuple, en 1850, et place du Suffrage-Universel, en 1849)
10. Célu (rue)
11. Croix-Rousse (boulevard de la)
12. Croix-Rousse (grande-rue de la)
13. Croix-Rousse (place de la)
14. Cuire (rue de)

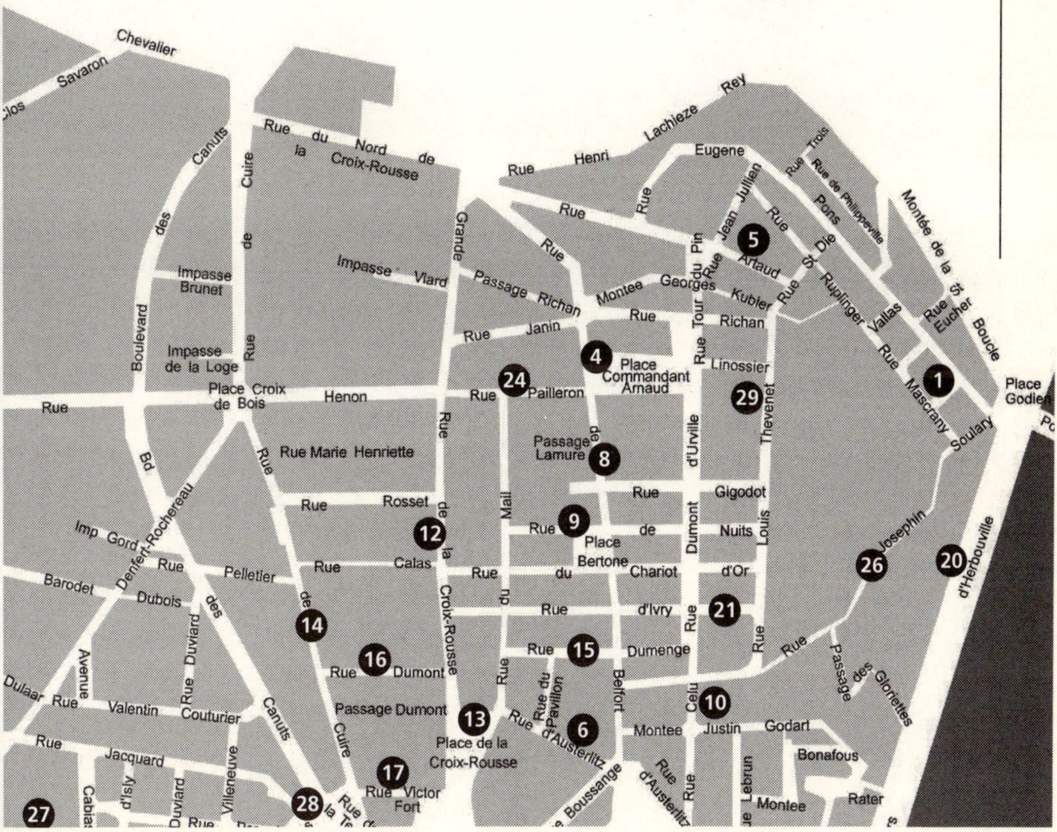

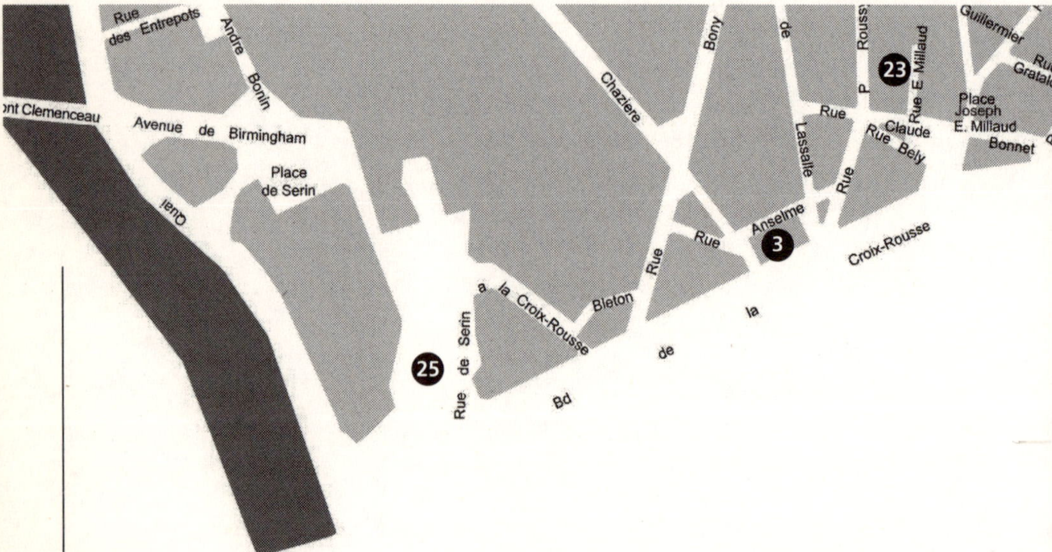

❶❺ Dumenge (rue) (anc. rue de l'Émancipation puis rue de la Démocratie, en 1850)

❶❻ Dumont (rue)

❶❼ Fort (rue Victor-)

❶❽ Gillet (quai Joseph-)

❶❾ Hénon (rue)

❷⓿ Herbouville (cours d') (anc. quai Saint-Clair, en 1943)

❷❶ Ivry (rue d')

❷❷ Lassalle (rue Philippe-de-)

❷❸ Millaud (rue Édouard-) (anc. rue Projetée-des-Tapis)

❷❹ Pailleron (rue)

❷❺ Serin (montée de)

❷❻ Soulary (rue Joséphin-)

❷❼ Tabareau (place)

❷❽ Tapis (place des)

❷❾ Thévenet (rue Louis-)

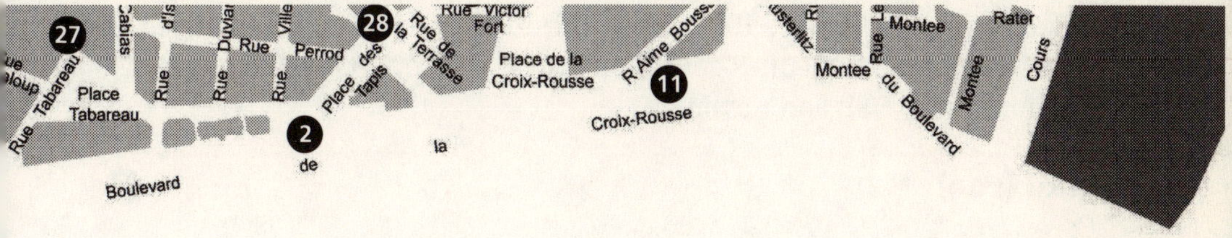
27
Place
Tabareau
Rue Tabareau
Cabias
Rue
Rue
Rue
Rue Perrod
Boulevard
2
de
Place des Tapis
28
Rue de la Terrasse
Rue Victor Fort
Place de la
Croix-Rousse
la
R Aimé Boussange
11
Croix-Rousse
Montee
Rue
du Boulevard
Montee
Montee
Rater
Cours

après un simulacre de jugement, il est emmené au Clos-Jouve, face à un peloton d'exécution, devant lequel il jette son képi et commande le feu en criant : « Vive la République ! »

n° 7

À qui se fier. En janvier 1918, Mme Burdollet, 76 ans, ancienne tisseuse, est assassinée par deux jeunes gens bien sous tous rapports, de 15 et 17 ans. L'un d'eux, Paul, était son neveu.

Artaud (rue) ❺

n° 8

Trop vite. Mme Mécédet, concierge, trouve, le 18 janvier 1920, un paquet qu'en employée zélée elle porte immédiatement à la poubelle. Quelques instants plus tard, Mme Merlin ouvre le paquet : c'est un nouveau-né.

Austerlitz (rue d') ❻

n° 20

Peur rétro. Le 18 juillet 1893, en nettoyant la cave d'un locataire partant, Jean Verlet, le concierge de l'immeuble, entend sous sa pelle un bruit métallique. Cinq obus, dont trois chargés, se trouvaient là, sans doute depuis 1848.

Barodet (rue) (anc. rue de l'Enfer, en 1793) ❼

n° 21

Bien brave. Les biens de Jean-Baptiste de Fremeville sont mis sous séquestre par le comité révolutionnaire en ce mois de novembre 1793. Cependant, l'usage de la salle à manger est laissé à son épouse, de façon à « se conformer aux bienfaits que l'humanité exige en pareil cas ».

Belfort (rue de) ❽

n° 7

Pédophile. Le 17 juillet 1893, Jean D., 45 ans, croise une gamine de 8 ans, Alphonsine, et contre 30 centimes lui demande de venir chez lui. Il se livre sur elle à des actes que réprouve la morale, et que la gamine raconte le soir à ses parents. Le lendemain il couche en prison.

n° 29

Abus d'asile. Violent et intempérant, René P., 38 ans, inspecteur au commissariat de Saint-Just, avait été plusieurs fois interné. C'est sans doute pour se venger que le 1er avril 1934, à l'heure du déjeuner, il tue sa femme, âgée de 42 ans, d'un coup de revolver, en présence de ses trois enfants, âgés de 8, 12 et 13 ans. C'est l'un d'eux qui a ouvert la porte à son oncle, attiré par la détonation. « Papa vient de tuer maman. » Revolver à la main, assis sur le lit, le meurtrier a aussitôt enchaîné : « Je vais me constituer prisonnier au commissariat. »

Bertone (place Marcel-) (anc. place du Peuple, en 1850, et place du Suffrage-Universel, en 1849) ❾

n° 3

Précoce. Une enfant de 3 ans s'enferme au verrou dans l'appartement pendant la courte absence de sa mère, qui sera obligée de faire venir la grande échelle, le 9 janvier 1956.

Célu (rue) ❿

n° 2

Bombe à l'épicerie. Une bombe explose au magasin d'alimentation des époux Petit, le 14 octobre 1942.

Croix-Rousse (boulevard de la) ⓫

n° 36

Extra-terrestre. Durant l'été 1992, à la hauteur de la poste, un homme abat Jean-Richard Miguères, 52 ans, en pleine rue, et se laisse arrêter quelques instants plus tard sans résistance. Il semble même qu'il n'attendait que ça. La victime était son gendre qui, après son accident de la route, était resté cliniquement mort durant plusieurs jours. Celui-ci prétendait avoir été sauvé par des extra-terrestres et faisait du prosélytisme. Il préparait une émission pour TF1 avec Dechavanne, « Mystère sur la Une », où il devait faire des déclarations fracassantes « parce qu'il en savait trop ». Surtout, il menaçait d'emmener sa fille de 6 ans à l'étranger.

n° 112

Le total. Le 13 octobre 1977, jour de marché, quatre gangsters armés de pistolets et de mitraillettes se font ouvrir deux coffres d'une fabrique de bijoux, la société Oral, au premier étage, et repartent avec des bijoux, des diamants, de l'or et de l'argent estimés à 600 000 francs.

n° 117

Trop honnête. Pourtant méfiante, Mme Chalansonnex, 61 ans, ouvre la porte de son appartement du quatrième étage, le 15 février 1898, à un ouvrier qui a déjà travaillé chez elle et vient lui dire qu'il a à tort trop facturé son travail. Il en veut en fait à ses économies et commence à l'étrangler. Ses cris alertent les voisins et il doit prendre la fuite. Arrêté en Suisse un mois plus tard, Tabarlet confirme qu'il a bien eu l'intention de la tuer pour lui dérober sa maigre fortune.

Croix-Rousse (grande-rue de la) ⓬

La foule se fâche. Une agitation populaire, causée par les mauvaises nouvelles venues de l'armée, se termine, le 13 août 1870, par la mort d'un sergent de ville. Sept de ses hommes sont plus ou moins blessés.

n° 27

Double détente. Deux tueurs armés de fusils de chasse n'ont laissé aucune chance, le 14 juillet 1977, au patron du Petit Bar, Patrick Glycocolacos, 25 ans. Il était 15 h 20.

n° 37

Torture. Le corps de Mme Pauline Martinau, 70 ans, est retrouvé dans son appartement du troisième étage, le 28 mars 1974. Apparemment, la vieille dame a été torturée pour livrer la cachette de ses économies.

n° 53

Ça lui est arrivé. À propos des hold-up, Robert Perret, 57 ans, bijoutier à l'enseigne du Zénith avait coutume de dire à ses clients : « Ça m'arrivera un jour. » Effectivement, le 30 octobre 1985, trois hommes masqués le dévalisent peu avant 19 heures. Il décide de les prendre en chasse. Mais dans sa course, l'un d'eux se retourne et le tue d'une balle en plein front.

n° 93

Œil pour œil. Le jeudi 15 juin 1944, cinq détenus malades, après avoir crevé un plafond, s'évadent de l'hôpital allemand de la Croix-Rousse. En représailles, cinq autres détenus malades, qui n'avaient pas pu se faire la belle, sont exécutés.

Feu à l'hôpital. Un incendie endommage trois services de chirurgie et de médecine de l'hôpital de la Croix-Rousse, le 28 novembre 1979. Soixante-cinq malades doivent être évacués.

Croix-Rousse (place de la) ⓭

C'est nous, les canuts. C'est d'ici que les canuts en colère prennent, le 21 novembre 1831, la direction du centre, par la montée de la Grande-Côte. Très vite, ils se retrouvent face aux gardes nationaux, qui ouvrent le feu sans aucune sommation. C'est le début d'une révolte, qui s'étendra à tout Lyon, avec le slogan : « Vivre en travaillant ou mourir en combattant. »

Le salaire des ouvriers est révisé à la hausse après bien des tractations et le travail reprend le 3 décembre. Cette révolte restera dans l'histoire de Lyon avec, notamment, la chanson : « C'est nous, les canuts, nous allons tout nus », mais aussi avec un bilan encore contesté. Voici ce qu'en dit l'historien Fernand Rude : « Le chiffre de 600 ne paraît pas exagéré pour le total des victimes des deux parties. Les militaires comptent plus de 100 morts (dont 8 officiers) et 263 blessés (dont 12 officiers). Les pertes civiles, plus difficiles à évaluer, semblent relativement faibles : 69 morts et environ le double de blessés. Encore que beaucoup se soient soignés chez eux, les ouvriers emportant leurs camarades tombés dans la lutte. »

Prédestiné. La fin de l'Empire approche. Le 13 août 1870, à la suite de revers subis par l'armée française, une échauffourée se produit. Un sergent de ville est tué, sept autres militaires blessés. Un ancien notaire, Lentillon, proclame la République et est arrêté. Il avait le tort d'avoir vingt jours d'avance.

Braves gens. Le 10 novembre 1898, le gardien de la paix Léon Maurin, 23 ans, veut contrôler un clochard assis sur un banc, vers 10 heures du matin. L'homme sort un pistolet et tire sur le policier – qui s'en sort avec une dent cassée –, puis un revolver avec lequel il blesse à la nuque le brigadier Souzon. Arrêté, cet anarchiste de 42 ans, Charles Pilleyre, dira seulement : « C'est fâcheux que je les aie manqués. Même si ce sont de braves gens, ils sont les défenseurs de la société, ce sont donc mes ennemis. »

Cuire (rue de) 14

n° 8

À moi, Pasteur. Le 9 septembre 1898, un chat s'élance sur un enfant de 11 ans, Jacques Faure, et le mord cruellement à la jambe droite. Abattu, l'animal est reconnu enragé et l'enfant dirigé vers l'Institut Pasteur.

Dumenge (rue) (anc. rue de l'Émancipation puis rue de la Démocratie, en 1850) 15

n° 2

L'arroseuse arrosée. Soupçonnant son amant d'avoir une nouvelle maîtresse, Mme Brosse guette sa rivale dans l'allée de son domicile, le 19 juin 1893, mais se trompe de côté en projetant son flacon de vitriol. C'est elle qui est hospitalisée.

Dumont (rue) 16

n° 16

Grands pieds. Quand Jeanne Renaud, 35 ans, sort de chez elle, le 18 février 1923, vers 16 heures, elle ne se méfie pas, sous son parapluie, d'une femme au visage dissimulé sous une large voilette. Or, celle-ci la poignarde sous le sein gauche. Avant de mourir, elle confie aux enquêteurs que son agresseuse avait des pieds anormalement longs. Détail qui va permettre l'arrestation du fiancé de la victime, André, 30 ans, furieux d'avoir été évincé par les parents de la jeune fille.

Fort (rue Victor-) 17

n° 1

Enveloppée. En faisant le ménage dans une chambre du cinquième étage de l'Hôtel de la Poste, sans étoile mais recommandé par plusieurs guides pour la modicité de ses tarifs, une employée découvre, le 12 mai 2005 vers 11 heures, le corps d'une jeune femme, sous le lit, enveloppé dans un drap taché de sang. La victime semble avoir été tuée à l'arme blanche. Quant à son meurtrier, qui avait retenu cette chambre la veille, il a disparu après avoir, semble-t-il, effacé les traces de son passage.

Gillet (quai Joseph-) 18

n° 64

Pour la sono. Un incendie détruit L'Ambassade, une boîte de nuit laissée à l'abandon. Il a été allumé par un ancien client de 25 ans, un électricien, venu récupérer des éléments de la sono qui ne lui avaient pas été payés après la mise en liquidation judiciaire de l'établissement.

Sans coupable. De ce quai part une montée qui rejoint la rue Niepce, au sommet de la colline de la Croix-Rousse. Elle est peu fréquentée. Ce qui explique que l'on ait mis du temps à découvrir, le 14 avril 1993, le cadavre d'une lycéenne, Murielle, âgée de 17 ans, caché dans les broussailles. L'adolescente était allée voir sa grand-mère et s'apprêtait à rejoindre son domicile par ce raccourci à Neuville-sur-Saône. L'autopsie a seulement permis de savoir qu'elle avait subi un double viol avant d'être étranglée. Huit ans plus tard, un coup de téléphone anonyme désigne comme coupable un de ses anciens copains qui n'a aucune peine à prouver son innocence.

n° 85

La fin d'une barbouze. À l'endroit où s'élève aujourd'hui l'hôtel Lyon-Métropole, se situait naguère un complexe sportif baptisé Lyon Plage, avec sa piscine et ses courts de tennis. C'est là que, le 15 juin 1973, fut abattu de neuf balles de 11,43 mm Jean Augé, considéré comme le parrain de Lyon et surnommé par le milieu Petit Jeannot. Né à Marnia en Algérie cinquante ans plus tôt, cet homme au passé sulfureux régnait sur l'empire de la nuit (bars, night-clubs, hôtels de passe). Après avoir, durant la guerre, d'abord joué la carte de la collaboration, il s'était ensuite illustré en abattant deux Allemands, même s'il gardait parfois le montant des hold-up qu'il effectuait pour le compte de la Résistance.

Puis il devint, pendant la guerre d'Algérie, collaborateur des services secrets français, pour lutter d'abord contre le FLN et ensuite l'OAS. Il n'hésitait pas à énucléer ses victimes à la petite cuillère pour les faire parler.

Son exécution n'a jamais été élucidée, même si on a parlé d'une vengeance du gang des Lyonnais floué par lui lors d'un trafic de drogue.

Hénon (rue) ⓳

Le feu qui reloge. À 4 heures du matin, le feu prend, le 5 mai 1957, dans les locaux de la vieille gare désaffectée de la Croix-Rousse. Trois pompiers sont blessés au cours de leur lutte contre les flammes et la mairie doit s'occuper de reloger une centaine d'ouvriers nord-africains, qui s'entassaient dans un baraquement.

Herbouville (cours d') (anc. quai Saint-Clair, en 1943) ⓴

Avant le bikini. Sur ce quai, en face de l'actuel parc de la Tête-d'Or, les Lyonnais avaient coutume, durant l'été, de se baigner nus dans les eaux du Rhône, comme dans celles de la Saône. Jusqu'à ce qu'André Perrichon, procureur du roi, prît, le 26 juillet 1740, une ordonnance interdisant le naturisme, sous peine de 150 francs d'amende. Ce qui inspira cette chanson en patois lyonnais à l'attention du procureur : « Si ne vou pas que je me bagne, qui vienne me lichi le Q. »

Garçonne contrariée. Le 1er août 1927, on découvre vers 22 heures, sous l'ancien pont de la Boucle, le sac et les vêtements d'une jeune fille de 17 ans, Victorine C. Avant de se jeter à l'eau, l'adolescente a laissé deux lettres à ses parents expliquant son geste par le fait qu'elle n'avait pas été autorisée à se couper les cheveux.

Sous surveillance. Le 1er octobre 1942, Édouard Herriot, le maire suspendu, est arrêté à son domicile, à 7 heures, et conduit à sa villa de Brottel, près de Crémieu, où il est gardé par vingt-cinq inspecteurs.

Engrenage. Le 10 janvier 1943 à 14 h 15, sept jeunes gens tendent un piège près du tunnel de la Croix-Rousse et tirent sur trois soldats allemands, dont deux sont tués. Le lendemain, le commissaire de permanence est appelé pour faire transporter à la morgue les corps de vingt-deux otages, exécutés en représailles au cours de la nuit, au siège de la Gestapo, avenue Berthelot.

n° 14

Du cinquième au rez-de-chaussée. Le 31 juillet 1977, suite à de grosses pluies, un immeuble de cinq étages donne, depuis le matin, quelques signes d'insécurité. Vers 19 heures, les pompiers font évacuer les locataires. Trop tard pour certains, puisque le lendemain trois cadavres sont retirés des décombres.

n° 18

Nouvelle menace. Le 17 janvier 1984, en raison de craquements survenus dans cet immeuble, les pompiers décident de faire évacuer soixante-dix locataires, qui regagneront leur domicile le lendemain. Mais une villa mitoyenne a dû être démolie.

n° 22

L'heure du laitier. Quand le laitier vient livrer, comme tous les jours, les habitants de l'immeuble, le 11 novembre 1896, il ne remarque rien en montant les étages, mais découvre, en redescendant, le corps d'une locataire, Irma Demonfaucont. Elle vient de quitter l'appartement d'un voisin qui était son amant. Morte d'amour ?

n° 38

Par la fenêtre. Le 30 novembre 1991 vers 17 h 45, Djamel Kouki, 25 ans, gare sa voiture devant l'immeuble sur un couloir de bus. Un homme s'approche et lui tire une balle dans la tête par la vitre baissée. Le meurtrier arrêté plus tard, Guy L., expliquera seulement que sa victime avait regardé sa compagne de manière trop insistante.

n° 60

Les godillots sont lourds. En rentrant à pied à leur cantonnement de Sathonay, le 8 mai 1930, des militaires du 28e régiment de tirailleurs tunisiens se reposent un instant, tout harnachés, devant cet immeuble. L'un d'eux glisse et se noie dans le Rhône, entraîné par son sac à dos et ses brodequins.

Ivry (rue d') 21

n° 11

Ils ont tué Françoise. Françoise Arnaud, désespérée du départ de son mari au front, tente une première fois de se suicider à coups de revolver. Hospitalisée et de retour chez elle, elle se jette par la fenêtre, en janvier 1915.

Lassalle (rue Philippe-de-) 22

n° 25

Déchiquetée. On ne saura jamais pourquoi Jeanne Chamard, ancienne institutrice de 77 ans, est morte le 28 septembre 1979, vers midi, déchiquetée par l'explosion d'un colis qu'elle venait de recevoir, mais adressé à sa fille.

Millaud (rue Édouard-) (anc. rue Projetée-des-Tapis) 23

n° 3

Somnambule ? Au petit matin du 31 mai 1956, M. Sibut découvre dans la cour de son immeuble un bébé grièvement blessé, qui ne survivra que quelques heures. La fillette de 15 mois, Jacqueline P., est apparemment tombée du troisième étage. En fait, elle avait été jetée par la fenêtre par sa sœur aînée, âgée de 10 ans, qui ne supportait pas ses pleurs. « Elle est somnambule », dira sa mère.

Pailleron (rue) 24

n° 19

L'enfance brûlée. Vers 22 heures, le 16 février 1973, le feu prend au quatrième étage de cet immeuble vétuste. Deux enfants, Fabrice et Michaël, 1 an et 1 an et demi, meurent carbonisés. Sans doute à cause d'un appareil de chauffage défectueux.

Serin (montée de) 25

Poignardé deux fois. Le 8 juillet 1796, un voyageur corse, Pancrace d'Istria, est poignardé par un inconnu, alors qu'il s'apprête à prendre le coche pour Paris. Seulement blessé, il est transporté à l'Hôtel-Dieu où, cinq jours plus tard, il est à nouveau poignardé dans son lit, qui porte le numéro 136. Et cette fois il en meurt. On ne saura jamais qui l'a condamné à mort, ni pourquoi. Il serait cousin de Bonaparte.

n° 19

Collecte. Le feu prend vers 20 heures, le 21 avril 1898, sous le toit d'une maison de bois qui abrite 25 ménages ouvriers travaillant à l'usine Gillet toute proche. Il n'y a pas de victime, mais 54 enfants sont à la rue, qu'il faut reloger provisoirement au groupe scolaire voisin. Devant la détresse de ces familles, le journal *Le Progrès* organise une collecte et verse 500 francs.

Soulary (rue Joséphin-) 26

n° 7

Maire tagué. Michel Noir, maire de Lyon et ministre du Commerce extérieur, retrouvait, le 25 mai 1987 devant son domicile, sa voiture personnelle, une R25 turbo, couverte de décalcomanies et peinte aux couleurs orange, bleue et jaune. Une semaine auparavant, celle de sa fille, une R5, avait eu deux pneus crevés.

n° 10

Égorgée pour 4 francs. Le 4 août 1978, on découvre, égorgée dans son lit, Blanche Theureau, 68 ans. L'appartement a été fouillé, son porte-monnaie vidé. Son meurtrier, un voisin de 25 ans, arrêté quelques jours plus tard, avouera n'avoir emporté que quelques paquets de cigarettes et 4 francs.

n° 35

Liberté très surveillée. Le 2 août 1972, Robert Delogeart, 44 ans, est retrouvé mort dans le caniveau, devant son domicile, près des quais du Rhône, abattu de sept balles de pistolet. Mêlé à un trafic d'armes, il était récemment sorti de prison.

Tabareau (place) 27

n° 23

Éventrée. Le 15 août 1990, on découvre dans son appartement du quatrième étage Mme Marie Delatte, 82 ans, éventrée dans sa cuisine. Toutes les pièces ont été fouillées et son porte-monnaie a été vidé.

Tapis (place des) 28

Désillusion. Alors qu'en ce 22 mars 1871 le drapeau rouge flotte aux fenêtres de la mairie, un millier de gardes nationaux, à l'origine du mouvement insurrectionnel, essaient de croire que l'instauration d'une « Commune de Lyon » est encore possible. Mais le cœur n'y est plus : fusils en faisceaux, ils fument la pipe et jouent aux boules.

Thévenet (rue Louis-) 29

n° 16

Le témoin de trop. Parce qu'il sent monter chez sa compagne, Sandrine D., l'envie d'une rupture, Pierre Mazoyer la tue au couteau dans leur appartement au cours de la nuit du 3 au 4 juillet 2004. Puis il s'en va acheter une cantine dans laquelle il enferme le cadavre, avant d'aller signaler au commissariat la disparition de son amie. Mais en allant jeter, au petit matin du 9 juillet, son encombrant fardeau dans les eaux du Rhône, sous le pont de la Mulatière, il est aperçu par un pêcheur. Il ne lui reste plus qu'à faire disparaître ce témoin gênant, Yoland Wullaert, 52 ans. Ce qu'il fait à coups de marteau, avant de jeter également son cadavre dans le Rhône.

5e ARRONDISSEMENT

Angile (rue de l') ❶

L'étourdi. En 1602, cette rue qui abrite 18 ateliers avec 43 métiers à tisser est si mal entretenue que le consulat prend un arrêté faisant injonction aux habitants de « purger ce passage des immondices qui sont en plusieurs endroics par la faulte de plusieurs qui les laissaient croppir devant leurs maisons ». C'est également dans cette rue et dans une salle de jeu de paume que Molière donne la première représentation de *L'Étourdi* en 1655.

Belvédère (place du) ❷

Jeux interdits. Vers 17 heures, le 17 avril 1938, Simone Richerme, 12 ans, joue dans un terrain vague avec un garçonnet de son âge, Charles J., qui lui lance un défi : « Tu ne franchiras pas la barrière tant que je serai là. » La gamine croit à un jeu, s'élance et meurt d'un coup de couteau au cœur.

Bœuf (rue du) ❸

La roue tourne. Le 5 juillet 1692, on découvre dans la cave de la Taverne du bœuf, située à l'angle de la place Neuve-Saint-Jean, les corps du marchand de vin, Alain Cordier, et de son épouse Claudine. Massacrés à coups de serpe, retrouvée sur les lieux. L'enquête piétinant, il est fait appel à un sourcier dauphinois, Jacques Aymar, dont la baguette de coudrier conduit les enquêteurs jusqu'à la prison de Beaucaire, où il désigne un jeune garçon de 19 ans, Joseph Arnoud, bossu de son état, comme étant l'un des assassins de la rue du Bœuf. Ce qu'admet le jeune homme, avant de périr par le supplice de la roue sur la place des Terreaux.

Étoile jaune. Sans autre forme de procès, des Allemands tirent sur un israélite, M. Mayer, vers 13 heures, le 11 juin 1943. Il meurt à l'hôpital en fin d'après-midi.

n° 6

Alchimage. L'alchimiste italien Giovanni, dit Monsieur Jean, avait dans cette rue son cabinet, où il reçut Louis XII. Le « mage » Philippe y installa une officine au XIIIe siècle.

5e ARRONDISSEMENT

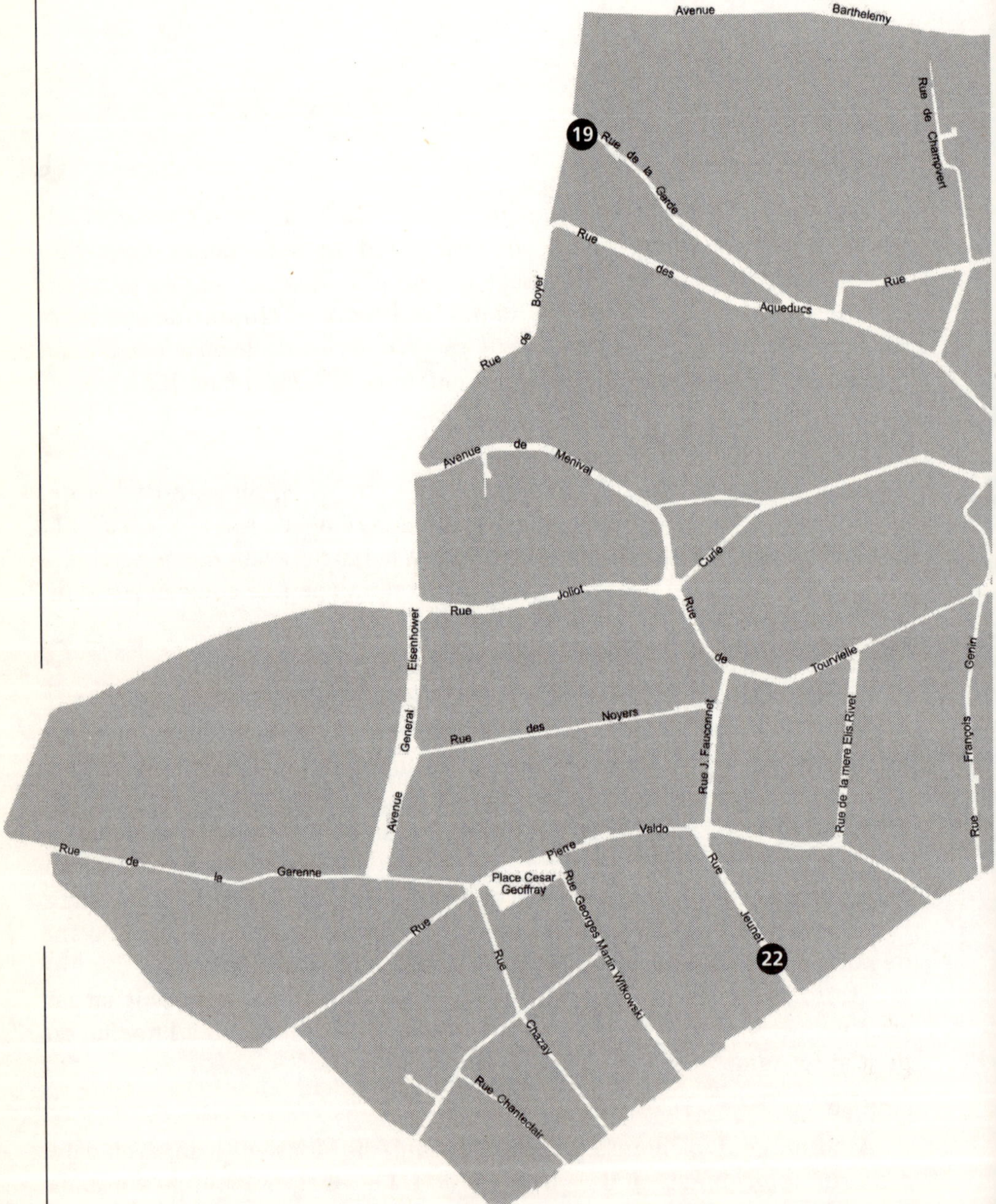

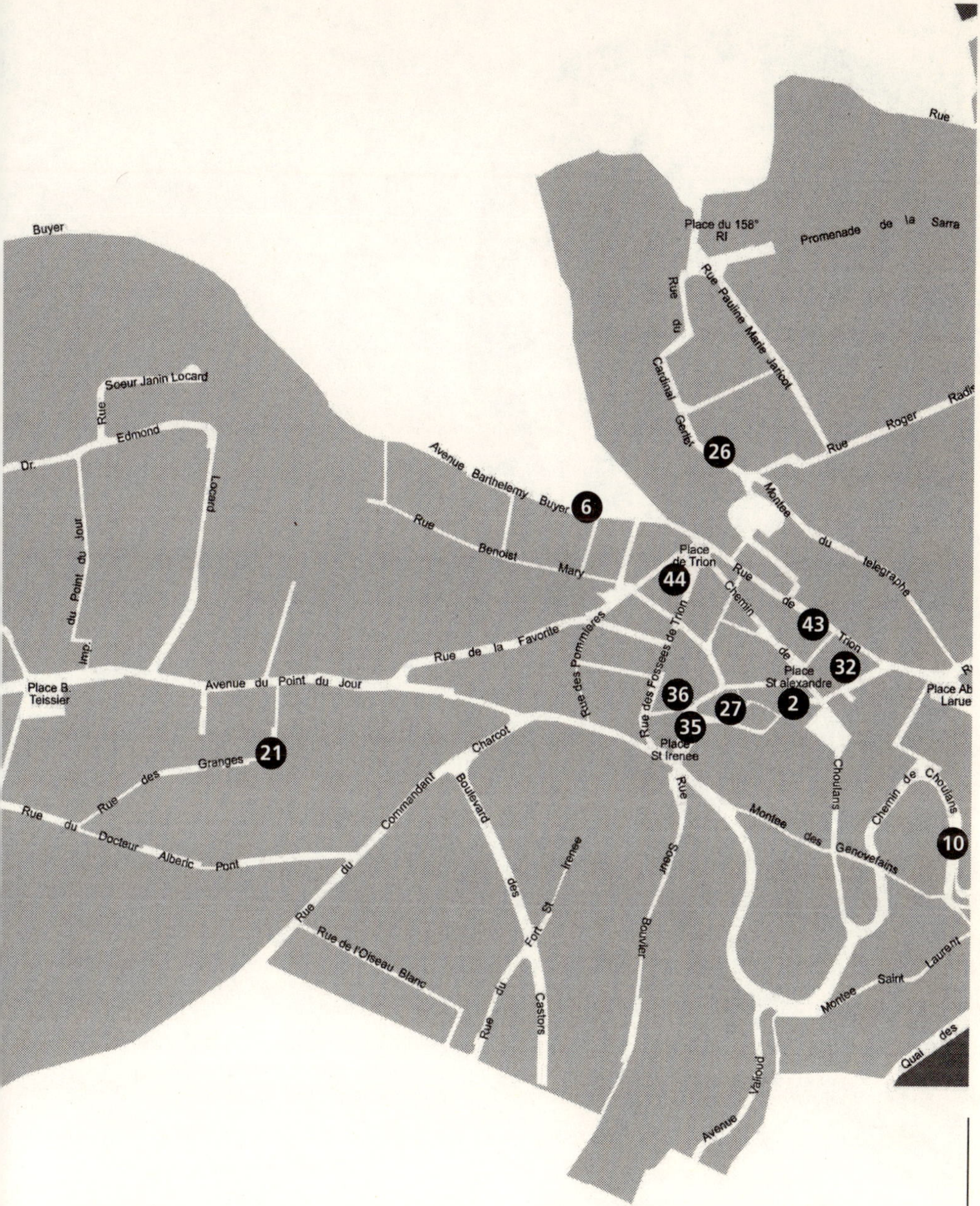

❶ Angile (rue de l')

❷ Belvédère (place du)

❸ Bœuf (rue du)

❹ Bombarde (rue de la) (anc. rue Porte-Froc)

❺ Bondy (quai de) (anc. rue de la Saônerie)

❻ Buyer (avenue Barthélemy-)

❼ Carrand (rue Louis-) (anc. place de la Douane)

❽ Change (place du)

❾ Chemin-Neuf (montée du)

❿ Choulans (montée de)

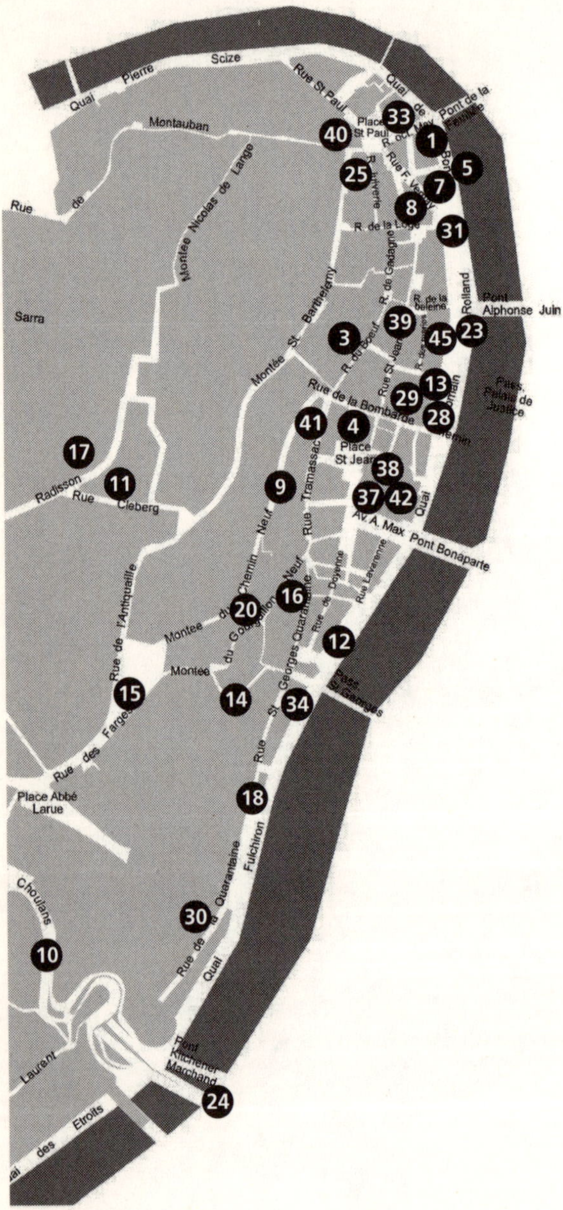
Quai Pierre Scize
Rue St Paul
Quai de
Pont de la
Place St Paul
Montauban
Rue de
Montée Nicolas de Lange
R. de la Loge
R. de Gadagne
Rue F. Vernay
Montée St. Barthélemy
Sarra
R. de la baleine
Rolland
Pont Alphonse Juin
R. du Bœuf
Rue St Jean
Rue de la Bombarde
Pass. Palais de Justice
Place St Jean
Radisson
Rue Cleberg
Rue Tramassac
Chemin Neuf
Quai
Av. A. Max
Pont Bonaparte
Rue de l'Antiquaille
Montée du Chemin Neuf
Montée du Gourguillon
Rue Saint Georges
Rue Quarantaine
Rue du Doyenné
Rue Laveranne
Pass. St Georges
Montée
Rue des Farges
Place Abbé Larue
Fulchiron
Rue de la Quarantaine
Choulans
Quai
Pont Kitchener Marchand
Laurent
Quai des Etroits
1
3
4
5
7
8
9
10
11
12
13
14
15
16
17
18
20
23
24
25
28
29
30
31
33
34
37
38
39
40
41
42
45

- 11 Cléberg (rue)
- 12 Crépu (place Benoît-)
- 13 Duquaire (place Paul-)
- 14 Épies (montée des)
- 15 Farges (rue des)
- 16 Ferrachat (rue)
- 17 Fourvière (place de)
- 18 Fulchiron (quai)
- 19 Garde (rue de la)
- 20 Gourguillon (montée du)
- 21 Granges (rue des)
- 22 Jeunet (rue)
- 23 Juin (pont Alphonse-) (anc. pont du Change-de-Pierre-de-Saône)
- 24 Kitchener-Marchand (pont)
- 25 Lainerie (rue)
- 26 Loyasse (montée de)
- 27 Macchabées (rue des)
- 28 Palais de justice
- 29 Palais-de-Justice (rue du)
- 30 Quarantaine (rue de la)
- 31 Rolland (quai Romain-) (anc. quai de l'Archevêché, en 1903)
- 32 Saint-Alexandre (place)
- 33 Saint-Éloi (rue)
- 34 Saint-Georges (rue)
- 35 Saint-Irénée (place)
- 36 Saint-Irénée (rue) (pour un tronçon : anc. rue Vide-Bourse)
- 37 Saint-Jean (cathédrale)
- 38 Saint-Jean (place)
- 39 Saint-Jean (rue)
- 40 Saint-Paul (place)
- 41 Tramassac (rue)
- 42 Trinité (place de la)
- 43 Trion (rue de)
- 44 Trion (place de)
- 45 Trois-Maries (rue des)

Bombarde (rue de la) (anc. rue Porte-Froc) ❹

n° 3

Faux curé. Vers 3 heures du matin, le 13 avril 1997, une locataire de l'immeuble entend hurler à l'étage inférieur : « J'ai tué le curé, j'ai tué le curé. » C'était vrai. Sauf que son voisin, Jacques Michel, 66 ans, n'était pas prêtre, même s'il se faisait appeler frère Michel et portait la soutane. Et il venait d'être tué à coups de canne par l'un de ses protégés, Juan A., 44 ans, en permission de sortie de l'hôpital psychiatrique.

n° 6

Vieux de la vieille. Des ouvriers, sur un chantier de fouilles, découvrent des ossements, le 20 août 1975. Selon les experts, il s'agirait de cadavres datant du XVIe siècle.

Bondy (quai de) (anc. rue de la Saônerie) ❺

La valeur n'attend pas. Le 26 avril 1818, un homme et son cheval sont entraînés par le courant de la Saône en crue. Trois enfants, dont le plus âgé a 15 ans, parviennent à sauver le malheureux. Pas le cheval.

Un tour de cochon. Sur ce quai, dont les immeubles étaient bâtis au bord de la Saône et contre la colline, se dressait l'hôtel du Porcelet, très prisé par les voyageurs. En 1540, son plafond s'effondre, tuant sur le coup trois gentilshommes bourguignons. Ce qui leur valut ce refrain : « Trois adonis dans leur jeunesse verte gisent ici. Lyon pleure leur perte. »

Buyer (avenue Barthélemy-) ❻

n° 123

L'OL à pied. Le 10 janvier 2002, le président de l'Olympique Lyonnais, Jean-Michel Aulas, se fait braquer vers 20 heures, devant les bureaux de son entreprise, la CEGID, par deux hommes armés, qui repartent au volant de son Audi A8, sans même lui demander d'autographe.

Carrand (rue Louis-) (anc. place de la Douane) ❼

De droit divin. Dans cette rue où, du XVIe au XVIIIe siècle, la Douane était installée, une émeute éclate le 5 décembre 1632, à la suite d'une augmentation subite des droits de douane. Le peuple, après avoir pillé l'hôtel des douanes, fait un feu de joie avec les papiers et les registres qui s'y trouvent. Le consulat parvient à apaiser les émeutiers en promettant le report de l'augmentation. Ce qui n'empêche pas le roi de punir les révoltés et de condamner cinq d'entre eux à être pendus.

Change (place du) 8

Ça coule à flots. Pour accueillir le roi Charles VI, la ville est en fête ce 14 octobre 1389, au point qu'une fontaine a été élevée sur la place qui, durant les cérémonies, débite gratuitement du vin blanc et du vin clairet pour désaltérer les passants. Mais deux hommes de grande taille « déguisés en sauvages » sont là pour éloigner les buveurs excessifs.

n° 3

Le gaz part. En décidant de mettre fin à ses jours, le 6 janvier 1933, une commerçante de 58 ans, Mme R., ne songe pas qu'elle a loué, la veille au soir, à un jeune ménage la chambre du premier étage contiguë à la sienne. Elle arrache le tuyau de son radiateur et attend la mort, sans penser que le gaz allait s'infiltrer sous la porte de ses nouveaux locataires. Elle meurt au petit matin, et sa voisine, Mme Carrier, 21 ans, est gravement intoxiquée. Le mari de cette dernière, parti tôt au travail, a échappé aux effluves.

Chemin-Neuf (montée du) 9

Arrêtés, jugés, exécutés. C'est dans une salle baptisée L'Alcazar, que dix résistants, arrêtés le matin à Écully et à Vancia, sont interrogés par la Milice, le 18 février 1944. Le lendemain, ils sont jugés par la cour martiale de la milice de Lyon et exécutés le jour même au fort de la Duchère.

n° 51

Garde basse. Le 19 février 1943, Guy Bernard, 25 ans, qui tentait de s'évader du siège de la franc-garde, permanence de la Milice, est abattu de trois balles de mitraillette.

Choulans (montée de) 10

Ça lâche. Le 26 novembre 1913, le mur de soutènement d'une brasserie s'effondre et tue une fillette de 13 ans. Sa sœur, blessée, meurt peu après.

Cléberg (rue) 11

Fondation de Lyon. En 43 avant notre ère, sans doute le 10 octobre, Munatius Plancus pose la première pierre de ce qui va devenir la colonie de Lugdunum. Une stèle a été érigée dans cette rue, à l'angle de la montée du Cardinal-Decourtray (ancienne montée de Fourvière) le 10 octobre 1958 pour commémorer le bimillénaire de cet événement.

Crépu (place Benoît-) 12

Ça pousse. Le 12 juillet 1955, un camion chargé de 14 tonnes de gravier percute un trolleybus à l'arrêt. Dix-sept passagers sont blessés.

n° 12

Dans un fauteuil. Dans la boutique d'antiquités qu'il exploite dans ce quartier Saint-Georges, Jean-Cornélius Hizbrinn est retrouvé mort le 12 juin 1962, en sous-vêtements, assis dans un fauteuil crapaud Napoléon III. Ses vêtements sont posés sur un tabouret, ainsi que ses papiers et une somme de 290 francs. En raison de sa réputation, les enquêteurs penchent pour la vengeance d'un homosexuel.

Duquaire (place Paul-) ⓭

Redresseuse de torts. Rebelle, l'épouse de Rolin Robigoys ne supporte pas les injustices. Estimant que les sergents de l'archevêque n'avaient pas à mettre sous séquestre la cargaison d'avoine d'un marinier, qui avait amarré son bateau sur la Saône, elle jette à la rivière la croix plantée dans le fourrage et emporte celui-ci chez elle, en février 1435, pour le restituer à son propriétaire.

Premiers procès. À cette adresse sans numéro, s'élève le palais de justice de Lyon, appelé naguère palais de Roanne et baptisé à Lyon « les vingt-quatre colonnes », que l'on doit à l'architecte Baltard.

177. Premier procès qui voit la condamnation des quarante-huit chrétiens qui finissent martyrs, tels Blandine et Pothin.

An 1000. Le premier tribunal est érigé autour de cette date. Quoi qu'il en soit, la justice y est rendue à compter de 1307, « au nom de Dieu et du Roi ».

1435. Charles V y établit la royale sénéchaussée, une bâtisse d'imposante allure, avec ses quatre tours d'angle.

31 août 1572. Saint-Barthélemy lyonnaise. « Sept à huit vingt huguenots sont occis sans bruit ni émeutes, soit sept à huit fois vingt », soit environ 140 à 160.

1622. Le palais de Roanne est la proie des flammes. Il est restauré en 1627, sans ses tours. Mais c'est en 1835, le 28 juillet, qu'est posée la première pierre de l'actuel palais, qui abrite encore la cour d'appel et la cour d'assises.

1642. Jugement et condamnation à mort du marquis de Cinq-Mars et de son ami de Thou.

23 janvier 1945. Jugement et condamnation à perpétuité de Charles Maurras, le chantre de l'Action française.

3 juillet 1987. Condamnation à perpétuité de Klaus Barbie.

juin 1989. Condamnation à perpétuité des leaders d'Action directe, André Olivier et Max Frérot.

Questionnaire musclé. 1536 est l'année où Lyon doit abandonner toute velléité de devenir capitale de la France. Pourtant François Ier vient, par ordonnance, de signer l'acte de naissance véritable de la soierie lyonnaise en interdisant les importations de velours génois et accordant aux marchands et financiers privilèges et exemptions fiscales. Mais il perd ici son fils bien-aimé. Le médecin Rabelais conclut à une mort due à quelque colique provoquée par l'absorption d'eau trop froide servie par l'hôte du roi, le comte Sebastiano Montecucolli. Les médecins Myron et Champier concluent, eux, après autopsie, à un empoisonnement. Dûment « questionné » au palais de Roanne (actuel palais de justice), prison commune au consulat et au roi, Montecucolli ne peut qu'avouer son forfait et ses relations avec Antoine de Lève, lieutenant de Charles Quint, ennemi juré de François Ier. On trouve même l'argent du « contrat » chez lui, rue du Plat (10 000 écus pour le fils, 20 000 pour le père). Le corps du criminel moribond est traîné à travers la ville, écartelé, pendu aux quatre portes de la ville et sa tête fichée au bout d'une lance sur un pont du Rhône.

Grève sanglante. Autour du palais de justice débute la seconde révolte des canuts, le 9 avril 1834, parce qu'on y juge des ouvriers en soie, en grève à cause d'une diminution de leur salaire décidée par les « fabricants ». Des barricades sont dressées rue Saint-Jean, la troupe ouvre le feu. Un agent de police est mortellement atteint et l'on dénombre plusieurs blessés. La seconde révolte de Lyon, baptisée « la semaine sanglante » va durer six jours et s'étendre à tous les quartiers de Lyon. La troupe n'arrive à ses fins que le 15 avril, avec un lourd bilan : plus de 300 morts, dont 119 soldats et 12 officiers. Des révolutionnaires sont même abattus dans l'église Saint-Bonaventure. Cinquante-deux manifestants lyonnais sont jugés à Paris en juillet 1835 et condamnés le 30 août. Les peines sont de deux à vingt ans de détention et, pour sept d'entre eux, ce sera la déportation. Neuf sont acquittés.

À l'eau, platte. Le 31 janvier 1917, une « platte » chavire sur la Saône. Ce radeau couvert, servant aux lessives, appartenait à la veuve Dupin et était exploité par M. Michaux. Il est victime de l'ouverture du barrage de la Mulatière, visant à éviter la prise du gel. La baisse du niveau de l'eau lui est fatal. Il se fracasse sur les rives du fleuve.

Nuit bleue. Une bombe explose vers 1 heure du matin, le 3 octobre 1984, devant la porte du tribunal de grande instance de Lyon brisant beaucoup de vitres dans le quartier. D'autres explosions ont lieu la même nuit visant des banques dans le centre de la ville (BNP, Crédit Lyonnais, Banque Populaire mais également Air France et l'EDF). Huit attentats en tout, plus trois autres engins qui n'ont pas explosé. Actions attribuées au FLNC à la veille du procès d'indépendantistes corses qui doit s'ouvrir à Lyon.

Épies (montée des) ⓮

Esprits trouillards. En cette année 1894, M. R. entend des bruits insolites dans son appartement, surtout quand il est allongé dans son alcôve. Quelques patrouilles attentives des gardiens de la paix suffisent à éloigner les esprits frappeurs.

Farges (rue des) ⓯

Croisade. L'église Saint-Just, qui s'y trouve, a connu bien des déboires au fil des siècles. Détruite une première fois par les Vikings, une seconde par les Sarrasins en 730 et une troisième par les guerres de Religion en 1560, elle fut toujours restaurée ou reconstruite. Saint Louis y assiste à la messe, avant son départ pour la septième croisade. Bertrand de Got y est élu pape sous le nom de Clément V (voir montée du Gourguillon) et Louise de Savoie nommée régente du royaume.

n° 31

Tranchées prolifiques. Marie Rossignol, femme Seignol, recelait, en 1915, des vêtements militaires que son amant lui envoyait du front.

Ferrachat (rue) ⓰

La chair est faible. Sur ordre de l'archevêque, les prostituées du quartier Saint-Georges, attirées ici par les « étuves », sont rejetées vers la rue Ferrachat, au début de l'année 1500, sur plainte des riverains. Plusieurs prêtres et chapelains, appelés à traverser la contrée, avaient succombé à leurs charmes.

Fourvière (place de) ⓱

Rendez à César. À l'équinoxe de printemps en 58, Jules César, gouverneur de la Gaule narbonnaise, décide la conquête du reste du pays. À la tête de six légions, il franchit le Rhône à Vienne et installe son premier camp de guerre sur la colline de Fourvière. C'est Lugdunum, *dunum* pour colline et *lug* pour soleil.

Épargné ? Surnommé l'Aimable Désiré, et envoyé à Lyon par Polycarpe au IIe siècle de notre ère, Pothin est épargné puisqu'il ne fait pas partie des 48 martyrs sacrifiés en 177 à l'amphithéâtre des Trois-Gaules. Mais il meurt la même année, nonagénaire, épuisé par les sévices et les privations, dans un cachot de Fourvière si étroit que l'on ne pouvait s'y tenir que debout et immobile.

Maçons pyrotechniciens. Les cléricaux qui devaient tirer depuis l'esplanade un feu d'artifice, le 31 mai 1897, en l'honneur de Jeanne d'Arc, furent surpris de voir éclater dans le ciel ces lettres lumineuses : « À Jeanne d'Arc brûlée par les prêtres. » Le feu avait été piraté par les membres de la loge maçonnique du Gourguillon.

Charité mal ordonnée. En 1833, onze « dangereux individus » qui mendient devant l'église sont arrêtés *manu militari* pour vagabondage et jugés. La plupart ont plus de 50 ans, et certains plus de 70 ans.

Premier fait divers. C'est ici qu'eut lieu sans doute le premier fait divers de la cité, en l'an 64 : l'incendie de la ville. Il suivait celui de Rome.

Néron accorda 4 millions de sesterces aux Lyonnais, somme équivalente à celle acquittée par les Lyonnais pour l'incendie de Rome deux ans auparavant.

571. La première épidémie de peste décime la ville. La même année, un incendie ravage plusieurs quartiers, avant qu'en 580 une inondation renverse une partie de ses murs.

1630. Le 20 mai, lundi de Pentecôte, la reine Anne d'Autriche monte à Fourvière sans se faire annoncer. Elle trouve porte close et les gens de sa suite forcent les serrures.

1828. Le 22 juillet, 23 pigeons sont lâchés sur l'esplanade en direction du nord. Quatorze périssent en route, mais c'est le début des pigeons voyageurs.

Foudre et goupillon. En ce 14 juillet 1982, un orage éclate sur Lyon. Pendant les 50 minutes qu'il dure, 500 appels arrivent au standard des pompiers. Huit salles de cinéma sont évacuées. La foudre fait partir quarante des fusées du feu d'artifice installées dans les jardins de Fourvière.

Le grand saut. Sous les yeux horrifiés de plusieurs touristes, une jeune femme de 24 ans se jette dans le vide, le 2 octobre 2002 à 15 h 30, depuis la tour de la Basilique. Elle avait dans les bras sa fillette de 8 mois. Un saut doublement mortel de 50 mètres. Avant de sauter, elle avait pris le temps d'écrire sur la pierre, au crayon-feutre et en anglais : *Don't worry, be happy*, soit « Ne vous en faites pas, soyez heureux » et encore ces mots en français : « Obligée de tuer pour mourir. » Mère célibataire, elle vivait dans un grenier à la Croix-Rousse et avait été hospitalisée pour une dépression.

n° 1

Poste restante. C'est au siège de l'archevêché, domicile de l'archevêque de Lyon en fonction, que, durant sa longue cavale, l'ancien chef de la milice de Lyon, Paul Touvier, se faisait adresser son courrier sous le faux nom de Paul Berthet, et ce aux bons soins d'un prélat qui y demeurait aussi, Paul Duquaire. Jusqu'à ce qu'il soit arrêté, le 24 mai 1989, dans un prieuré proche de Nice et condamné le 20 avril 1994 par la cour d'assises de Versailles à la réclusion criminelle à perpétuité.

Fulchiron (quai) 18

n° 17

Jusqu'au bout. La course folle d'un repris de justice à bord d'une voiture volée s'achève vers 20 heures, le 19 février 1996, devant cet immeuble, non loin de l'église Saint-Georges, par la mort d'un policier de 33 ans, Patrick Fillon, père de deux enfants. La journée du truand a commencé par deux hold-up commis à Anse, puis à Dardilly, avant qu'il ne soit repéré à Vaise où il s'empare de force de la voiture d'une jeune femme. S'ensuit une course-poursuite en sens interdit, à contre-courant de la circulation sur les quais de Saône depuis Vaise jusqu'à Saint-Georges. En roulant, le truand, Jean-Pascal Aldrovandi, 32 ans, provoque de nombreux accidents pour se retrouver pont Bonaparte sur le toit du véhicule. Alors qu'il cherche à voler une nouvelle voiture, il est rejoint par deux motards sur lesquels il tire à l'aide de ses deux armes de poing. L'un est tué, l'autre blessé, mais lui aussi, puisqu'il reste paralysé à vie. Il est cependant condamné par la cour d'appel de Grenoble, le 13 mai 2002, à la réclusion criminelle à perpétuité, dont quinze ans de sûreté.

n° 35

Jeux dangereux. En s'amusant à se bousculer sur les bords de la Saône, le 14 septembre 1897, deux adolescents tombent dans la rivière qui est en crue. Les cadavres de Benjamin Blanchard, 16 ans, et d'Aimé Faurie, 17 ans, sont retrouvés quelques jours plus tard à Pierre-Bénite.

Garde (rue de la) ⓳

n° 3

Amateurs. Des apprentis malfrats, équipés de pistolets de petits calibres et casques intégraux, se présentent au magasin Express de Mme Jean, qui leur explique calmement qu'elle n'a pas d'argent en caisse. Penauds, ils se rendent alors à la boulangerie de la rue Louis-Loucheur (9e), où la propriétaire, optant pour le hurlement, les met en fuite. Triste 31 décembre 1982. Enfin, pas pour tout le monde.

Gourguillon (montée du) ⓴

Main lourde. Le 26 janvier 1440, un attroupement se forme devant la boutique de Hugon Dodin, revendeur. Les visiteurs du métier, désignés par leurs pairs, viennent en effet le verbaliser pour avoir trafiqué ses poids, de façon à augmenter le prix de ses marchandises, fixé, pour chaque profession, par l'archevêque et le consulat.

Perle rare. Le 13 novembre 1305, le pape Clément V, qui vient de se faire couronner dans l'église des Macchabées à Saint-Just, est éjecté de son cheval par la chute d'un balcon surchargé de spectateurs. La légende veut que le souverain pontife ait perdu, dans sa chute, une perle de sa couronne. Les Lyonnais la recherchent toujours, depuis sept cents ans. Il y eut douze morts en tout, dont Jean, duc de Bretagne, et Gaillard de Got, frère du pape. Le roi Philippe le Bel, qui conduisait par la bride la monture du pape, échappa à la mort... par miracle.

Lapine autoritaire. Au début de cette artère qui grimpe du quartier Saint-Jean au sommet de la colline de Fourvière, un chiffonnier, napolitain d'origine, Léon Collini, occupe trois pièces mansardées, dans lesquelles il entasse les trésors découverts dans les poubelles du quartier. Dans ce qu'il a baptisé « cabinet de travail », il élève des lapins en liberté. C'est ici, où son épouse n'avait pas le droit de pénétrer, que les policiers découvrent, le 24 mai 1936, le cadavre de sa maîtresse, Maria, italienne comme lui. Découpé en seize morceaux empaquetés dans du papier journal. Seule manque la tête, jetée dans la Saône à la Mulatière. Comme unique explication, Collini assure que ce meurtre lui a été ordonné par Alexandrine, sa lapine préférée. Il est condamné aux travaux forcés à perpétuité, mais remis en liberté pour bonne conduite en 1952.

n° 2

Imprudente. Yvonne Prudent, 68 ans, a ouvert sa porte à un inconnu le 19 juin 1968 vers 13 heures. Avant de mourir étranglée, elle a été battue. Sans doute pour qu'elle révèle la cache de ses économies.

n° 35

À trois contre un. Raymond Gentier descend de la colline, le 9 janvier 1938 vers 20 heures. Il aperçoit trois voyous agressant un jeune commis laitier pour le détrousser de sa maigre recette. Il s'interpose, mais se fait rosser à son tour, au point qu'il doit se réfugier chez l'épicier tout proche, où les agresseurs le suivent.

n° 43

Samson avoue. Le 31 janvier 1892, Clotilde Berthéas, une prostituée connue sous le surnom de Beaudesson, est retrouvée morte chez elle, étranglée et bâillonnée avec ses bas. L'enquête mettra plus d'un an pour retrouver le coupable, Marius Dusseul, un athlète de 22 ans qui se produisait sur différentes scènes de Lyon, comme Le Casino, mais aussi à Paris et même à l'étranger, où il faisait admirer ses muscles sous le nom de Samson. Pour aller trousser et détrousser la péripatéticienne, il avait emprunté 7 francs à un copain à qui il les a rendus, mais qui a fini par le dénoncer. Il sera exécuté un peu plus tard devant la prison Saint-Paul.

Boucherie. Les deux chevaux de Michel Samagni, déménageur, ne peuvent retenir le tombereau chargé de meubles auquel ils sont attelés. Ils s'emballent dans la descente, le 20 avril 1922 vers 11 heures, et finissent leur course dans la vitrine du boucher de la rue Tramassac. Un cheval est indemne, l'autre doit être abattu sur place.

Granges (rue des) 21

n° 38

Intimidation ? Le 18 décembre 1977, Nicole Blanc-Jouvan, 46 ans, ouvre sa porte vers 9 h 30 à un pseudo-employé des PTT, qui s'est présenté à l'interphone pour lui livrer un colis. Deux hommes masqués et gantés la frappent sauvagement à coups de matraque, mais prennent la fuite en raison de ses cris et de ceux de sa femme de ménage.

Après l'assassinat du juge Renaud, en 1975, les policiers pensent que le milieu a voulu, par cette agression, faire pression sur son mari, Jacques Blanc-Jouvan, avocat général à la cour d'appel de Lyon.

Jeunet (rue) 22

Divorce radical. En mai 1992, Mme P., 61 ans, gît dans son salon, le crâne défoncé à coups de marteau. Son mari avoue : « Elle me brimait depuis trente-six ans et me traitait de bon à rien. »

Juin (pont Alphonse-) (anc. pont du Change-de-Pierre-de-Saône) 23

Le pont des soupirs. Cet édifice, qui relie la rive droite de la Saône à la presqu'île, était une véritable petite ville, avec ses boutiques (peintres, avoués, orfèvres et armuriers, et même sa chapelle). Commencé en 1076, et plusieurs fois démoli et reconstruit, il a vu passer maints cortèges royaux et princiers et a été le théâtre de nombreuses exécutions.

2 juin 1529. Jean Musy, maître de la ville pendant la Grande Rébeyne. Pendu.

23 mai 1562. Le père Gayette, gardien du couvent de Saint-Bonaventure. Massacré par les calvinistes.

21 décembre 1567. Les livres saisis chez les libraires protestants. Brûlés.

Fin août 1572. Le pasteur Jacques Langlois. Assassiné et jeté dans les eaux de la Saône. Aux nouvelles de la Saint-Barthélemy parisienne, se déclenchent à Lyon les Vêpres lyonnaises.

15 mars 1590. Le capitaine Mont-Griffon, accusé d'être l'adversaire de la Ligue. Exécuté sur ordre du consulat.

Et ce pont fut emprunté de toujours par les charrettes de condamnés à mort venant du palais de Roanne (palais de justice) au lieu des exécutions, place des Terreaux.

Mal masquée. Étiennette Bolier se fait arrêter le 16 janvier 1431, alors qu'elle revient de chez son amant, Étienne Monet, un prêtre dont elle avait revêtu la robe pour ne pas se faire repérer par le guet.

Sitôt dit, sitôt fait. Le 23 juillet 1627, un calviniste allemand, Thomas Aldendorf, casse, à 7 heures du matin, le crucifix de la croix qui se dressait sur ce pont. Arrêté par le peuple, il est conduit en prison, jugé et condamné à être pendu et brûlé là même où il a fauté.

Kitchener-Marchand (pont) 24

Trop vite armé. En 1934, une rixe éclate entre des ouvriers en grève, employés d'une entreprise du bas du chemin de Choulans, et des Algériens recrutés pour les remplacer. Un ouvrier, Gabriel Besse, est atteint de deux balles dans le ventre et en meurt. Vivier-Merle, secrétaire des syndicats, demande au préfet de s'inquiéter de « qui a armé ces manœuvres algériens arrivés à Lyon récemment ».

Lainerie (rue) 25

n° 10

Au paddock. Le 24 octobre 1972, le juge Claude Hanoteau met un terme aux activités d'un night-club réputé, les Escuries du Roy. Il fait en même temps fermer une demi-douzaine de lieux où se pratiquait la prostitution. À cette occasion, le nom d'un célèbre député UDR de Lyon, Édouard Charret, est évoqué, mais après plusieurs interrogatoires, le juge ne le mettra pas en accusation. Le député perdra cependant son siège à l'Assemblée nationale, aux élections suivantes, au profit de Jacques Soustelle.

n° 11

Avant Guignol. Dans une salle pouvant contenir à peine cent personnes, Laurent Mourguet ouvre, en 1810, un premier théâtre, avant celui de Guignol, où il montrait des Jocrisses.

Loyasse (montée de) 26

n° 4

Tuyau percé. Une explosion due à une fuite de gaz intervient le 18 novembre 1979 au milieu de l'après-midi. Une locataire, Mme Ben Hamounin, 46 ans, et ses trois filles de 9, 16 et 18 ans sont sérieusement brûlées.

Macchabées (rue des) 27

n° 68

Bizarre. Le 23 décembre 2001, on découvre dans son studio au deuxième étage, Marie-Josée Blanc-Gonnet, 40 ans, agent de service à l'hôpital Debrousse, égorgée et atteinte de 28 coups de couteau. Son compagnon, Hakem A., 27 ans, se présente au commissariat, lui aussi blessé, mais aux jambes, avec des explications qui n'ont pas convaincu les policiers.

Palais de justice 28

Pas de pardon. C'est près du palais de Roanne (actuel palais de justice) qu'éclate en 1208 une insurrection baptisée « Conjuratio » par l'archevêque Renaud du Forez. Ce dernier vient de violer la charte accordée aux citoyens de Lyon en 1206, qui leur octroie des allègements de droits et l'abandon de certains péages. Les émeutiers investissent le pont de Saône et les murailles de la Presqu'Île. Mais cette révolte, que lui reprochera le pape Innocent III, est brutalement brisée par le terrible archevêque. Elle fait de nombreuses victimes.

Le désespoir d'une mère. Alors qu'elle est convoquée chez le juge des enfants, M. Berger, pour s'entendre dire que la garde de ses enfants va lui être retirée, une femme sort de son sac, le 9 avril 1982, un pistolet d'alarme et fait feu sur le magistrat. Blessé légèrement à la main, le juge parvient à la désarmer et la laisse en liberté, sans revenir sur sa décision.

Les ennuis commencent. Le 29 mars 1994 à 14 h 30, c'est le début des ennuis pour le maire de Lyon. Michel Noir est mis en examen par le juge Philippe Courroye pour abus de confiance dans ce qu'on a appelé l'affaire Botton, du nom de son gendre.

Palais-de-Justice (rue du) 29

La fin des Jacobins. Le 4 mai 1795, malgré la présence de la troupe, la foule brise les portes du palais de justice, alors dénommé palais de Roanne, et massacre quarante et un Jacobins qui y étaient enfermés.

Le grand saut. Entendu dans une affaire d'attentats à la pudeur sur mineurs, un restaurateur de la rue des Marronniers, Christian M., 32 ans, ouvre la fenêtre du bureau du juge d'instruction Christian Riss (celui du procès Barbie) et se précipite dans le vide depuis le troisième étage, le 16 juin 1978.

Quarantaine (rue de la) 30

Bats ta femme. En l'église Saint-Laurent, au cours de son sermon de carême, en l'an 1498, le dominicain Simon Berthier conseille vivement aux chefs de famille de « battre de verges leurs femmes si elles portent braies » dans le ménage. L'imam de Vénissieux en a-t-il eu vent ?

Rolland (quai Romain-) (anc. quai de l'Archevêché, en 1903) 31

Efficace. Janin Prévôt, tenant auberge à l'enseigne de La Tête noire, a des démêlés avec la justice en mai 1429 pour avoir organisé les funérailles d'un marchand mort dans son établissement et opéré sa succession sans autorisation. Deux mois plus tard, il est victime d'un vol, dont l'auteur est pendu.

Sus aux jaunes. Deux afficheurs venus de Paris et logés à l'hôtel durant la grève des afficheurs lyonnais, qui dure depuis le 15 février, sont blessés le 7 mars 1930 par de mystérieux tireurs sur ce quai, alors dit « de la Bibliothèque ». Deux douzaines de coups de revolver sont tirés. Les tireurs sont arrêtés quelques jours plus tard, grâce au chauffeur de taxi qui les avait conduits sous la menace, tout en ayant été payé de sa course. Il s'agissait de quatre grévistes, qui avaient déjà fait la chasse à des « jaunes » italiens le 26 février.

Rien vu. Le 14 octobre 1974, sur les marches du palais de justice, un repris de justice, Robert C., 27 ans, abat d'un coup de revolver un ancien codétenu, Attilio Caminitti, et réussit à prendre la fuite. Aucun des magistrats ou avocats présents et témoins de la scène n'est capable de fournir le signalement du tueur. Celui-ci, arrêté plus tard, est condamné le 30 mars 1976 à quinze ans de réclusion.

n° 25

Miné par la chaleur. En 1903, en fin d'incendie, un palier en pierre miné par la chaleur s'effondre, précipitant dans le vide le sapeur Claude Boyer.

Saint-Alexandre (place) 32

Des alliés en soutane. Dans une pizzeria de cette petite place du quartier Saint-Just, des policiers de la DST appréhendent, le 1er février 1961, un homme qu'ils filaient depuis plusieurs mois. Ses papiers, au nom de Lemane, sont faux. Il s'agit en fait de l'abbé Davezies, soupçonné de transporter les valises du FLN pour le compte du réseau Jeanson. D'autres prêtres lyonnais, Carteron, Barthès, Magnin, Corre et Chaize suivront. D'où ce titre du journal *Paris-Presse* : « Lyon, tête de pont du FLN : ils ont des alliés en soutane ».

Saint-Éloi (rue) 33

Tête haute. Au cours de la nuit du 30 avril au 1er mai 1562, alors que le baron des Adrets vient de prendre Lyon à la tête des calvinistes, un des chefs catholiques soutient dans cette église un véritable siège contre les protestants. Il faut le canon pour le déloger, au point que ses adversaires le laissent sortir avec les honneurs de la guerre, tambourin battant et enseigne déployée.

Saint-Georges (rue) 34

Mais bénits. Le 14 mai 1549, des larrons volent à l'église Saint-Georges le ciboire et les soixante hosties qu'il renfermait. Pour avoir mangé ce mélange d'eau et de farine, ils sont le lendemain étranglés et brûlés.

Chapeau bas. Suite à une révolte des chapeliers de cette rue, trois d'entre eux sont condamnés à mort, en 1729.

Confession. Le 30 juin 1828, un homme pénètre dans l'église et brise les portes de deux confessionnaux. Arrêté le 2 juillet, l'auteur de cet attentat, un nommé Chilliat, est reconnu fou.

Crime célèbre. Relevé texto dans une gazette : « Le 1er septembre 1892, le quartier Saint-Georges, ordinairement si paisible, était mis en émoi par un crime sanglant. Délaissé par sa maîtresse, qui avait de bonnes raisons de ne plus vouloir de la vie commune, un marinier, nommé Bertrand, l'a frappée de trois coups de couteau qui lui ont fait d'horribles blessures. La malheureuse femme, Alice Lagarde, était en compagnie : fou de colère, Bertrand avait tapé dans le tas, ne sachant pas au juste s'il atteignait celle qu'il attendait depuis longtemps pour se venger. La victime a été transférée à l'Hôtel-Dieu dans un état désespéré. »

n° 30

Chapeau ! C'est dans cette maison dite de la Corne de Cerf que fut arrêté pour être exécuté, à la suite des troubles de 1786, l'ouvrier chapelier Sauvage. Son voisin, le chanoine de Cluny, provoqua et tua en duel le baron d'Yzeron.

n° 31

Le tigre blessé. Vers 7 heures du matin, une fusillade éclate, le 21 septembre 1962, entre les membres d'un gang soupçonné de plusieurs hold-up à l'OTL (transports en commun) et les policiers venus les arrêter à l'heure légale du lever du soleil. Un mort et deux blessés parmi les gangsters et un policier blessé, Gilbert Sommer, surnommé le Tigre, à la Sûreté urbaine.

n° 53

L'eau qui fait pschitt. En 1818, on découvre dans le puits de cette maison une eau minérale sulfureuse. Un médecin, le Dr Myèvre, est chargé de l'exploiter, mais l'établissement périclite quand on s'aperçoit qu'il s'agit de l'eau de la Saône, imprégnée de sels de teinture et de matières animales et végétales.

n° 86

Au violon. Le 30 avril 1986 vers 16 heures, un élève du conservatoire supérieur de musique se fait arracher, dans la rue, l'étui dans lequel il transportait son violon et son archet. Un instrument rare, datant de 1880 et estimé à 120 000 francs, et son archet à 30 000 francs. Les deux sont retrouvés deux ans plus tard chez un luthier parisien, qui les aurait achetés lui-même 5 000 francs à un autre musicien, qui affirma les avoir dégottés au marché aux puces.

n° 94

Avarice et luxure. Jean Crépin, dit Crépin-Crépin, riche propriétaire débauché, fut ici assassiné à près de 95 ans, en 1863, par sa maîtresse et son mari, dont il avait fait ses héritiers et qui s'impatientaient. Il était si avare qu'il signait ses quittances de loyer sur des affiches arrachées dans la rue.

Il pourrait avoir servi de modèle à Laurent Mourguet pour camper le personnage de Canezou, le propriétaire despote des histoires de Guignol.

Saint-Irénée (place) 35

Chacun chez soi. En 1489, l'épouse du maître barbier Hugues est agressée par Jean Marbeillarde, dont l'épouse de son côté corrige le valet du figaro. Le sergent Pierre Riton assiste à toute la scène de la boutique d'en face, celle du couturier. Sans bouger.

Saint-Irénée (rue) (pour un tronçon : anc. rue Vide-Bourse) 36

Ne pas perdre la tête. Lorsqu'en 1562 les protestants détruisent l'église qui se trouvait là, un chirurgien présent durant le pillage parvient à sauver, sous prétexte d'expériences, la tête de saint Irénée, conservée comme une relique, pour la cacher dans sa maison, par la suite démolie par les hérétiques. Après cette période de troubles, la tête du saint sera retrouvée parmi les décombres et portée solennellement à la cathédrale par l'archevêque de Lyon, Antoine d'Albon.

Saint-Jean (cathédrale) 37

Discrimination négative. C'est sans doute ici qu'est né le premier code pénal. En avril 502, peut-être le 4, concocté par le roi Gondebaud. En cas d'exaction, si l'on était esclave ou gardien de porcs, il fallait s'acquitter de 30 sous d'or, mais de 200 sous si l'on était orfèvre. Quant à la femme adultère, elle devait mourir ensevelie dans un marais.

La fuite des chanoines. Une révolte éclate au printemps 1269, qui oblige les chanoines de Saint-Jean à aller demander asile à leurs confrères de Saint-Just, que les émeutiers vont assaillir cinq fois en vain dans leur cloître fortifié. Aux cris de « Avant ! Avant ! Lion le Melhor », devise qui reste encore celle de Lyon. Devant cet échec, les émeutiers vont se lancer à l'assaut de quatre villages relevant de la justice de l'Église, se livrant au pillage, à l'incendie, au massacre et aux sacrilèges.

Coupables par procuration. En 1395, cinq officiers royaux, violant l'immunité du cloître (délimité par les rues actuelles de Saint-Jean, de la Bombarde, Tramassac, et par la Saône), prétendent débusquer le chef de chant de l'église et l'arrêter. Ne le trouvant pas, ils se vengent sur ses serviteurs et son clerc, Grégoire Vincent, et les emmènent en prison, sous le regard scandalisé des témoins.

Au son du canon. Le 14 octobre 1794, la grosse cloche de la cathédrale est descendue pour être fondue et transformée en canons, qui équiperont un vaisseau qui portera le nom de *Lyon.*

Saint-Jean (place) 38

Miracle. Déjà pillé deux fois en 1562 et 1792, le trésor de la cathédrale Saint-Jean est encore une fois visité durant la nuit du 14 janvier 1972. Des calices, des ivoires, des tapisseries des XIIe, XIIIe et XIVe siècles disparaissent, ainsi que la crosse de saint François de Sales. Le tout, estimé à 10 milliards de centimes, est retrouvé six jours plus tard par le cantonnier du village du curé d'Ars.

Saint-Jean (rue) 39

M'as-tu vu ? En tenue d'Adam, un homme couvert de boue, offre son corps aux eaux célestes. Deux heures plus tard, à 10 h 30, il revient sur les lieux de ses exploits, mais correctement vêtu cette fois, et dit qu'il voulait faire sortir de l'indifférence un monde qui ne le comprend pas, en ce mois de janvier 1983.

Bombe au palais. Le 8 février 1887, une bombe explose à la porte du palais de justice, rue Saint-Jean. Plusieurs agents sont blessés.

n° 19

Pour l'amour d'une sœur. Le 1er avril 1962, la foule est nombreuse lors du carnaval du vieux Lyon. Des conscrits en goguette, décrits par les passants comme des « blousons noirs », s'amusent à importuner des jeunes filles en balade. Un lycéen de 16 ans, Jean-Claude Ravel, s'interpose pour défendre sa sœur Joëlle, 15 ans. Il est poignardé et meurt quelques heures plus tard.

Son meurtrier, André E., sera condamné à vingt ans de réclusion par la cour d'assises du Rhône.

n° 68

Guerre artisanale. En pleine nuit, le 5 mars 1982, deux hommes se battent dans un appartement. À coups de couteau. On les retrouve morts tous les deux : Daniel Combas, 35 ans, plâtrier-peintre, et Émile Dehayes, 40 ans, boucher, l'un touché au ventre, l'autre à la poitrine.

Saint-Paul (place) 40

Cadavre encombrant. Par testament, André Chevrier, seigneur de la Duchère, avait souhaité pour ses obsèques une messe à l'église Saint-Paul. Mais le 17 mai 1483, les chanoines empêchèrent son cercueil d'y pénétrer. Il y eut bagarre entre la famille et les porteurs de la bière, qui chuta, et le corps fut traîné dans la rue.

Tramassac (rue) 41

n° 2 au 12

La colline s'effondre. Le 13 novembre 1930, la colline de Fourvière, minée par les eaux, s'effondre depuis l'hôpital des Chazeaux jusqu'à la rue Tramassac. Toutes les maisons du n° 2 au n° 12 sont ensevelies. Et celles qui suivent, jusqu'au n° 26, doivent être évacuées. Durant les secours, un second éboulement se produit, ce qui explique le lourd bilan de cette catastrophe : 19 pompiers, 4 gardiens de la paix et 15 locataires y trouvent la mort. Un monument au cimetière de Loyasse est fleuri, depuis, chaque année.

n° 23

Cave canem. C'est en effet à cause de son chien que Pierre F. s'en est pris à sa femme Joséphine, âgée de 31 ans, au soir du 15 mai 1933. Comme ce mutilé de guerre, trépané, est sujet à des crises violentes, elle s'enfuit pour se réfugier dans un café voisin. Armé d'un revolver, il la poursuit, tire sur elle, la rate, remonte chez lui, recharge son arme de six cartouches qu'il tire depuis sa fenêtre au premier étage, à nouveau sans l'atteindre. Calmé, il se laisse appréhender et soigner.

Trinité (place de la) 42

n° 2

Trois morts à la Trinité. Au Bar de la Trinité, vers 21 heures, le 2 septembre 1975, deux hommes ouvrent le feu à l'intérieur de l'établissement. C'est un règlement de comptes, qui a fait trois morts et quatre blessés, diront les policiers. Mais deux des victimes décédées, MM. Gilbert Mérie et Max Mounier, n'étaient que de simples clients de passage.

Trion (rue de) 43

Plus d'espoir. Au matin du 27 septembre 1927, on découvre à l'entrée du tunnel Saint-Irénée, le corps d'un enfant de 13 ans, Clément Berlot, décapité. Orphelin de père puis de mère, l'enfant n'avait pas supporté son placement chez un menuisier et avait préféré se coucher sur les voies du funiculaire pour en finir avec la vie.

Trion (place de) 44

n° 26

Le regard des autres. Anne Montbardon, 47 ans, n'a pas supporté le regard que les gens portaient sur sa fille trisomique, Marie-Élizabeth, 13 ans, lors d'une semaine de vacances en Ardèche. À leur retour, elle ouvre le gaz. Elles sont mortes toutes les deux, le 6 septembre 1963.

Trois-Maries (rue des) 45

Pas un geste. Dans cette petite rue du vieux Lyon, qui va de la place de la Baleine au palais de justice, deux hommes se présentent, le 1er juin 1971, à l'heure de la fermeture, au restaurant La Forge. Deux consommateurs se sont attardés au bar, qui n'ont pas le temps de faire un geste. Ils sont exécutés chacun d'une balle de 11,43 mm dans la tempe. Règlement de comptes, concluent les enquêteurs, puisque les deux victimes, Jean-Luc Duranton, 32 ans, et Roger Biangino, sont connues de leurs services pour être fichées au grand banditisme.

6e ARRONDISSEMENT

Barrême (rue) ❶

n° 6

Amour explosif. À 8 h 45 le 12 novembre 1995, au moment où arrivent les employés d'une société de crédit automobile (Finalion), une bombe explose sur la bouche à air à l'entrée de l'immeuble, projetant dans la rue des clous et des boulons, et causant des blessures heureusement légères à six personnes. Parmi elles, une jeune femme qui, en fait, était la seule visée par son ex-mari, qui n'avait pas supporté leur divorce. C'est lui qui avait conçu l'engin et l'avait fait exploser par une télécommande déclenchée depuis sa moto, garée à l'angle de la rue Vendôme. « Je voulais l'impressionner et ensuite la consoler », a-t-il expliqué aux policiers une fois arrêté.

Belges (boulevard des) (anc. boulevard d'Enceinte) ❷

n° 28

Ça patine sur le toit. En moins d'une demi-heure, un orage de grêle détruit, le 25 août 1955, la grande verrière du Muséum d'histoire naturelle de Lyon (musée Guimet), une ancienne patinoire. La grande salle est inondée. Les travaux de réfection dureront sept ans.

n° 58

Premier départ. Le 21 août 1944, la commission allemande de contrôle, qui occupait cet immeuble depuis l'invasion de la zone libre, quitte les lieux. C'est déjà la fuite, avant l'explosion des ponts et la libération de Lyon, le 2 septembre 1944.

Bellecombe (rue de) ❸

n° 43

Plafond bas. Une des plus grosses grues de la région, haute de 47 mètres et lourde de 190 tonnes, tombe sur un immeuble de dix étages.

6e ARRONDISSEMENT

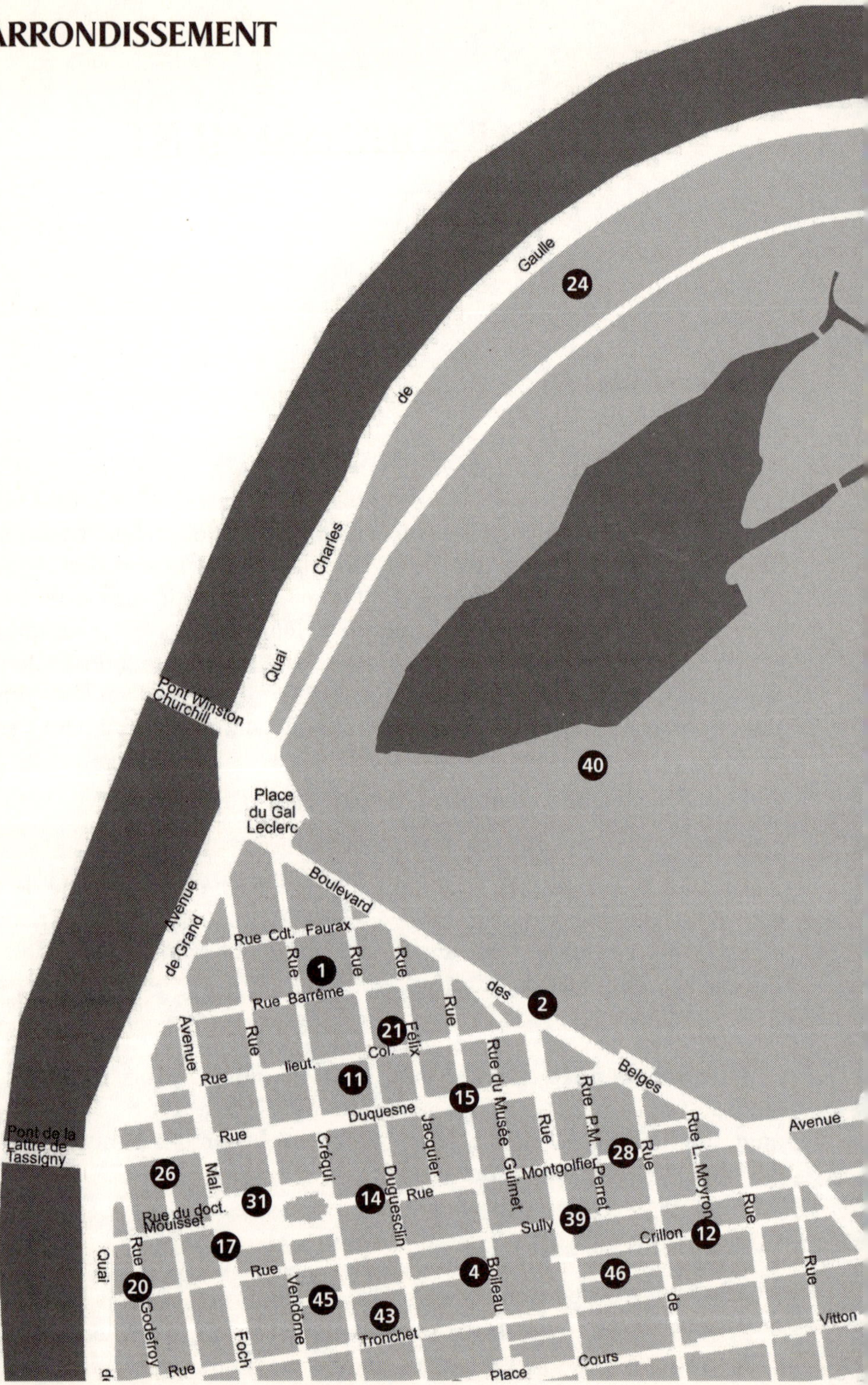

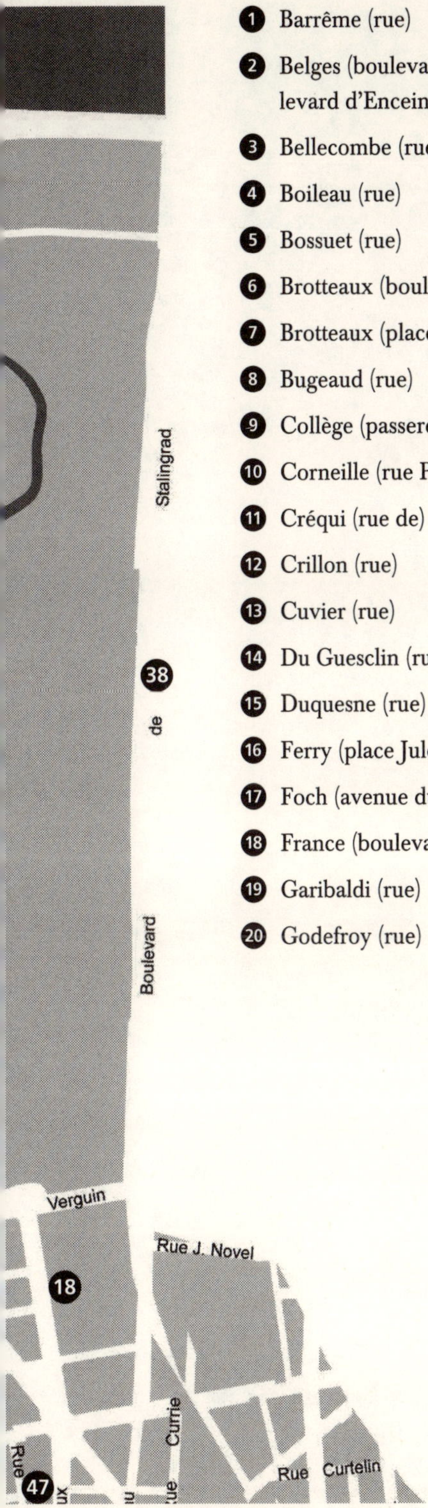

1 Barrême (rue)
2 Belges (boulevard des) (anc. boulevard d'Enceinte)
3 Bellecombe (rue de)
4 Boileau (rue)
5 Bossuet (rue)
6 Brotteaux (boulevard des)
7 Brotteaux (place des)
8 Bugeaud (rue)
9 Collège (passerelle du)
10 Corneille (rue Pierre-)
11 Créqui (rue de)
12 Crillon (rue)
13 Cuvier (rue)
14 Du Guesclin (rue)
15 Duquesne (rue)
16 Ferry (place Jules-)
17 Foch (avenue du Maréchal-)
18 France (boulevard Anatole-)
19 Garibaldi (rue)
20 Godefroy (rue)
21 Jacquier (rue Félix-)
22 La Fayette (cours)
23 Lalande (rue)
24 Lignon (quai Achille-)
25 Lyautey (place du Maréchal-) (anc. place Morand)
26 Malesherbes (rue)
27 Masséna (rue)
28 Montgolfier (rue)
29 Morand (pont) (anc. pont Rouge et pont de la Victoire)
30 Ney (rue)
31 Puvis-de-Chavannes (place)
32 Récamier (rue Juliette-)
33 Robert (rue)
34 Roosevelt (cours Franklin-) (anc. cours Morand)
35 Sarrail (quai du Général-)
36 Saxe (avenue du Maréchal-de-)
37 Sèze (rue de)
38 Stalingrad (boulevard de)

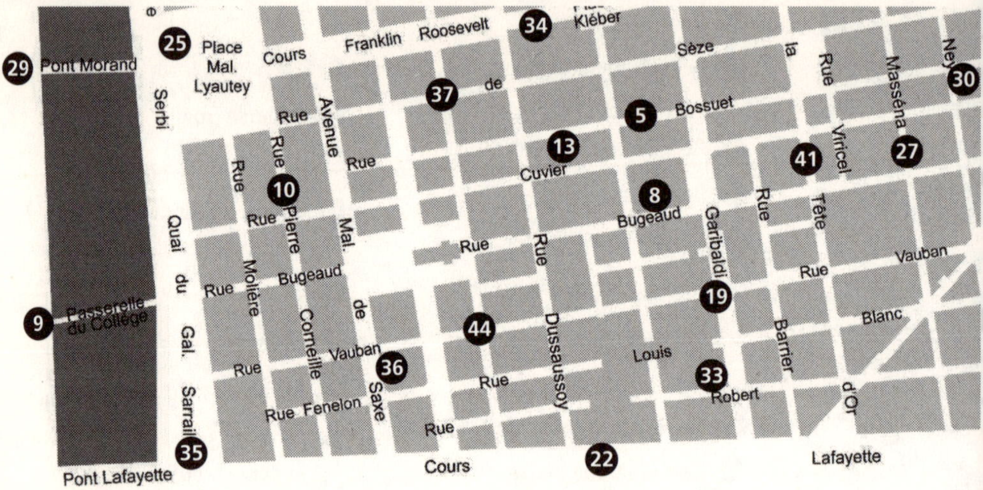

39 Sully (rue)

40 Tête-d'Or (parc de la)

41 Tête-d'Or (rue)

42 Thiers (avenue)

43 Tronchet (rue) (anc. allée des Soupirs)

44 Vauban (rue)

45 Vendôme (rue)

46 Vibert (rue Laurent-) (anc. rue du Parfait-Silence)

47 Weill (rue du Professeur-)

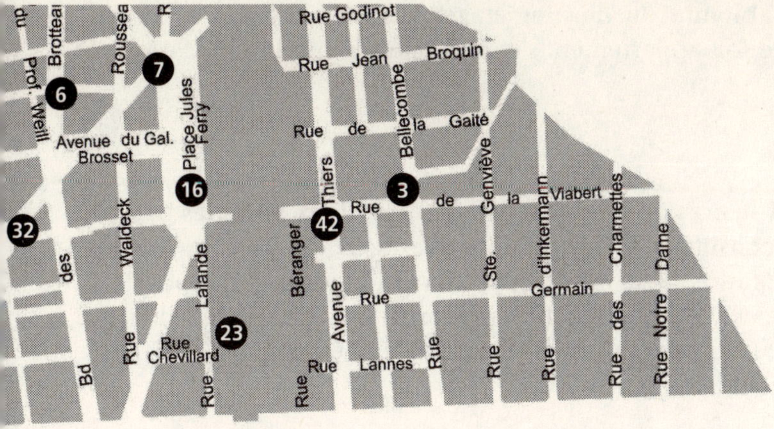
Rue Godinot
Rue Jean Broquin
Rue de la Gaité
Bellecombe
Brotteau
Rousseau
du Prof. Weill
Avenue du Gal. Brosset
Place Jules Ferry
Thiers
Rue de Ste. Geneviève
Viabert
d'Inkermann
Charmettes
Notre Dame
Waldeck
Lalande
Béranger
Avenue
Rue Germain
Rue Chevillard
Rue Lannes
Bd des
Rue des
7
6
16
32
3
42
23

Mme Barraque, habitante du dernier étage, attribue le bruit à l'orage quand le plafond de son appartement s'écroule sous le poids de la ferraille.

Boileau (rue) ❹

n° 32

Génocide. À 11 heures du matin, le 9 août 1980, deux hommes barbus pénètrent dans le consulat de Turquie et demandent à parler au consul. Comme il se fait attendre, ils se lèvent et tirent sur l'huissier et des ouvriers présents : quatre blessés. Quelques heures plus tard, l'attentat est revendiqué par téléphone à l'AFP à Paris par l'Armée secrète de libération de l'Arménie, en souvenir du génocide de 1915.

n° 94

Au marteau. Le 22 mars 1962, au petit matin, le corps de Serge Sergent, 41 ans, gardien du garage Franklin-Roosevelt, est retrouvé près du bureau, le crâne défoncé à coups de marteau.

n° 300

Trop poli... La mère Boudon, Philomène de son prénom, 75 ans, trouve bien poli le client venu consommer dans son bistrot, le 23 février 1938 au matin. Et c'est avec plaisir qu'elle le voit revenir le soir, tout confus d'avoir emporté par mégarde la clé des WC. Rusé, le garçon. Il s'acharne soudain sur la brave tenancière à coups de pied et de poing et repart avec les 50 francs en pièces de la caisse. Si vite qu'il en oublie le billet de 50 francs qui s'y trouvait aussi.

Bossuet (rue) ❺

n° 45

Raté de peu. Le 9 septembre 1986, un habitant de l'immeuble découvre que le verrou de sa cave a été changé. Il enfonce la porte et constate que s'y trouvent des objets qui ne lui appartiennent pas. Des médicaments, des vivres, un cyclomoteur et même un uniforme de gendarme. La police prévenue ne fait pas tilt. Il s'agissait pourtant de l'une des nombreuses caches que Max Frérot s'était aménagées dans Lyon. Avec un peu de flair, l'artificier d'Action directe aurait pu être surpris la main dans le sac.

Brotteaux (boulevard des) ❻

À toute vapeur. Vers 6 h 30 le 22 septembre 1895, spectaculaire collision, à l'angle de la rue Moncey, entre deux tramways à vapeur. On dénombre une quinzaine de blessés parmi les voyageurs.

Échec à la réconciliation. Début septembre 1991, M. D., négociant en fromage, retrouve sa femme Marie, dont il vivait séparé depuis quelques jours, dans un hôtel garni du quartier. La réconciliation est de courte durée, Marie prétendant, au petit matin, retourner seule à ses affaires. M. D. tire trois balles de revolver en sa direction, sans l'atteindre grièvement, puis se loge une balle dans le cou et une autre dans la gorge. Mortelles.

n° 11

L'avocat visé. Le 6 décembre 1961, vers 1 heure du matin, une bombe explose au quatrième étage devant l'appartement de l'avocat lyonnais Johanès Ambre. Pas de victime. Mais l'opération est attribuée à l'OAS par les enquêteurs, l'avocat faisant partie d'un collectif chargé de la défense des détenus du FLN.

n° 13

La jeunesse fout le camp. Une bombe explose au siège du journal *Jeunesse*, le 25 septembre 1942. Gros dégâts matériels.

n° 18

Même un enfant. Parce qu'il a été éconduit du bar Le Printemps, en raison de son ivresse, le 15 novembre 1986, Grigory S. revient vers 23 heures, armé d'un pistolet, et tire sur le patron et sur quatre de ses clients, qui sont tous blessés, y compris un enfant de 12 ans, Christophe. Un autre client parvient à désarmer le tireur éméché.

Brotteaux (place des) 7

Tel est pris. L'agent qui était en service à la consigne de la gare des Brotteaux, le 6 janvier 1957, finit par appeler ses supérieurs, s'étonnant d'un tic-tac bizarre parmi les bagages qu'il avait en garde, d'autant qu'à cette époque sévit à New York un dangereux « dynamiteur », Georges Métesky, qui sera arrêté un peu plus tard. Le tic-tac des Brotteaux émanait en fait de pendules de pointage, appelées alors « mouchards de ronde ».

Rosse. Pierre Alarme, qui conduisait un cheval employé à la manœuvre des wagons, glisse et tombe sur les rails, quand un train arrive. On doit l'amputer d'une jambe, le 8 février 1917.

Bugeaud (rue) 8

n° 10

L'enfer. Un incendie se déclare dans cet immeuble occupé par des religieux dominicains, le 19 janvier 1895, un calorifère ayant pris feu dans le sous-sol.

n° 20

Les fiancés de Lyon. C'est le 15 octobre 1977 qu'ont été vus vivants, pour la dernière fois, ceux que l'on a appelé « les fiancés de Lyon », Catherine

Rousset et Pierre Pirastu, au night-club Le Cydaris, dont le gérant, Marc Cornet, sera, malgré ses dénégations, condamné, le 23 juin 1983, à vingt ans de réclusion criminelle pour le meurtre des deux jeunes gens. Des traces ont été retrouvées dans son établissement et il avait une raison de les faire disparaître (une dette de 3 000 francs). Ce n'est que le 25 août 1978 que leurs squelettes ont été découverts, près de Montluel, dans l'Ain, atrocement mutilés.

n° 137

Clandestine. Hélène Brémond, épouse du patron du *Progrès*, a loué un appartement dans lequel pouvaient se réunir, durant l'occupation nazie, les responsables de la Résistance, tels Yves Farge, Georges Bidault et Rémy Roure.

Collège (passerelle du) ❾

Elle n'était pas solide. Le 7 décembre 1844, lors des essais de charge avant l'inauguration de cette passerelle qui enjambe le Rhône, le tablier s'effondre entraînant dans le fleuve vingt-cinq ouvriers. Quelques-uns se réfugient sur un banc de sable, d'autres gagnent la rive à la nage, mais on déplore huit noyés.

Corneille (rue Pierre-) ❿

n° 47

Prévenue. En voulant allumer sa lampe de chevet à essence, vers 4 heures du matin, pour éclairer sa mansarde, le 29 janvier 1938, une paralytique de 73 ans, Eugénie Perret, met le feu à sa literie et meurt carbonisée. La religieuse qui venait chaque jour lui apporter son repas lui avait pourtant dit de se méfier de cette lampe.

Créqui (rue de) ⓫

n° 145

On se souvient. À cette adresse, le 29 mai 1795, est inauguré, en présence d'une foule considérable, mais qui n'ose pas encore prier en public, un mausolée à la mémoire des victimes du siège de Lyon en 1793, dont les corps ont été enterrés dans la plaine alentour.

Puis on brûle. Ce monument est incendié et ses statues brisées par des inconnus au cours de la nuit du 8 janvier 1796.

Mais on reconstruit. Le 28 mai 1819 est inaugurée à ce même emplacement une nouvelle église dans la crypte de laquelle on entasse les ossements exhumés de cinq longs charniers découverts dans le quartier...

Et on redémolit. Par inadvertance, la municipalité ayant décidé de prolonger les rues Louis-Blanc et de Créqui, les ouvriers chargés du terrassement démolissent l'édifice le 8 juin 1886.

Jamais deux... Mais le 2 août 1906 est inaugurée l'actuelle église baptisée chapelle de l'Expiation dans la crypte de laquelle sont visibles crânes et ossements des nombreuses victimes du siège de Lyon, fusillées non loin de là ou décapitées un peu partout dans Lyon. Y figurent une liste de 1 869 noms recensés, ainsi que les urnes renfermant les cendres du comte Perrin de Précy, général en chef des révoltés lyonnais, et de Fleury Rouher, son chef de bataillon.

n° 252

À la dynamite. C'est par cette allée qu'un malfaiteur parvient à pénétrer dans les bureaux de la Caisse d'épargne de la place Victor-Basch, le 20 décembre 1985, en dynamitant la porte de service. Mais l'explosion déclenche le système d'alarme, et le braqueur solitaire repart bredouille.

Crillon (rue) ⓬

n° 45

La cache. Dans l'appartement d'Henriette Katzna se tiennent des réunions de résistants pendant l'Occupation. Elle y cache aussi des armes, du matériel d'imprimerie et y soigne même plusieurs blessés, en 1942.

n° 140

Bonne fête. Le 10 février 1970, le Dr Paule Aymard, neuropsychiatre, reçoit à son cabinet un paquet expédié d'Amplepuis avec ces mots : « Bonne fête ». Il s'agit d'une trousse de couture piégée, mais qui, heureusement, n'explose pas. L'auteur, un cordonnier de Saint-Yan, Louis M., 45 ans, explique, une fois arrêté, qu'il a effectivement voulu se venger de ce médecin dont le certificat lui avait fait retirer le droit de visite à sa fille, lors de son divorce.

Cuvier (rue) ⓭

n° 19

Franc-Tireur. Dans les locaux de son imprimerie Perret et Amouroux, Jean Perret imprime, durant l'Occupation, le journal clandestin *Franc-Tireur.* C'est là que les Allemands l'arrête, le 28 octobre 1943. Il sera fusillé quelques mois plus tard à la Doua, le 21 décembre. Son fils Maurice, arrêté en même temps que lui, sera également fusillé, mais une semaine plus tôt.

n° 22

Classique. Après une dispute avec son contremaître, M. R., employé à la Rhodiacéta, décide de rentrer chez lui le 6 janvier 1956, en milieu d'après-midi. Il passe au café-restaurant où travaille son épouse, mais ne la trouve pas. Quelques minutes plus tard, il appelle police secours de chez lui indiquant l'avoir tuée de deux balles en plein cœur et d'avoir grièvement blessé son amant. Explication : « Je l'aimais trop. »

n° 31

Fin chineur. L'épouse d'Antoine Chartres découvre, le 22 novembre 1981, le vol d'une centaine de toiles de son mari, mort en 1968. Elle n'est pas venue à cette adresse depuis plusieurs semaines. C'est un chineur qui l'a alertée, s'étonnant de voir autant d'œuvres du peintre en vente sur le marché aux puces de Saint-Fons. Un gérant de société et son revendeur, dit Noisette, sont arrêtés.

n° 133

Nettoyé. Quand vers minuit, le 22 avril 1956, on frappe plusieurs fois à sa porte alors qu'il n'attend personne, Albert C. voit rouge et s'empare d'un grand couteau. Son visiteur, Abderrali Aman, est tué sur le coup. Il s'était simplement trompé d'étage. Quant au meurtrier, il a déclaré aux policiers : « Il voulait rentrer chez moi, je l'ai nettoyé. »

Du Guesclin (rue) 14

Anar or not anar ? Il pleut sur Lyon ce 18 janvier 1951 lorsque ferme à 19 heures le bureau de poste situé à l'angle de la rue de Sèze. Une traction avant Citroën stationne de l'autre côté de la rue. Quatre hommes armés en descendent et se ruent sur les policiers chargés d'escorter un fourgon des PTT, qui avait pour mission d'apporter la recette du jour à l'agence centrale de la place Antonin-Poncet. Une fusillade éclate, qui fait trois morts, deux policiers, Guy Arnaud, Louis Morin et un passant, Auguste Jars, ainsi que sept blessés plus ou moins graves, dont le chauffeur du fourgon, Jean-Marie Janin.

Très vite, l'enquête se dirige vers les milieux espagnols antifranquistes de la banlieue lyonnaise, et aboutit à l'arrestation de quatre membres du gang, le cinquième s'étant suicidé à Vénissieux.

La Fédération anarchiste ibérique leur offre en vain le meilleur avocat de France, Maurice Garçon. Les accusés affirment avoir agi pour leur propre compte. Il ne faudra pas moins de trois procès, dont le dernier à Grenoble, pour juger ce « gang des Espagnols », dont le chef, Juan Sanchez, sauvera sa tête et écopera de vingt ans de réclusion.

n° 37

La corde au cou. Le 19 septembre 1977, on retrouve dans son lit Joseph Baudrier, 34 ans, serveur du bar L'Auberge Inn de la rue Royale. Il était mort depuis plusieurs jours, étranglé.

n° 142

Défenestré. Conduit le 17 avril 2002 dans un bureau au cinquième étage du commissariat des 3e et 6e arrondissements, un suspect de 33 ans, Ali O., profite d'être seul avec le médecin qu'il a demandé à rencontrer pour grimper sur le toit. Il passe par le Velux de la pièce et se jette dans le vide. Chute mortelle de 10 mètres. Il avait été arrêté une heure plus tôt pour une affaire de stupéfiants.

Duquesne (rue) ⓯

n° 37

Pas du ciné. Une bombe au phosphore explose le 2 octobre 1942 à l'Alliance cinématographique européenne.

Ferry (place Jules-) ⓰

Le train de la CGT. Juste avant d'entrer en gare des Brotteaux, à 17 h 49, le train n° 2496 déraille après l'aiguillage du cours La Fayette, le 29 juillet 1927. La locomotive se couche, deux wagons se télescopent. Il y a 24 blessés parmi les nombreux ouvriers de chez Berliet que ce train conduit chaque jour de Vénissieux à Lyon. Par lettre adressée au *Progrès,* la CGT rappelle qu'à plusieurs reprises elle a signalé la dangerosité de ce train, baptisé le train Berliet.

n° 13bis

Adjugé. Affublés de masques de carnaval, mais armés de vrais revolvers, deux gangsters pénètrent, le 10 juillet 1991 à 10 heures, dans la salle des ventes qu'abrite l'ancienne gare des Brotteaux. Ils brisent les vitrines où sont exposés les bijoux devant être vendus aux enchères l'après-midi et repartent avec un butin estimé à 700 000 francs. Mais la voiture dans laquelle les attendait un complice est prise en chasse par la police. Une fusillade éclate et trois policiers sont blessés, dont une jeune femme gravement. Pour ce hold-up, Michel Lamouret, 48 ans, sera condamné à trente ans de réclusion par la cour d'assises du Rhône, le 1er décembre 1995, et ses complices à vingt ans.

n° 45

Dégagez. Arrêté et écroué, Julien K. ne comprenait toujours pas son sort au soir du 23 avril 1933, après avoir fauché devant cet immeuble Claude Charassin, 43 ans, et sa fille Paulette âgée de 8 ans, tués tous les deux sur le coup. « J'avais pourtant klaxonné quand je les ai vus traverser. »

Foch (avenue du Maréchal-) 17

n° 10

Constat. Apparemment très au courant des coutumes et des horaires de la charge de l'huissier Chastagneret, située au deuxième étage, deux gangsters armés interceptent le premier clerc, Jean Bruno, 50 ans, à son arrivée vers 6 h 15, le 19 septembre 1980. « Bouge pas, ou tu es mort » !

L'huissier le découvre un peu plus tard, ligoté, bâillonné sur son fauteuil, bien obligé d'ouvrir le coffre et de remettre les 20 000 francs qu'il contient.

n° 54

Banzaï ! Un adolescent de 17 ans pénètre dans une agence intérimaire le 22 octobre 1981 sur le coup de midi. Nunchaku et couteau en mains, fléchettes en poche, il prétend récupérer les salaires impayés de sa mère. Il vole 1 000 francs, s'enfuit et téléphone quelques minutes plus tard à la police pour se livrer.

France (boulevard Anatole-) 18

Action meurtrière. Le 3 novembre 1981, une dizaine d'individus scindée en deux équipes s'attaquent à l'agence de la Société lyonnaise, dans le quartier des Brotteaux. Surpris en pleine action par une patrouille de police, ils n'hésitent pas à ouvrir le feu pour couvrir leur fuite, tuant sur le coup le brigadier Guy Hubert, âgé de 46 ans, à peine sorti de son véhicule. Le chauffeur d'une seconde voiture de police, le gardien Régis Cadillac, est également atteint d'une rafale de pistolet-mitrailleur. Ce n'est que plusieurs mois après que ce hold-up a pu être mis sur le compte d'Action directe.

Garibaldi (rue) 19

Trop sûr. Quand les commerçants du quartier appellent le commissariat pour signaler qu'un vagabond les importune en les menaçant d'un poignard, l'inspecteur Patrick Casassus, 37 ans, père de trois enfants, se porte volontaire pour aller le raisonner. Mais parvenu à l'angle de la rue Tronchet, vers 18 heures, le policier est poignardé par l'individu. Il tente néanmoins de lui passer les menottes et fait feu sur lui en le blessant au genou avant de mourir.

n° 61

Mère en danger. À 13 ans, Jean R. croit en danger la nouvelle compagne de son père, qu'il appelle maman, lorsque André, 38 ans, architecte, rentre ivre à 3 heures du matin, le 16 février 1934. Il le tue de deux balles d'un revolver trouvé dans le tiroir d'une machine à coudre de l'atelier de broderie de Marie Dumas, 38 ans.

n° 120.

Armes inégales. Le cadavre d'un mécanicien, Marius Orcel, 19 ans, est découvert le 10 décembre 1921, vers 23 heures. Abattu d'une balle de revolver, il tenait à la main un petit couteau ouvert. Son meurtrier, Louis Bressy, 33 ans, qui lui reprochait de lui avoir pris sa maîtresse, a écopé de trois ans de prison le 7 avril suivant.

n° 142

Indigne. Le 23 juillet 1955, Marie Sevelinger, 70 ans, patronne de l'hôtel meublé Pacific hôtel, est retrouvée chez elle transpercée de quatre coups de couteau. Le meurtrier est son garçon d'étage, qu'elle a surpris en train de lui voler ses économies (90 000 francs), alors qu'elle le considérait comme son fils et qu'il l'appelait mémé.

Godefroy (rue) 20

n° 25

Voiture prisée. Le 9 mars 1982, deux hommes armés s'approchent, à 6 h 45, du directeur de cabinet du maire de Lyon, Yvan Chiaverini, et le kidnappent à bord de sa voiture. Sitôt traversé le tunnel de la Croix-Rousse, ils le libèrent, sans lui rendre sa voiture de fonction.

Jacquier (rue Félix-) 21

n° 39

L'enfant et le majordome. Le 9 décembre 1975, comme chaque mois, Christophe Mérieux quitte le domicile de ses parents, proche du parc de la Tête-d'Or. Il est accompagné d'un majordome qui le laisse à 100 mètres de l'École de la Rédemption où il est inscrit, rue Lieutenant-Colonel-Prévost. Il vient d'avoir 9 ans et n'a pas le temps de réagir quand un homme, coiffé d'un casque de motocycliste, le saisit à bras-le-corps pour le porter à l'arrière d'une camionnette Peugeot 404, où l'attend un complice.

Quinze minutes plus tard, la maman de l'enfant, Mme Mérieux, fille de l'industriel Paul Berliet, reçoit un coup de téléphone d'un correspondant lui annonçant que son fils vient d'être enlevé et qu'une rançon lui est demandée. Celle-ci est d'abord fixée à 10 millions de francs, puis à 20 millions.

Une première tentative de versement échoue le 10 décembre. La seconde réussit le lendemain vers 21 h 30, sur une route du département de l'Ain, à Saint-André-de-Corcy.

Après avoir menotté Alain Mérieux au volant de sa BMW, les truands repartent avec les sacs de la rançon constituée de francs français, de francs suisses, de marks et de florins. Mais, dans leur précipitation, ils en oublient un renfermant la somme de 2 millions de florins.

Le lendemain 12 décembre, l'enfant est abandonné vivant par ses ravisseurs, ligoté et bâillonné, dans une poubelle de l'avenue Jean-Jaurès à Lyon.

La Fayette (cours) ㉒

n° 159

Couvre-feu vengeur. Le 25 avril 1943, vers 22 heures, une bombe posée sur une fenêtre de l'hôtel Masséna explose, pendant que six soldats allemands dînent en compagnie de trois jeunes femmes françaises. L'une d'elles est tuée, ainsi qu'un soldat. En représailles, le préfet du Rhône décide le lendemain de fixer le couvre-feu à 21 heures et de fermer théâtres et cinémas jusqu'au 2 mai inclus.

n° 167

Mozart. Un enfant resté seul chez ses parents entend de la musique dans la rue, le 26 février 1902, se précipite à la fenêtre et s'écrase sur le trottoir.

n° 177

Trouille mortelle. Un jeune homme qui, le 19 mai 1985, a dérobé trois chemises et un pantalon, est surpris par les gardiens des Galeries La Fayette, à la Part-Dieu. Il s'enfuit, poursuivi par le chien de la sécurité, se réfugie dans un immeuble voisin et se jette du sixième étage.

n° 255

En famille. Dans son café Au bon beaujolais, le patron, Louis Cadoret, voit arriver son gendre, Louis Seux, le 1er janvier 1935, vers 21 heures. Les deux hommes, en présence de plusieurs clients, ont une discussion d'intérêts qui dégénère, puisque le gendre sort un revolver, tire deux balles dans la tête de son beau-père et blesse deux clients, avant de s'enfuir et de se réfugier chez le boulanger voisin, où il est arrêté. Il sera condamné à vingt ans de bagne le 8 avril suivant.

Lalande (rue) ㉓

n° 21

Aliment de choix. Un gigantesque incendie embrase et détruit complètement un entrepôt Emmaüs de 1 000 mètres carrés.

Lignon (quai Achille-) ㉔

Quai de la médecine ? Sur les bords du Rhône, non loin de l'ancien palais de la Foire, un pêcheur découvre, le 2 octobre 1970, le corps d'un homme calciné, avec à ses côtés un mot griffonné : « Il ne m'est plus possible de vivre loin de mon pays. Vive la Tchécoslovaquie. » Son cadavre est inhumé au cimetière de la Guillotière sous l'inscription « Inconnu n° 305 ».

Été 1891, hippodrome de Villeurbanne : encorné par un taureau, le toréador Bellocq s'en tire avec un accroc à son pantalon.

1793. De nombreux Lyonnais sont achevés sur les marches de l'Hôtel de Ville par les troupes de la Convention.

Deuxième année. — N° 27. Huit pages : CINQ centimes. Dimanche 21 Juin 1891.

LE PROGRÈS ILLUSTRÉ

Supplément littéraire du « PROGRÈS DE LYON »

ABONNEMENTS

ADMINISTRATION ET RÉDACTION

ADRESSER LES CORRESPONDANCES ET ABONNEMENTS

à M. Léon DELAROCHE, administrateur

ANNONCES

LE DRAME D'OULLINS

1. En 1891, le sous-brigadier Méjean est achevé à coups de pierre par le voleur Vendroux qu'il poursuivait, entre la rue de l'Yzeron et la propriété Chabrières, à Oullins. Deux passants arrêtent le meurtrier.
2. La femme qui aimait trop les enfants !
3. Par un beau dimanche d'août 1892, le tramway Lyon-Neuville est pris d'assaut par les voyageurs. Deux voitures se heurtent. Trente blessés.
4. À la suite d'une fausse manœuvre, l'échelle des pompiers se renverse rue Ferrandière. Les sapeurs Devaux et Miraillet meurent. La ville leur fait des obsèques émouvantes (1891).

1

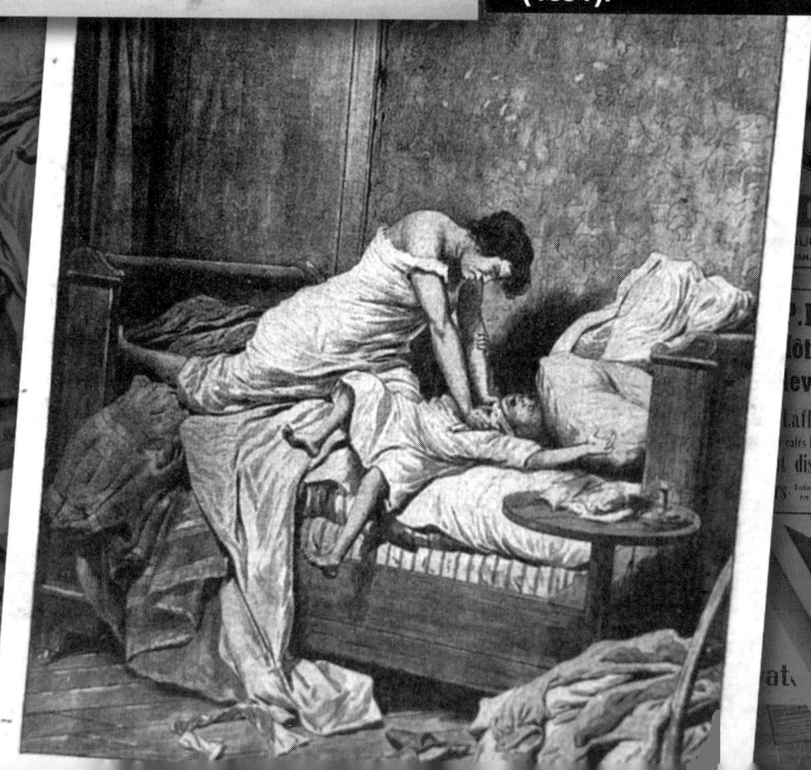

2

L'ACCIDENT DU TRAMWAY DE NEUVILLE

3

4

1

2

1. **Drame de l'amour aux Brotteaux.**
2. **Mme Foucherand, cafetière de son état, rouvre son bistrot pour quelques clients un peu éméchés, dans la soirée du 21 décembre 1898, rue de la Villette. Elle paye même sa tournée. Sur le coup de minuit, deux d'entre eux reviennent et tuent la brave femme à coups de bouteille.**
3. **Regardez bien. Le canon du revolver de cet apache suit votre regard.**
4. **Le célèbre criminologue lyonnais, le Dr Lacassagne, en plein travail de dépeçage.**

LYON
RÉPUBLICAIN
Supplément Illustré
Huit Pages : CINQ Centimes
G. ZILBERTY

3

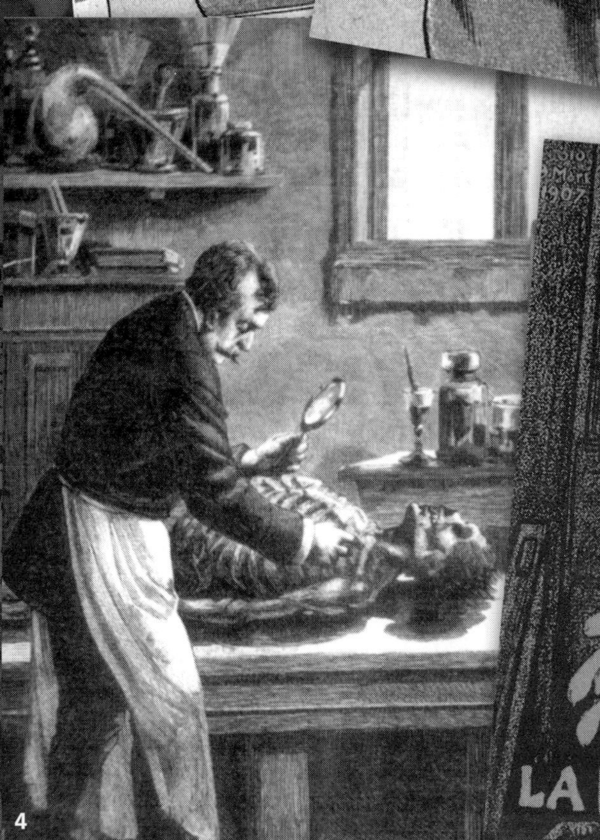

4

L'Assiette au Beurre
LA PEINE DE MORT

5

1

1. L'anarchiste Caserio avait caché son poignard dans un journal avant de le planter dans le corps du président Sadi Carnot, le 24 juin 1894, rue de la République.

2

2. 300 commerçants italiens, comme ici le café Casati, verront, au lendemain de l'assassinat du président Sadi Carnot, leurs établissements dévastés par des Lyonnais en colère.

3. Comme l'indique *Le Progrès*, Caserio sera exécuté quarante jours après son meurtre. Une justice express.

4. Devant la prison Saint-Paul, Caserio est conduit à la guillotine.

3

N° 12619 — Trente-cinquième Année

CINQ CENTIMES

LYON Le N° : 5 centimes

On s'abonne sans frais dans tous les bureaux de poste

LE PROGRÈS

JOURNAL RÉPUBLICAIN QUOTIDIEN

Vendredi 17 Août 1894

LYON Le N° : 5 centimes

Les manuscrits non insérés ne sont pas rendus

ABONNEMENTS

	Trois mois	Six mois	Un an
Lyon, Rhône, Loire, Ain, Isère, Saône-et-Loire	5	10	18
Hors de ces départements	7	14	26
Étranger (Union postale)	10	20	38

ADMINISTRATION ET RÉDACTION
10, Place de la Charité, 10
ADRESSER LES CORRESPONDANCES ET ABONNEMENTS
à M. Léon DELAROCHE, Administrateur

ANNONCES
A Lyon, à l'Agence Fournier, 14, rue Confort.
A Paris, à l'Agence Havas, 8, place de la Bourse.
A Paris, MM. Audbourg et Cie, 10, place de la Bourse.

L'EXÉCUTION DE CASERIO

4

1

La catastrophe de Saint-Jean

La tombe de la rue Tramassac garde encore son secret

AUCUN CORPS N'EN A ÉTÉ RETIRÉ HIER

Les travaux de déblaiement se sont poursuivis hier avec une activité extrême, mais une besogne considérable reste encore à accomplir.

Les sapeurs du 4e génie se sont mis en chantier vers midi, tandis que les autres travailleurs poursuivaient de leur côté l'attaque du monceau de décombres qui couvre encore au moins vingt-six victimes.

Dans ce dessein, l'on a attaqué par trois fois à la cheddite ce qui reste du no 10 de la rue Tramassac. Dans la matinée, un premier coup de mine resta sans résultat. Dans l'après-midi, à 1 h. 45 et à 2 h. 45, deux nouvelles tentatives ne réussirent pas davantage, soit que les charges fussent insuffisantes, soit que les murailles attaquées fussent plus solides qu'on ne le pensait.

De guerre lasse, le génie en vint à attaquer la démolition à la pioche, puis à la corde halée par la troupe.

Cette méthode n'a pas donné jusqu'à présent grands résultats. De même la tranchée longitudinale ouverte au-dessus de la rue Tramassac avance lentement. Les soldats armés de paniers font la chaîne pour jeter dans les vagonnets les déblais qu'ils enlèvent ; l'on charge ainsi un vagonnet à la minute.

Tous ces braves gens travaillent sans répit, avec un acharnement, un dévouement qui forcent l'admiration. Peut-être conviendrait-il, pour les soulager dans leur formidable et épuisante besogne, de leur adjoindre quelques équipes de terrassiers-mineurs spécialistes de ce genre de travail.

Après quarante-huit heures d'efforts, l'on n'est pas parvenu encore à découvrir les ...

Au-dessus de l'emplacement de l'hôtel du Petit-Versailles, les sapeurs du génie travaillent à abattre, en hâlant sur la corde, le pan de mur du numéro 10, qui a résisté aux coups de mine. — Au-dessous : la voie Decauville établie pour évacuer les déblais.

L'effondrement

J'ai dans les yeux cette colline de Fourvière dans toute sa beauté discrète, ses ruelles grimpantes comme du lierre, ses terrasses superposées, les petits murs qui encadrent des enclos où l'on imaginait des idylles charmantes et un peu mélancoliques, les jardins conventuels où les prières des nonnes se posaient sur des vestiges païens. A ses pieds, le vieux quartier Saint-Jean s'accoudait au quai de la Saône avec une grâce un peu surannée.

C'est la mort maintenant qui rôde dans les rues pittoresques, la mort et la ruine. Brusquement, dans la nuit, les terrasses se sont effondrées, les maisons se sont affaissées, la vie paisible, si gentiment provinciale, s'est retirée tout à coup pour faire place aux deuils les plus effroyables, aux drames les plus angoissants. Il a suffi d'un glissement de terrain, d'un ravinement hypocrite des eaux pour que Lyon ait ses terres dévastées, pour qu'un immense voile de crêpe couvre la ville, la veille encore si industrieuse, si ardente au travail et à la pensée...

Que dire devant les désespoirs qui éclatent, devant les familles mutilées, les foyers détruits, les ruines accumulées ! Le silence seul et la fraternelle pitié sont dignes d'une telle catastrophe, si inattendue et d'autant plus cruelle. Le pays tout entier partage cette douleur de la cité métropole et se penche sur son âme désolée.

Combien vaines apparaissent aujourd'hui les querelles, les divisions, les discussions entre enfants de la ...

2

1. Le 13 novembre 1930, la colline de Fourvière, minée par les eaux, s'effondre à deux reprises sur le quartier Saint-Jean. 19 pompiers, 4 gardiens de la paix et 15 locataires trouvent la mort.
2. Klaus Barbie, le boucher de Lyon, croqué, au cours de son procès, par le caricaturiste lyonnais René Diaz.

5

3. Le 4 janvier 1966, à la hauteur de Feyzin, il suffit du passage d'une banale 4 CV, sur l'autoroute, pour provoquer l'explosion due à une fuite de propane émanant de la raffinerie.
4. Le bilan de l'explosion de la raffinerie, publié par *Le Progrès* le lendemain, est, hélas ! provisoire. Cette tragédie fera 18 morts, dont 15 pompiers, et une centaine de brûlés.

5. Le 27 juillet 1944, en représailles à une action de résistance, les Allemands extraient cinq détenus du fort Montluc et les exécutent. Les corps d'Albert Chambonnet, Francis Chirat, Léon Pfeiffer, René Bernard et Gilbert Dru resteront exposés plusieurs heures place Bellecour, devant le café du Moulin à vent, fréquenté par les troupes d'occupation.

1

LE PROGRÈS

117e ANNÉE

JOURNAL RÉPUBLICAIN QUOTIDIEN

Léon DELAROCHE, Fondateur — LE JOURNAL DE LYON

1,20 F — 0,80 F SUISSE

SAMEDI 13 DECEMBRE 1975

QUATRE JOURS D'INCROYABLE SUSPENSE A LYON

Christophe Mérieux (9 ans) enlevé mardi libéré, hier soir, par ses ravisseurs

La rançon record de 20 millions de francs avait été versée par sa famille (Berliet - Mérieux)

EN PAGES 4 ET 5, L'ENQUETE DE PIERRE MERINDOL, MARCEL LEGEN[…] ET LES PHOTOS DE NOEL LIEBER, GERARD MALIE, EDMOND ROU[…]

2

[…]OGRÈS

[…]NNÉE

[…]AIN QUOTIDIEN — LE JOURNAL DE LYON

MARDI 9 JUILLET 1974

Sirops Aiguebelle 20 Parfums

[…]ents signatures […]e vingt-cinq parlementaires […]écessaires pour […]ndidat à l'Elysée

[…] gouvernementaux seront […] l'Assemblée nationale

[…]S INFORMATIONS EN PAGE 3)

Une rançon de 5 millions de F avait été demandée à la mère du P.D.G. du Grand-Hôtel de Lyon

...et un nouvel appel téléphonique a été reçu cette nuit

[…]rçats du Tour » […] même galère

Aix-les-Bain[…]

3

Lyon : L'enlèvement de Bernard Galle

La famille Chaine négocie en secret

Le notaire lyonnais, Me Louis Chaine, dont le gendre, Bernard Galle, a été enlevé lundi à Lyon dans des circonstances encore confuses, a lancé un appel hier aux ravisseurs pour « qu'ils entrent en contact avec lui ».

Dans le communiqué remis hier à la presse, tout comme dans celui de lundi, Me Chaine a affirmé que la famille est prête à verser la rançon de cinq millions réclamée par les ravisseurs.

La seule découverte digne d'intérêt enregistrée hier a été celle de la « Mini Austin Morris », utilisée lundi matin par Bernard Galle pour se rendre de la maison familiale de Lissieu, dans la banlieue nord, au cœur de la ville, 15 rue Emile-Zola, où se trouve située l'étude de Me Chaine.

La « Mini Austin » était garée dans un parking du centre. Ce détail laisse supposer que M. Galle a pu être intercepté au moment où il sortait de sa voiture.

Plusieurs détails laissent cependant penser que la famille Chaine a déjà réuni la somme qu'exigent les ravisseurs et qu'elle est prête à la verser.

Comment réagira alors la police ? C'est sans doute la question que se posent les ravisseurs et qui, semble-t-il, les fait attendre.

DERNIERE PAGE

La voiture de Bernard Galle, retrouvée au parking Saint-Antoine

4

1. Petit-fils de Charles Mérieux et de Paul Berliet, Christophe, 9 ans, enlevé en 1975, sera libéré contre une rançon de 20 millions de francs.
2. Le P-DG du Grand Hôtel de Lyon, Yves Marin-Laflèche, disparu dans la nuit du 3 au 4 juillet 1974, sera retrouvé assassiné dans un bois près de Villefranche.

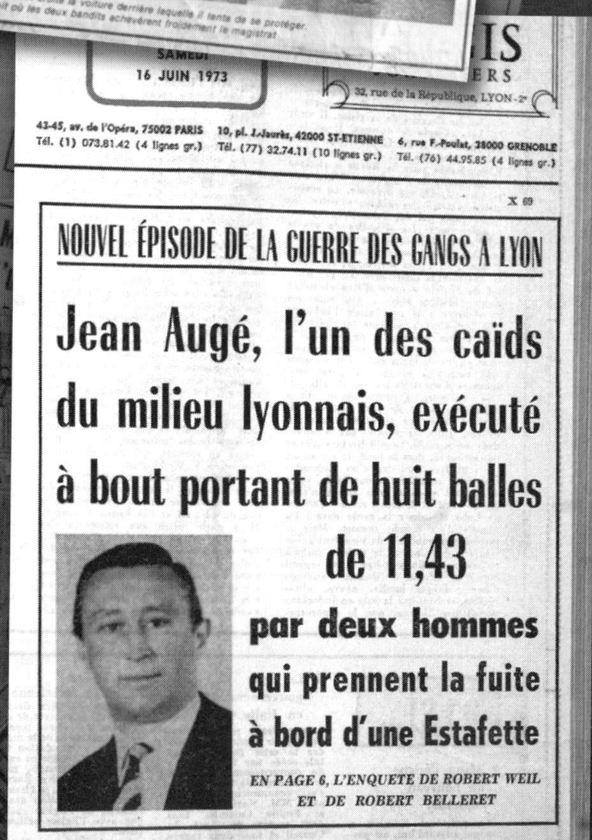

5

3. Malgré le versement d'une rançon s'élevant à 500 millions de francs, en 1980, Bernard Galle, gendre d'un important notaire lyonnais, ne sera jamais retrouvé. Ni mort ni vivant.
4. Surnommé « le Shérif » par le milieu, le juge François Renaud est tué devant son domicile, sous les yeux de son amie, en 1975.
5. La fin d'une barbouze. Jean Augé, caïd du milieu lyonnais, est abattu sur les quais de Saône en 1973.

ce matin

LE JOURNAL DE LYON

3 FRANCS — JOURNAL RÉPUBLICAIN QUOTIDIEN — MERCREDI 28 MARS 1984

au gaz

L'A7 fermée hier matin

PAGE 5

Un général de gendarmerie abattu à Lyon

au cours d'un hold-up

Midi cinq, hier, rue Victor-Hugo, en plein centre-ville. Deux truands armés pénètrent dans la succursale de la B.N.P. et braquent personnel et clients. Parmi eux le général Delfosse, commandant la 5e région de gendarmerie, en uniforme. Il tente de s'interposer. L'un des truands l'abat alors froidement de 4 balles de revolver avant de l'achever d'une cinquième dans la tête. Tranquillement, les deux tueurs se font ensuite ouvrir le coffre et sortent en emportant la cassette vidéo de la caméra de surveillance. Dehors personne n'a rien entendu.

LYON - MONTPELLIER (2-0)

SPORTS

LE PROGRÈS

JOURNAL RÉPUBLICAIN QUOTIDIEN

3,70 FRANCS — LE JOURNAL DE LYON — SAMEDI 28 NOVEMBRE 1987

MAX FRÉROT ARRÊTÉ À LYON

Max Frérot, le dernier dirigeant d'« Action directe » encore en fuite, a été arrêté cette nuit à Lyon après une fusillade au cours de laquelle deux policiers ont été légèrement blessés.

Max Frérot, considéré comme l'artificier du groupe, a essayé de prendre la fuite lors d'un contrôle de routine effectué par deux policiers de la Sûreté urbaine dans le parking souterrain de l'hôtel Mercure dans le quartier de la Part-Dieu.

Max Frérot a été aussitôt conduit dans les locaux de l'Hôtel de police de Lyon. Il est notamment impliqué dans deux hold-up sanglants ayant coûté la vie au général de gendarmerie Guy Delfosse, le 27 mars 1984 à Lyon, et soupçonné de l'attentat à l'explosif contre la Brigade de répression du banditisme (B.R.D.), le 9 juillet 1986 à Paris, dans lequel l'inspecteur Marcel Basdevant avait été tué.

PAGES 6 ET 7

NORMANDIN

1. Ce n'était pas un simple hold-up, mais une action politique revendiquée par Action directe.
2. Max Frérot, artificier d'Action directe, peu après son arrestation dans les sous-sols d'un hôtel lyonnais.
3. La presse lyonnaise relate l'arrestation de Max Frérot.

Quelques semaines plus tard, un commerçant syrien signale à la police la disparition de son fils, étudiant en médecine, Allah Nemad Kouday, ce qui permet d'établir qu'il ne s'agissait nullement du suicide d'un Tchèque, mais du meurtre d'un Syrien. Suspectés, les services secrets palestiniens et israéliens ont été mis hors de cause.

Au même endroit avaient été retrouvés, en 1947, les cadavres de deux autres étudiants en médecine, Jeanine Tisot et Marc Bouyné, abattus à coups de revolver. Déjà, à l'époque, l'enquête n'avait débouché sur rien, si ce n'est des ragots, puisque le nom du fils d'un grand chirurgien avait été avancé.

Réunion explosive. Vers 3 heures du matin, une explosion ébranle, le 30 janvier 1973, le palais des congrès. C'était la veille de la venue à Lyon du ministre de l'Intérieur de l'époque. Le Cid-Unati a été suspecté de cet attentat, dont le montant des dégâts s'élève à 500 000 francs.

Le gène du goût. Le 21 avril 1984, lors d'une représentation du cirque Rancy, le dompteur Georgika Kobane se fait déchiqueter le bras par Saïda, une panthère en colère. Il termine cependant son numéro sous les applaudissements du public. La mère de Saïda, Pitou, l'avait déjà blessé, neuf ans plus tôt, dans les mêmes circonstances.

Lyautey (place du Maréchal-) (anc. place Morand) ㉕

Pauvres sœurs. En prenant trop rapidement son virage à l'angle de l'avenue du Maréchal-de-Saxe, le 7 avril 1930, un chauffeur de taxi percute l'attelage des Petites Sœurs des pauvres. Le cheval et son cocher sont blessés, ainsi que le client du taxi, mais les trois religieuses assises à l'arrière du fiacre sont indemnes.

n° 5

Faux policiers. Le 7 janvier 1944, trois faux policiers allemands viennent chercher à son domicile, vers 18 heures, Joseph Serlin, 75 ans, ancien sénateur et ancien secrétaire général de la mairie de Lyon. Son corps, criblé de balles, est retrouvé le lendemain près de Lozanne.

Malesherbes (rue) ㉖

Charpentiers mal logés. Un incendie ravage, le 13 avril 1829, 40 maisons abritant 85 ménages. Ces immeubles en briques et en planches étaient occupés par des ébénistes, des charpentiers et des marchands de bois. Il n'y eut pas de blessés, mais la perte fut évaluée à 400 000 francs.

Masséna (rue) ㉗

n° 29

On diminue les patrons. Content de son mitron, le boulanger Jean-Marie Mayot, 57 ans, accepte de l'augmenter en février 1899, mais refuse de le faire une seconde fois le 1er mars. L'apprenti, Henri Rey, 20 ans, décide alors de s'en aller et réclame son dû, soit 20 francs. Avec cette somme, il va aussitôt s'acheter un pistolet. Il tue son patron, dans le fournil, vers 2 heures du matin, avant d'aborder un policier sur la place des Terreaux et lui expliquer : « Les patrons ne veulent pas nous augmenter, eh bien, nous les diminuerons. »

n° 54 bis

Le fusil du père. Ils s'étaient connus au lycée du Parc, s'étaient aimés lors de vacances en Grèce, mais à leur retour, Catherine, 18 ans, n'a plus voulu poursuivre cette liaison. Alors Olivier, 19 ans, s'entaille d'abord les veines, mais comme ce geste d'amour n'a pas d'effet sur la jeune fille, il va chercher le fusil de son père et tue sa dulcinée dans le hall de sa résidence, le 3 octobre 2001. Rattrapé dans sa fuite par d'autres étudiants, il leur assure que sans cette arrestation, il se serait suicidé.

n° 95

Étourdi. En venant réparer une fuite de gaz au quatrième étage de l'immeuble, un employé de la Compagnie oublie de fermer le robinet quand il allume sa lampe à souder, le 12 septembre 1896, à 7 heures du matin. L'explosion est si violente qu'un plafond s'effondre sur les clients d'un café-comptoir. Bilan : une dizaine de blessés.

Alors, combien ? Pendant la nuit du 25 novembre 1896, des malfaiteurs, en passant par le toit d'un bâtiment voisin, pénètrent dans l'église Saint-Joseph et fracturent tous les troncs. Butin inconnu.

Montgolfier (rue) ㉘

n° 44

Deux sans trois. Un homme d'une quarantaine d'années fait irruption dans le cabinet d'un chiropracteur lyonnais, Gérard Yvroux, 44 ans, et fait feu sur lui à quatre reprises, l'atteignant une seule fois au visage, le 28 juin 1986. Miraculeusement rescapé ce jour-là, le praticien trouvera la mort douze ans plus tard, renversé par une voiture.

Morand (pont) (anc. pont Rouge et pont de la Victoire) ㉙

Le feu et l'eau. Ce pont a été sauvé le 7 septembre 1793 par un soldat lyonnais, un certain Tourtelon. Il arracha les mèches des brûlots lancés par les canonniers de la Convention qui voulaient y mettre le feu. Mais l'édifice ne résista pas à une crue du Rhône, qui emporta quatre de ses arches le 19 octobre 1825.

Avant la loi Évin. Pour échapper à une taxe sur le vin au détail décrétée par l'archevêque Antoine de Montazet, les premiers canuts lyonnais, qui s'en étaient allés boire moins cher dans les auberges de la Guillotière, refusent, le 10 août 1786, de payer le péage du pont Morand pour regagner la Croix-Rousse. Trois d'entre eux sont aussitôt exécutés sans autre forme de procès par le prévôt, baron d'Yzeron. D'autres sont tués par les tirs des cavaliers de la maréchaussée.

Ney (rue) 30

n° 27

Brûlée vive. En s'approchant trop près de sa cuisinière, une vieille dame de 89 ans meurt brûlée vive le 15 juillet 1991 dans son appartement du troisième étage. Ses vêtements synthétiques ont pris feu à l'approche de la flamme du réchaud.

n° 32

Chemise sale. En nettoyant sa chemise près d'une lampe à pétrole, le 4 janvier 1899 au matin, Jeanne Poucheron, 68 ans, met le feu à ses vêtements. À ses cris, les voisins l'enveloppent dans une couverture, mais elle meurt le soir à l'hôpital.

n° 62

Haché menu. Le 25 mai 2000, un habitant de l'immeuble, Esteban, surprend un voisin en train de laver à grande eau, en pleine nuit, le palier de son étage. Et comme il croit avoir aperçu du sang, il appelle la police, laquelle découvre, dans différentes poubelles, des sacs en plastique renfermant une main, une tête, un bras, etc. Ils appartiennent à un autre locataire, Jean-Marie Guest, qui a été égorgé, décapité, dépecé et même émasculé. Ses testicules avaient été empaquetés dans un exemplaire du journal *Le Monde* de 1999. L'auteur de cette boucherie, qui n'a jamais reconnu les faits, a été interné.

n° 86

Suprême chic. On avait d'abord pensé à un nouveau forfait des apaches quand un wattman, agressé dans son tramway, meurt peu après. Ce 17 février 1920, ses collègues, excédés, se mettent en grève. Les assassins s'avèrent être des employés commerciaux en goguette, accompagnés de deux dames, dont l'une portait un chien dans son manchon.

Puvis-de-Chavannes (place) 31

Réunion secrète. Les Allemands surprennent le 10 juin 1944 onze communistes réunis dans un abri de cette place. Ils en tuent quatre et emmènent les sept autres à la Gestapo.

Récamier (rue Juliette-) 32

n° 4

Bombinette. Le 5 octobre 1958, vers 2 heures du matin, une bombe explose devant le siège de l'Union des jeunesses républicaines. Pas de victime, mais beaucoup de dégâts matériels pour cet attentat jamais revendiqué.

n° 75

Ripoux. C'est à cette adresse que se situait le commissariat du 3e arrondissement, avant qu'il ne soit regroupé avec celui du 6e. Commissariat d'apparence ordinaire, mais au sein duquel une partie du personnel se livrait, même durant les heures de travail, à une activité plus que répréhensible. Cinq des policiers, deux enquêteurs, deux inspecteurs et un gardien de la paix, associés à neuf truands de profession, ont en effet, sur une période de cinq ans, commis, à Lyon et dans d'autres départements, 61 hold-up, dont deux ont fait trois morts, avant d'être condamnés par la cour d'assises du Rhône, en février 1966.

Robert (rue) 33

n° 50

Misère. En travaillant dans l'appartement où il venait d'emménager, Paul Fraysse découvre, le 9 novembre 1935, sous le carrelage de la chambre, le squelette d'un jeune enfant. Grâce au registre des locataires, les parents sont arrêtés et avouent qu'un an plus tôt, n'ayant pas les moyens de soigner leur fille, chétive, âgée de 9 jours, ils ont préféré la tuer et cacher son cadavre.

Roosevelt (cours Franklin-) (anc. cours Morand) 34

Syndicalement incorrects. 1891 : la bourse du travail est fondée et occupe les locaux du théâtre des Variétés. Très vite, le maire, Victor Augagneur, et son conseil municipal, qui ont droit de regard sur la maison des syndicats, accusent les responsables de dilapider l'argent dédié au fonctionnement de l'établissement. En 1892, ils suspendent les salaires du personnel pour une durée de six mois et procèdent à la fermeture des locaux. Opération rééditée en 1905, sous prétexte que les syndicats refusent de remettre à la mairie la liste des organisations. Premiers visés, les syndicats révolutionnaires et les anarchistes, qui convoquent un meeting de protestation. Les « mal-pensants », expulsés de la bourse, s'exécutent en entonnant l'*Internationale*, et se réfugient au comptoir Masson, au n° 44 de la rue Morand. Les syndicats « réformistes » suivent jusqu'en 1906, où ils soumettent au nouveau maire un règlement plus « sage ». Accepté... bien sûr, et même accompagné d'une subvention exceptionnelle de 7 000 francs de l'époque !

n° 29

Mystère. Sur le balcon du notaire lyonnais, Louis Chaine, est installé, dès le 23 septembre 1980, un chiffon rouge monté sur un manche à balai. Il s'agit là d'un signal du notaire pour faire comprendre aux ravisseurs de son gendre, Bernard Galle, que la rançon exigée pour sa libération (5 millions de francs) a bien été réunie. Elle est versée le 17 octobre suivant à Décines par un associé du notaire, mais jamais Bernard Galle ne sera relâché et encore moins retrouvé, pas plus vivant que mort.

n° 35

Pas de détail. Atteint d'une sévère dépression, le gérant de l'épicerie Minigro, Maurice Bages, 44 ans, massacre sa sœur Françoise, 39 ans, et sa fille Marie-José, 17 ans, à coups de bouteille, le 27 octobre 1980, dans leur appartement situé au-dessus du magasin, puis il se pend dans l'arrière-boutique.

Sarrail (quai du Général-) 35

n° 2

Après le facteur. Vers midi, le 9 février 1985, on découvre dans son appartement au quatrième étage la « mémé si gentille » de l'immeuble, Sabine Méandre, 82 ans, étranglée sur son lit. Rien n'a été volé, seul un trousseau de clés a disparu. Elle était en vie à 10 heures. On l'a vue aller chercher son courrier dans sa boîte aux lettres.

n° 6

Pour une bagnole. Vers 22 heures, le 28 octobre 1982, le jeune Wahid H. a le tort de s'intéresser de trop près à une somptueuse BMW garée sur le quai. Sans s'imaginer un instant qu'un plâtrier-peintre, Nicolas B., la surveille depuis les fenêtres de l'appartement de ses parents. Pour la protéger, il va chercher son fusil et tire cinq fois. Wahid s'écroule, mort. Quant au tireur, il écope de cinq ans de prison, dont deux avec sursis.

Saxe (avenue du Maréchal-de-) 36

n° 140

Leçon radicale. Vers 19 heures, le 9 janvier 1933, un marchand forain de 40 ans, Pierre Trève, est renversé devant cet immeuble par le conducteur d'une voiture, qui prend la fuite. Il meurt presque aussitôt. Le lendemain, en lisant le journal, le chauffard comprend qu'il est devenu un meurtrier et se constitue prisonnier en disant : « Je l'avais klaxonné, il aurait dû se bouger. J'ai vu dans mon rétro qu'il remuait, je me suis dit que ça lui servirait de leçon. »

Sèze (rue de) 37

n° 34

Restent les vélos. Vers 20 h 30, le 26 juin 1944, quinze résistants dont une femme pénètrent dans ce garage. Après avoir désarmé cinq gardiens de la paix et les avoir enfermés dans les lavabos, ils font exploser une trentaine de charges, qui détruisent vingt-cinq véhicules de l'armée allemande. Les dégâts s'élèvent à 1 million de francs.

n° 43

Trop. Vers 20 heures, le 7 mars 1982, un inconnu tente de kidnapper le petit David, âgé de 8 mois, que sa tante de 18 ans, Marie Pintu, tenait dans ses bras. Ses cris lui font prendre la fuite. Comble de malchance, quelques jours plus tard, David, sa mère et sa tante sont hospitalisés pour une intoxication au monoxyde de carbone.

n° 119

Pseudo. Le 25 octobre 1984, la DST appréhende un locataire de cet immeuble dans son appartement du cinquième étage, un certain Abdelkader Saadi. En fait, se cachait sous ce nom le responsable des FARL (Forces armées révolutionnaires libanaises), Georges Ibrahim Abdallah, 33 ans. Son mouvement avait revendiqué six attentats commis à Paris entre 1981 et 1984, ayant entraîné la mort de deux diplomates (un Américain et un Israélien) et de deux artificiers de la police parisienne. Il a été condamné à Lyon à quatre ans de prison, le 10 juillet 1986.

Stalingrad (boulevard de) 38

Le palais d'Hiver s'embrase. Vers 5 heures du matin, le 9 octobre 1962, un incendie, dont on ne saura jamais s'il était accidentel ou criminel, détruit presque entièrement le palais d'Hiver que dirigeait à l'époque Roger Lamour. Le préjudice est estimé à 300 millions d'anciens francs.

n° 111

Tenace. Quand le peintre-plâtrier Anselme Ricotti, 57 ans, est percuté par un chauffard le 2 mars 1956 vers 19 heures, il transporte heureusement, à l'avant de son vélo, un pot de peinture blanche, qui se renverse au moment du choc. C'est ce qui a permis de confondre l'écraseur, plusieurs jours plus tard. Il n'était pas parvenu à faire disparaître quelques taches sur sa voiture, même avec de l'essence et autres produits dissolvants.

Sully (rue) 39

Méprise ? Le 6 juin 1982, un riverain entend des coups de feu vers 21 h 30 et voit s'enfuir deux silhouettes de motards. Un homme gît à côté d'une Austin noire. C'est Georges Halatas, directeur du centre de massage situé à quelques mètres. Il a emprunté la voiture à sa nièce pour la soirée. Des témoins avaient remarqué un véhicule similaire garé à proximité. Méprise sur le contrat ?

n° 80

Six coups pour rien. Entre François Gardette, chiffonnier de 25 ans, et son voisin boulanger, Jacques Colombin, les rapports ont toujours été tendus. Mais quand le commerçant de 54 ans s'oppose à son mariage avec l'une de ses parentes, le jeune homme voit rouge, le 11 mars 1899. Et vers 21 heures, dans son fournil, il a fait feu sur lui à six reprises avec son revolver. Mauvais coucheur, mais mauvais tireur aussi, puisque le boulanger n'a été touché qu'une seule fois, légèrement, à l'aisselle. Le mariage n'a pas eu lieu.

n° 80

Il pète les plombs. Excédé par le bruit des klaxons provoqués par un embouteillage, un étudiant en médecine tire au hasard dans la rue, le 19 décembre 1978, par la fenêtre de son appartement. Deux passants sont légèrement blessés par les plombs.

Tête-d'Or (parc de la) 40

Embroché. En se promenant à bicyclette dans une allée du parc, le 7 juillet 1893, un garçon de 20 ans ne maîtrise plus son engin et va s'empaler sur le timon d'une voiture à cheval. Il meurt sur le coup.

Gros nounours. En août 1892, une bande d'enfants jouent autour de la cage aux ours. Quand l'un d'eux, Henry Perron, s'approche trop près. Les crocs de Micha le laissent avec une jambe broyée.

Au chaud. Pour une banale réflexion, deux groupes de jeunes gens en viennent aux mains, le 5 avril 1896, dans l'allée du Fleuriste, non loin des serres du parc. L'un d'eux, militaire en fausse permission, sort sa baïonnette et tue l'un de ses adversaires. Il sera envoyé dans les bataillons d'Afrique.

À trois. Le couple Simonet profite du beau temps, le 10 juin 1930, pour aller canoter sur le lac, en compagnie d'un ami. À la hauteur de l'île aux cygnes, Mme Simonet, 45 ans, se lève dans la barque, bascule dans l'eau et se noie. L'ami, Joseph Gaufroid, 45 ans, se voit reprocher par le mari d'avoir poussé sa femme à l'eau, ce qui ne sera jamais prouvé.

Où sont les fauves ? Au cours de la nuit du 28 avril 1964, des inconnus ouvrent plusieurs cages de la ménagerie du parc et des animaux s'échappent. Puma, ocelot, renards, zèbres et kangourous sont aisément rattrapés par les gardes, mais l'ours Sylvestre doit être abattu au moment où, par une des villas qui bordent le parc, il va s'engager sur le boulevard des Belges.

Erpétologiste en herbe. Le 18 septembre 1980, les animaliers du parc de la Tête-d'Or découvrent que deux bébés boas arc-en-ciel (80 cm) ont disparu du vivarium, ainsi qu'un couple de pythons molures, longs de 3,50 mètres et pesant 20 kilos chacun. Les pythons sont retrouvés vivants chez un ado de 15 ans, mais pas les boas. Le voleur se prétendait ami des bêtes et s'était laissé enfermer dans le parc pour commettre son rapt.

Garce. À la suite d'une scène de ménage avec sa femelle Sonia, un superbe lion de l'Atlas, Sultan, âgé de 12 ans, préfère plonger dans son bassin vers 14 heures le 11 février 1984. Durant des heures Sonia l'empêche de revenir sur la berge par les trois marches de l'escalier prévu à cet effet. Sultan meurt noyé. Heureusement pour le cheptel du parc, un girafon y était né la veille.

Ah, l'amour ! Doyen des animaux du parc de la Tête-d'Or, Mako, un éléphant de 52 ans, arrivé à Lyon en 1948, est victime d'un malaise le 21 janvier 1998. On doit l'anesthésier avant de lui tirer deux balles de 458 magnum dans la tête. Quinze jours plus tard, Pankov, sa préférée, meurt à son tour, de chagrin, assure le vétérinaire. Depuis le décès de Mako, elle ne mangeait plus, ne buvait plus et refusait de rentrer dans son box. Le vin chaud et les comprimés d'aspirine n'ont pas eu raison de sa détresse.

Très drôle. Pour s'amuser, cinq jeunes gens ont lâché leur pitbull, le 29 décembre 2000, vers 17 heures, dans l'enclos des daims. Un cervidé en est mort, l'autre a été blessé. Les gardes du parc, menacés également, n'ont pu intervenir.

Vieux prédateur. Il y a foule dans les allées du parc en raison du grand beau temps qui règne sur Lyon ce dimanche 20 mars 2005. Ce qui explique que Mélanie, 5 ans, une jolie fillette d'origine asiatique, perde de vue sa grande sœur, vers 18 heures, aux abords de la mare aux canards et du théâtre Guignol. Un inconnu, un « prédateur », selon les policiers, en profite pour emmener la gamine, qui n'est retrouvée, vivante, que le lendemain matin, à Saint-Genis-Laval. Elle n'a pas été violée, mais elle racontera être montée d'abord dans un bus, puis avoir passé la nuit dans un appartement, nue sur un lit avec « le vieux tout nu aussi », à côté d'elle. C'est cet homme qui la déposera le lundi au petit matin près du centre commercial en lui disant d'aller frapper à la porte d'une villa. Deux mois plus tard, un chômeur de 22 ans, Arezki M., est arrêté par les gendarmes. Non seulement il reconnaît l'enlèvement, mais six autres agressions sexuelles sur des mineurs de 6 à 12 ans, garçons ou filles, dont trois qualifiées de viols.

Tête-d'Or (rue) 41

n° 35

Le mage à la cour. En 1885, vient s'installer à cette adresse, dans un hôtel particulier, un homme de 36 ans, Nizier Anthelme de ses prénoms et

Philippe de son nom, issu d'une famille pauvre de la Savoie, mais qui opère, dit-on, des guérisons depuis son jeune âge. Son cabinet lyonnais ne désemplit pas. On vient même le voir de l'étranger pour ses « miracles » et ses prophéties, au point que le tsar Nicolas II le fait venir à la cour de Russie, où il se fait des ennemis. Rentré à Lyon, rue Tête-d'Or, il s'y éteint à l'âge de 56 ans, le 2 août 1905. Sa tombe se trouve au cimetière de Loyasse.

n° 63

Balle perdue. Le 12 août 1960, lors d'un règlement de comptes entre le FLN et le MNA au café Chez Simon, un client chauffeur de camion, Joseph Nohra, 59 ans, est tué par une balle perdue. L'attentat fera une autre victime, Ali Boularial, 37 ans.

n° 65

Bouche cousue. À la suite d'un différend avec un consommateur qu'il connaît pourtant bien, un marchand des quatre saisons, Pierre Pellegrin, 32 ans, est grièvement blessé, dans le café-comptoir de M. Combe, le 4 mai 1923. « Je saurai bien me venger », dit-il aux policiers accourus sur place, à qui il refuse de donner le nom du tireur. Même refus, juste avant de mourir, devant le commissaire venu le voir à l'hôpital.

Thiers (avenue) 42

n° 106

Champagne poursuite. Pour récupérer sa femme qui venait de le plaquer, Alphonse Peter, 26 ans, manœuvre, s'en va la rechercher chez son beau-frère le 5 décembre 1927, avec une bouteille de champagne. Mais aussi avec un revolver. Il la blesse au bras, à la tête et au cou. Puis se rend chez sa belle-sœur, après être passé prendre un second revolver, pour l'accuser d'être a l'origine de leur séparation. Il tire, la blesse à l'épaule et à la poitrine, avant de se suicider d'une balle dans la tempe.

n° 131

L'allumette de trop. Le 26 août 1969, un jeune désespéré de 30 ans, Claude F., ouvre le gaz et craque une allumette. La maison s'effondre sur ses occupants : un mort et trois blessés graves.

Tronchet (rue) (anc. allée des Soupirs) 43

Fusillade. Dans le vaste groupe scolaire qui s'étend de la rue Tête-d'Or à la rue Masséna, les Allemands avaient, durant l'Occupation, installé un hôpital militaire. Ils l'évacuent, car c'est la débâcle, le jeudi 24 août 1944 vers 15 h 30. Ce qui incite les habitants du quartier à venir y rechercher d'éventuelles victuailles abandonnées. Mais un détachement allemand surgit et tire dans la foule. Bilan : 26 morts et plusieurs dizaines de blessés, parmi une population inoffensive essentiellement composée de femmes et d'enfants.

n° 115

Indépendant. Le 25 janvier 1971, une bombe explose devant l'appartement de Paul Feuga, président de la section Rhône-Alpes des Républicains indépendants. L'attentat n'a pas été revendiqué, mais c'est miracle qu'aucun de ses six enfants n'ait été blessé.

Vauban (rue) 44

La gadoue. Le 14 juin 1982, à l'angle du boulevard des Brotteaux, une canalisation se rompt et plusieurs centaines de mètres cubes d'eau et de boue envahissent le quartier.

n° 2

Aux armes. Quand le 6 novembre 1957, vers 11 heures le matin, le sous-brigadier René Boccard, 37 ans, de faction devant l'hôtel de police, voit trois Nord-Africains sortir chacun une arme, il a juste le temps de crier « aux armes » pour alerter ses collègues, avant d'être mortellement blessé. Il était marié et père de deux enfants. FLN ou MNA ? On n'a jamais su.

À l'abri des mites. Durant les travaux effectués dans les locaux de l'ancien hôtel de police, destinés au futur service des cartes grises de la préfecture, les ouvriers découvrent, le 30 juin 1987, dans un mur, un coffre en plomb de 5 kilos. Il renferme la soutane de Pie IX, qui fut pape de 1846 à 1878.

n° 36

À la bougie. Le 12 octobre 1896, des locataires de l'immeuble entendent vers 5 heures du matin leur voisine Alexandrine Morel, 77 ans, appeler au secours. Il est trop tard quand ils arrivent, la vieille dame est déjà morte, calcinée. En allumant une bougie, elle a mis le feu à ses vêtements, puis, en tombant, à une couverture et des rideaux.

n° 55

Oh ! hisse ! Alors qu'il hissait des matériaux aux étages supérieurs d'un immeuble en construction, un manœuvre de l'entreprise Savoye est mortellement blessé par la chute d'une planche, le 6 janvier 1957.

n° 74

L'arsenal. En 2002, cinq ans après son arrestation, les policiers retrouvent deux nouvelles caches d'armes de l'artificier d'Action directe, Max Frérot. Une dans le 7e arrondissement (voir rue Élie-Rochette) et celle de la rue Vauban, au sous-sol, derrière un mur de moellons dressé dans le box 110. Il y a là 30 kilos d'explosifs, des armes et des gilets pare-balles.

Le butin total de ces deux caches est impressionnant : 100 kilos d'explosifs, des mèches lentes, des détonateurs, mais aussi 2 grenades, 15 pistolets, 20 pistolets-mitrailleurs, 2 000 cartouches et des faux passeports.

n° 119

Chère auto. Lorsqu'il voit, le 29 janvier 1991, un homme s'installer au volant de sa voiture pour la lui voler, vers 18 h 15, Laurent Vivier, 28 ans, cherche à s'interposer. Mais le voleur le percute plusieurs fois et le traîne sur plusieurs mètres alors qu'il s'agrippe à sa portière. Il en meurt. Rattrapé par des passants, le meurtrier, Serge T., 27 ans, avait déjà été condamné pour vols et viols.

n° 124

Encore le gaz. Vers 11 h 30, le 10 avril 1995, une explosion due à une fuite de gaz ravage cet immeuble de sept étages. On déplore quatre blessés graves et huit plus légèrement atteints.

Vendôme (rue) 45

Deux par deux. Pendant le siège de Lyon, le 4 décembre 1793, à l'angle de la rue Tronchet, a lieu la première fusillade où les victimes, enchaînées deux à deux par les poignets, tombent directement, après les coups de feu, dans un fossé creusé au préalable. Lorsqu'en 1896 on a voulu construire des immeubles à cet endroit, une trentaine de squelettes encore unis ont été mis au jour.

Vibert (rue Laurent-) (anc. rue du Parfait-Silence) 46

n° 6

Acharnement. Dans cette rue, qui portait le joli nom de Parfait-Silence, du nom d'une loge maçonnique située près de la rue Garibaldi, une femme de 65 ans, Mme veuve Pichot, est retrouvée morte chez elle le 9 décembre 1895, tuée de cinquante coups de tiers-point (une lime). L'arme est retrouvée sur place. Le voleur, qui a négligé des bijoux et des titres au porteur, a tout de même emporté 60 francs en or, 2 000 francs en valeurs, mais aussi la montre de sa victime, tout en lui arrachant sa bague et ses boucles d'oreilles.

Weill (rue du Professeur-) 47

n° 25

Morte et nue. Dans la rue où elle se prostituait, on la surnommait Ludmilla, mais elle recevait aussi des clients à cette adresse. Et c'est à ce domicile que Bernadette Pélissier, 28 ans, a été retrouvée nue, sur son lit, égorgée, le 2 mars 1976.

7e ARRONDISSEMENT

Anvers (rue d') ❶

Pas du cinéma. Des hommes masqués de noir, le 29 décembre 1957, attaquent le cinéma Éden avec des calibres de 7,65 mm. Devant les affiches de cette salle essentiellement fréquentée par une population maghrébine, un manœuvre algérien de 32 ans s'écroule, touché à mort. Raid MNA contre FLN, retient la presse.

n° 49

Barbarie. Le 3 octobre 2001, on découvre, dans son logement de deux pièces, Yvette Bouillet, 76 ans, morte après avoir été battue si sauvagement que le légiste dira n'avoir jamais connu une telle violence en trente ans de pratique. Le meurtrier, Richard Z., un toxicomane de 35 ans, sera confondu par l'empreinte de ses chaussures et par ses vêtements tachés du sang de sa victime. Malgré ses dénégations, il sera condamné à trente années de réclusion par la cour d'assises du Rhône, le 3 mars 2005.

n° 54

Bombance. Trois fêtards pénètrent à 7 heures chez M. Gonnet, cafetier, le 5 mai 1902, et se font servir à boire. Profitant de l'inattention de leur hôte, ils s'esquivent avec quatre saucissons et une bouteille de malaga.

Bancel (rue) (anc. rue des Culattes) ❷

Petits esclaves. Dans cette rue, M. Mesmer, propriétaire d'une verrerie, est condamné, le 1er mai 1890, pour avoir fait travailler plus de six heures de suite des enfants de moins de 12 ans. De plus, il ne les autorisait pas à suivre les deux heures d'instruction prévues par la loi. Comme beaucoup de ses collègues, il produisait des vrais-faux certificats d'assiduité délivrés par des écoles congrégationistes qui, pourtant, n'étaient pas agréées pour ce faire. Résultat : 21 amendes de 5 francs et le coût du jugement.

n° 117

Y a quelqu'un. Le 27 mai 1956, vers 4 heures, Mme Verne aperçoit le faisceau d'une lampe sur le plafond de son épicerie. Elle réveille son mari

7e ARRONDISSEMENT

1 Anvers (rue d')

2 Bancel (rue) (anc. rue des Culattes)

3 Béchevelin (rue)

4 Bernard (quai Claude-)

5 Berthelot (avenue)

6 Bloch (rue Abraham-)

7 Bollier (rue André-)

8 Boyer (rue Claude-) (anc. rue de Provence)

9 Brunard (rue Jules-)

10 Carteret (avenue Jules-)

11 Chalopin (rue)

12 Colombier (rue du)

13 Debourg (avenue de)

14 Farge (boulevard Yves-)

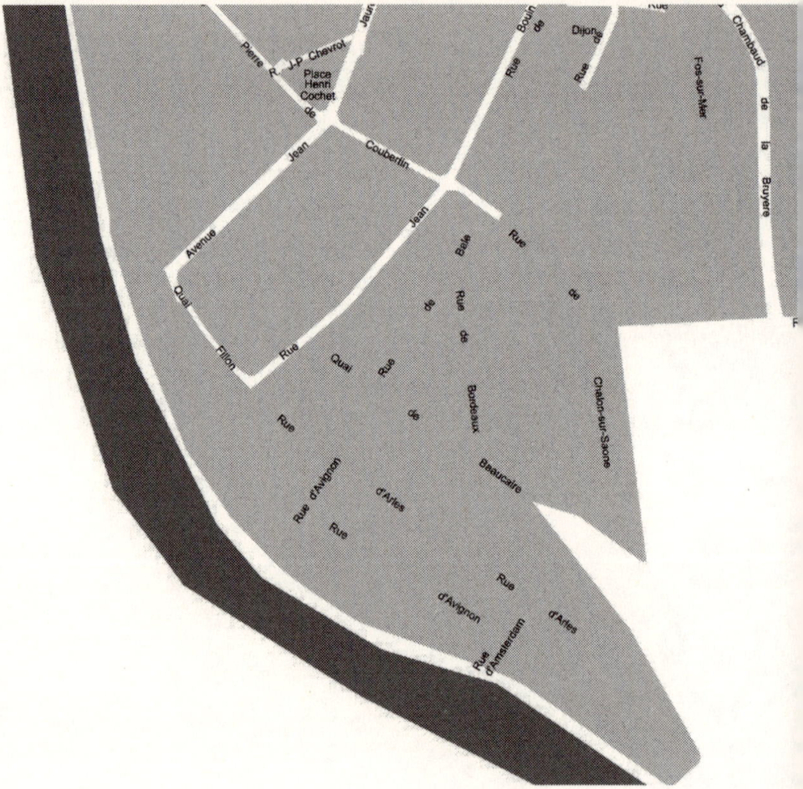

❶❺ Faure (avenue Félix-)

❶❻ Gambetta (cours)

❶❼ Gerland (rue de)

❶❽ Grignard (rue du Professeur-)

❶❾ Gryphe (rue Sébastien-)

❷⓿ Guesde (place Jules-)

❷❶ Guillotière (grande-rue de la) (anc. chemin de la Table-Ronde)

❷❷ Jangot (rue)

❷❸ Jaurès (avenue Jean-)

❷❹ Leclerc (avenue)

❷❺ Macé (place Jean-)

❷❻ Madeleine (rue de la)

❷❼ Marseille (rue de)

❷❽ Mérieux (rue Marcel-)

❷❾ Meunier (rue)

❸⓿ Montesquieu (rue)

❸❶ Mouche (gare de la)

❸❷ Ollier (place)

❸❸ Passet (rue)

34 Pasteur (rue) (anc. rue de Béarn)

35 Rachais (rue)

36 Raulin (rue)

37 Reinach (rue Salomon-) (anc. rue des Trois-Pierres)

38 Repos (rue du)

39 Rochette (rue Élie-)

40 Saint-Louis (place)

41 Servant (rue Raoul-)

42 Stalingrad (place de)

43 Surville (rue de)

44 Tchécoslovaques (boulevard des) (anc. boulevard des Hirondelles, en 1943)

45 Thibaudière (rue de la)

46 Trois-Pierres (rue des)

47 Varille (rue Mathieu-)

48 Verriers (rue des)

49 Vienne (route de)

50 Vigilance (rue de la)

Gabriel, qui s'empare de son arme et arrête son cambrioleur, Étienne T., 33 ans, qui venait de sortir de prison. Pour pénétrer dans les lieux, il était passé par le vasistas resté ouvert.

Béchevelin (rue) ❸

Antijudaïsme déjà. En 1321, sur l'ordre de l'archevêque Pierre de Savoie, tous les malheureux qui étaient logés dans les léproseries de Lyon (Balmont, Griffon, Ainay et Madeleine) sont conduits sur la rive gauche du Rhône, à Béchevelin, pour y être brûlés. Ils étaient accusés d'avoir, à l'instigation des Juifs, empoisonné les puits et les fontaines du centre de Lyon.

n° 6

Pour 500 francs. Le 10 juin 1973, Félix-Antoine Cluzel, âgé de 73 ans, est retrouvé mort dans les combles de son immeuble, les mains et les genoux liés. Il avait retiré, quelques heures plus tôt, 500 francs à la Caisse d'épargne et avait sans doute été suivi par son meurtrier.

Bernard (quai Claude-) ❹

Chien fou. Le 1er octobre 1895, vers 10 h 30, le caniche que promène Mme Berton se lance, pour jouer, à la poursuite d'une hirondelle. Mais lorsque l'oiseau oblique vers le Rhône, le chien impétueux franchit le parapet et s'écrase malheureusement sur le bas port.

n° 17

La mémoire en feu. En pleine nuit, le 12 juin 1999, un incendie vraisemblablement criminel ravage l'aile sud et le dôme de l'université Lyon-II construite à la fin du XIXe siècle. Il est maîtrisé en quatre heures de temps, mais le feu et l'eau ont détruit 350 000 ouvrages de la bibliothèque, dont certains des XVIe, XVIIe et XVIIIe siècles. Mais 80 000 ont pu être sauvés. Des traces d'hydrocarbures sont relevées par les enquêteurs.

n° 20

Violences à l'hôpital. Trois frères, qui ont amené leur mère à l'hôpital Saint-Luc, le 20 décembre 2003, pour une consultation, se déchaînent contre le personnel alors qu'ils sont en salle d'attente. L'un d'eux avec une matraque, sous prétexte d'avoir entendu un cri dans le cabinet médical. Deux médecins, une infirmière, une aide-soignante et un brancardier sont blessés, avec un arrêt de travail de huit jours. La même scène ou presque se renouvelle dans le même hôpital durant la nuit de la Saint-Sylvestre. Un médecin, un brancardier et deux infirmières sont blessés par deux frères qui trouvaient que leur petite amie tardait à être soignée pour une broutille. Pour cela, ils sont condamnés à douze et quinze mois de prison ferme, le 29 juillet 2004.

Et aussi le feu. Le 26 mai 1986, vers 15 heures, un incendie se déclare à l'hôpital Saint-Luc, dans un placard du service d'ophtalmologie, puis un second deux heures plus tard dans la climatisation du bloc opératoire. Comme ces deux incendies criminels sont suivis de deux alertes à la bombe, les policiers découvrent vite le coupable, Sylvain C., un brancardier de 24 ans, qui a écopé d'un an de prison avec sursis, le 16 novembre 1987.

Berthelot (avenue) ❺

Cibles ratées. Il fait beau sur Lyon, ce vendredi 26 mai 1944, lorsque, vers 10 h 40, plusieurs centaines d'avions américains larguent 1 500 bombes incendiaires sur le quartier. L'École de santé militaire, siège de la Gestapo, est touchée, mais aussi les rues voisines : Pasteur, Jaboulay, Parmentier, Saint-Michel et la place Jean-Macé. On déplore 700 morts, autant de blessés graves et 20 000 sinistrés. Le même bombardement sur la gare de Vaise fait au moins 300 morts. Mais la gare de Perrache, le pont du chemin de fer et la voie ferrée, qui étaient visés, sont épargnés. Les avions volant trop haut, ils ont manqué de précision. Tout cela était-il bien utile ?

n° 5

Mort élégante. Mais qui est ce jeune homme élégant, cravaté de rouge, trouvé mort d'un coup de pistolet en plein cœur, dans la cave de l'immeuble en construction, en l'année 1951 ? Il n'a pas de papiers. On saura finalement que c'est Guy F., habitant de l'Ain. Il n'avait pas supporté un chagrin d'amour.

n° 14

Fait accompli. Le commissaire de permanence, M. Malapert, est appelé par les autorités allemandes, le 24 novembre 1943 à 22 h 45, à l'École de santé militaire, siège de la Gestapo, pour venir chercher les corps de huit détenus politiques exécutés. Ils se seraient rebellés contre une sentinelle allemande. Et le même commissaire doit y retourner, le 29 janvier 1944, pour aller chercher le corps d'un architecte de 40 ans, Maurice Pagenel, qui se serait pendu !

Mais c'est un autre commissaire qui va chercher, le 21 avril 1944, les corps de Bernard Kleimann, 19 ans, et de Salomon Hasson, 56 ans, tous les deux tués par des balles dans le dos.

Et puis, le 5 mai 1944, deux détenus, Henri Coupat, 20 ans, et Lucien Robain, 40 ans, sont retrouvés pendus dans les mêmes locaux sans explication de la police allemande. Même démarche des Allemands auprès de la police française, le 16 mai 1944, pour Louis Desbois, 26 ans, qui se serait pendu dans sa cellule et Grumbach Bucher, même âge, abattu alors qu'il cherchait à s'enfuir.

Et enfin, le 3 juin 1944, c'est au tour d'Antoine Vologe, 35 ans, président du Lyon olympique universitaire, ancien international d'athlétisme, de subir le même sort en cherchant à s'évader.

Cinéphiles. En septembre 1992, un vigile chargé de la surveillance du musée de la Résistance est endormi par un jet de bombe, puis bâillonné et enfermé dans un réduit par trois malfaiteurs qui dérobent le matériel de projection et de sonorisation.

n° 116

Fenêtre sur cour. Parce qu'elle s'inquiétait de voir la fenêtre d'un vieillard, qu'elle connaissait, toujours allumée, dans l'immeuble situé de l'autre côté de l'avenue, une habitante appelle le fils de celui-ci le 8 août 2002. Il découvrivra son père, âgé de 90 ans, étendu sur le sol, mort avec une plaie à la tête. Quant à sa mère, âgée de 89 ans, atteinte de la maladie d'Alzheimer, elle est assise depuis deux jours au moins devant le cadavre de son époux. Le parquet demande une autopsie, malgré la conclusion du médecin légiste : mort naturelle. Le vieil homme a bien été assassiné d'un coup à la tête.

n° 184

Peur. Le 23 octobre 2003, Gérard B. reçoit dans son appartement du quatrième étage trois copains rencontrés récemment à Paris. Homosexuel, confit en religion, ce cuisinier des Hospices civils de Lyon s'aperçoit trop tard que ses amis de rencontre ne sont que de pâles voyous. Vers 23 heures, ils commencent à le gifler pour obtenir sa carte bancaire, son code secret et son chéquier. Désemparé, le jeune homme préfère enjamber son balcon et sauter dans le vide. Le toit d'un garage amortit heureusement sa chute de 15 mètres. Les voisins le découvrent deux heures plus tard, en sang, atteint de multiples fractures, mais vivant. Ses trois agresseurs sont condamnés à cinq ans de prison, le 27 avril 2005.

Bloch (rue Abraham-) ❻

Phinéas. Le 9 août 2004, le gardien du cimetière israélite de la Mouche constate que 60 tombes ont été profanées par des tags représentant des croix celtiques et gammées, ainsi que deux signatures : Adolph et Phinéas. Il découvre aussi une hache ensanglantée. L'enquête rapproche cet incident de l'agression à la hache subie quatre jours plus tôt à Villeurbanne par un maghrébin. Puis, le 16 du même mois, un garçon de 24 ans, Michaël T., se présente dans un commissariat parisien pour revendiquer l'agression d'un autre maghrébin à Paris. Et comme il prétend s'appeler Phinéas, le rapprochement est facile avec la profanation lyonnaise. Immature, le garçon baignait dans le surnaturel.

Bollier (rue André-) 7

n° 11

Chien perdu. Le feu prend en sous-sol, vers 16 heures, dans cet immeuble de huit étages et quatre-vingt-huit appartements, en ce début d'année 1984. Conséquence d'une étincelle due à des travaux. Aucune victime, hormis un fox-terrier de 11 ans, qui avait échappé à la vigilance de sa maîtresse.

Boyer (rue Claude-) (anc. rue de Provence) 8

Anticommunisme. Cette nuit du 18 novembre 1981, Georges Marchais est à Lyon pour un meeting. Une voiture, en stationnement devant le siège du PCF de l'arrondissement, est l'objet d'un incendie, rapidement maîtrisé par les pompiers. Mais aussitôt une intense chaleur sort du local politique. Seule la moquette a pris feu.

n° 25

L'eau qui tue. En arrosant ses plantes sur son balcon du troisième étage, le 6 juillet 2000 au soir, Daniel V. ne prend pas garde que quelques gouttes d'eau mouillent un peu le balcon de son voisin du rez-de-chaussée, Jean-Claude G., lequel l'insulte et lui demande de venir s'expliquer. Il le poignarde au ventre dès son arrivée dans la rue. Puis, calmement, il s'en va chercher une couverture, roule le cadavre dedans et s'apprête à le hisser dans sa fourgonnette, sans doute pour le faire disparaître, quand la police, appelée par des témoins, met fin à son projet.

n° 27

Pas à jour. Le 15 juillet 1962, deux Nord-Africains, Salah Mouza et Slimane Berkane, sont abattus vers 22 heures au revolver. L'enquête déterminera qu'ils avaient refusé de payer leur cotisation au MNA.

Brunard (rue Jules-) 9

n° 44

Sans sommations. Le 11 septembre 1943, vers 13 heures, les Allemands font ouvrir par un serrurier, au troisième étage, la porte de l'appartement d'Antoine Duchêne, un ingénieur de 30 ans, qu'ils soupçonnent d'avoir favorisé la fuite d'un résistant. Ils l'abattent sans sommation, avant d'aller déposer son cadavre devant chez le fuyard.

Carteret (avenue Jules-) 10

Lapidation. Le corps d'une prostituée de 25 ans, Brigitte Laville, est retrouvé à Gerland. La malheureuse a été tuée à coups de pierres, le 4 février 1971.

Brouillard nocturne. Par un soir de brouillard comme il n'en existe plus à Lyon, le chauffeur d'un car de ramassage scolaire se perd dans les rues du quartier de Gerland et se retrouve dans le dédale du port Édouard-Herriot. La visibilité ne dépasse pas 5 mètres. Il emprunte sans s'en rendre compte une rampe d'accès au quai d'embarquement et son véhicule plonge dans les eaux glacées du Rhône, le 21 décembre 1976. Malgré les secours, l'accident fait quatorze victimes, dont treize enfants de l'Institut médico-pédagogique Édouard-Seguin, tous handicapés. Depuis, les lieux sont sécurisés et mieux éclairés.

Chalopin (rue) ⓫

n° 42

Chargeur vide. À 20 heures, le 30 août 1977, un inconnu vide le chargeur de son pistolet 7,65 mm sur les clients du restaurant Le Hoggar : un mort et deux blessés.

Colombier (rue du) ⓬

n° 51

La mort des amants. Sa famille ne voulait pas qu'ils vivent ensemble, aussi Bouali Khelfa, 27 ans, tue-t-il son amie Isabelle Corrompt, 27 ans, d'une balle de carabine dans la tête, avant de se suicider de la même manière et laisse une lettre : « À défaut de pouvoir vivre ensemble, nous serons unis dans la mort. »

Debourg (avenue de) ⓭

n° 60

Balles perdues. Deux hommes à moto rattrapent, vers 1 heure du matin, le 9 août 1995, les deux passagers d'une Clio et ouvrent le feu sur eux. Dix-huit douilles sont retrouvées sur la chaussée. Pourtant, Saïd Harchaoui a reçu neuf projectiles et Djamel Hadjarès, cinq. Quatre balles se sont donc égarées dans la nature, mais les deux hommes sont morts.

n° 76

Bon pied bon œil. Quand Gérard X., 82 ans, P-DG de Métalic-Métaloc, entend, vers 19 heures le 9 septembre 1998, du bruit dans les bureaux du secrétariat de son entreprise, il s'empare d'un revolver 38 spécial caché dans son tiroir, tire en l'air puis, se trouvant face à deux cambrioleurs, se bat avec eux. Un autre coup de feu part et blesse à la tête et au ventre l'un des deux hommes âgé de 34 ans. Le vieil homme sera mis en examen pour blessures volontaires.

n° 102

Titi n'a pas aboyé. Lorsque les pompiers arrivent, vers 22 h 30 le 16 août 2002, au cinquième étage de cette tour de treize étages, appelés par les voisins pour une petite explosion, ils trouvent Bernadette Béroud, 52 ans, morte, allongée sur son lit pieds et poings liés. Les policiers cherchent vite parmi des familiers, puisque, selon les voisins, Titi, le caniche noir de cette assistante maternelle, n'avait pas aboyé. Et pour cause : les deux meurtrières étaient de jeunes voisines, qui avaient fait avaler des neuroleptiques à la malheureuse pour obtenir le code de sa carte de crédit, avant de mettre le feu à son lit avec un solvant, pour faire disparaître les traces.

Farge (boulevard Yves-) ⓮

n° 108

Entre hommes. En pleine dépression, un locataire du foyer Althman, qui accueille des travailleurs immigrés, Miloud A., 34 ans, croit que la caissière d'une supérette voisine, dont il est amoureux, se trouve dans l'immeuble en compagnie d'un autre pensionnaire. Armé d'un fusil et d'une réserve de cartouches de chevrotines, il abat, le 21 novembre 1983, cinq de ses compagnons et en blesse gravement trois autres. « J'ai agi par amour », dira-t-il après avoir été arrêté.

n° 121

Miraculée. Le 24 mars 2002 vers 14 heures, une fillette de 15 mois échappe quelques secondes à la surveillance de sa mère et grimpe sur la balustrade du balcon au dixième étage. Malgré une chute de 20 mètres, d'abord sur une haie, ensuite sur le gazon, elle est saine et sauve, et consciente.

Faure (avenue Félix-) ⓯

n° 4

Hardie Pomponette. Le 26 janvier 1956, un jeune ouvrier boulanger défigure à coups de rasoir son ex-fiancée, qui avait porté plainte pour harcèlement.

n° 18

Pas de mèche. La gardienne de cet immeuble de six étages découvre, le 19 novembre 1998, un colis déposé dans la nuit devant des locaux du rez-de-chaussée affectés à l'armée de l'air. Il renferme de la dynamite qui n'a pas explosé, la mèche s'étant éteinte sous l'effet du froid. Le FLNC a déjà revendiqué l'attentat.

n° 44

Ben, mes cochons ! L'entreprise de salaisons de M. Courant est délestée nuitamment de 200 kilos de jambons et autres cochonnailles pour un coût de 4 800 francs, le 13 janvier 1930. L'alarme reliée de la serrure à l'appartement familial n'a pas fonctionné. Et pour cause, les malfrats ont découpé au vilebrequin un panneau au sein de la porte elle-même.

Gambetta (cours) ⓰

n° 18

Bon réflexe. En descendant à pied et non par l'ascenseur, un locataire aperçoit le 1er décembre 1988 une boîte en carton, sur le palier du quatrième étage, d'où dépasse une mèche en train de se consumer. Il a le réflexe de l'éteindre en allant chercher de l'eau, ce qui évite un attentat qui visait sans doute l'étude d'un huissier lyonnais, Me Norbert Anaf.

n° 32

Éditions de nuit. Ici se situait l'Imprimerie générale lyonnaise, sur les machines de laquelle Francis Paganon et Pierre Harry imprimaient clandestinement, la nuit, durant l'Occupation, *Libération* et *Le Coq enchaîné*.

Gerland (rue de) ⓱

n° 67

Rodéo. Vers 21 heures, le 23 août 1985, le passager d'une 604, debout sur le siège avant, tire par le toit ouvrant, au fusil à pompe, sur la façade du bar Le Gerland. Trois clients qui jouaient au 421 sont blessés.

Grignard (rue du Professeur-) ⓲

n° 41

La tête dans la porte. Il a fallu le signalement d'un voisin, car sa concubine ne disait rien, pour que soit stoppé le martyr de deux enfants, Isabelle, 6 ans, et Danielle, 8 ans, que le compagnon de leur mère, Daniel C., 21 ans, frappait à coups de pied, poing et ceinturon, allant même jusqu'à leur coincer la tête dans la porte. C'était le 29 avril 1981.

Gryphe (rue Sébastien-) ⓳

n° 27

C'était pas prévu. Claude Guerry, surnommé Petit Claude, est abattu devant son bar, L'Imprévu, le 3 août 1973. Ancien du gang des Lyonnais, il a un instant été soupçonné d'être l'exécuteur du parrain de Lyon, Jean Augé, considéré aussi comme l'ancien patron du SAC.

n° 40

Des amis peu sûrs. En 1960, deux Nord-Africains ouvrent le feu sur les clients du Café des Amis : un mort et trois blessés, victimes de la guerre qui oppose à Lyon le FLN et le MNA.

Guesde (place Jules-) 20

n° 8

Le gorille. Vers 1 heure, le 13 octobre 1961, Georges-Alfred Gardien est tué à l'aide d'un arrache-clou dans sa poissonnerie de la Guillotière. Ce meurtre sera mis sur le compte d'un homme surnommé, en raison de sa taille, le Chimpanzé ou le Gorille, auteur de deux autres agressions à Valence et Toulouse. Il sera guillotiné quelques années plus tard à la prison Montluc.

Guillotière (grande-rue de la) (anc. chemin de la Table-Ronde) 21

Solidarité. Trois malfaiteurs jettent leur dévolu sur L'Étoile suisse, horlogerie-bijouterie de M. Margaillan, en ce 21 novembre 1982 à 7 h 45, heure à laquelle le propriétaire descend quotidiennement de son appartement. Alertés, les commerçants du quartier mettent en fuite les malfrats et M. Margaillan récupère ses 2 millions de francs de bijoux.

Le samouraï. C'est ainsi qu'au mois d'octobre 2004 avait été surnommé le jeune asiatique qui sillonnait à vélo le secteur de la Guillotière. Il était toujours armé d'un couteau ou d'une paire de ciseaux, dont il menaçait les passants pour se faire remettre de l'argent ou leur téléphone portable, qu'il revendait ensuite place Gabriel-Péri. En cas de refus, il n'hésitait pas à frapper ses victimes, dont une a dû subir 30 points de suture. Il sévissait parfois quatre fois dans la même journée, et l'on a pu chiffrer ses méfaits à une bonne trentaine. Pour échapper à la police, qui avait diffusé son signalement, il s'était fait décolorer les cheveux et portait des lentilles de couleur.

n° 15

Langue de belle-mère. Henri A. ne supportait plus que sa belle-mère, Mme Chapuis, prenne toujours le parti de sa fille dans les différends qui l'opposaient à sa femme. Aussi va-t-il la trouver à son domicile, le 29 juillet 1933, pour tenter, dira-t-il, de la raisonner et de l'effrayer avec un couteau et un revolver. Un coup part. *Exit*, la belle-mère.

n° 64

En pantalons sans chemises. Le jeudi 20 mai 1943, vers 16 heures, sept Juifs allemands et polonais qui venaient d'être condamnés à mort par les autorités nazies parviennent à s'échapper d'un local situé à cette adresse.

Ils n'étaient vêtus que de pantalons et n'étaient pas rasés depuis plusieurs jours. Malgré ce signalement, ils ne seront pas retrouvés.

n° 100

Absinthe fatale. Un incendie se déclare au bar La Manille, le 21 avril 1893. Le feu a pris aux vapeurs d'absinthe que le patron et son commis transvasaient dans l'arrière-boutique à la lumière de bougies. Ils meurent tous les deux.

n° 127

Manque d'attache. Le 7 mai 1956, quand Joseph Chauvet, 64 ans, plombier-zingueur, fait un faux pas sur le toit de cet immeuble, vers 17 h 30, il ne peut se rattraper et, n'étant pas attaché, c'est la chute mortelle de 10 mètres.

n° 139

On se sert. Mme Louise Clément a la désagréable surprise de constater la disparition du linge qu'elle a mis à sécher dehors, le 14 janvier 1920. Une perte estimée à 150 francs.

Jangot (rue) 22

n° 8

Fracassé. Le 3 août 1966, un mutilé de guerre de 66 ans quitte son domicile dans cette rue paisible. On a retrouvé son corps rue des Balmes, le crâne fracassé.

Jaurès (avenue Jean-) 23

n° 13

À la tienne. À midi, le 18 mai 1956, Philippe Brunaz, chef d'agence de la Banque d'escompte et de crédit boit l'apéro avec son personnel au café du coin et s'en va en lançant : « À tout à l'heure. » Mais, à la réouverture des bureaux, ce même personnel retrouve le patron assis à son bureau, le pistolet de l'agence à la main, et un gros trou à la tête et du sang partout. Et un mot griffonné : « Je ne peux plus supporter le personnel de la banque. »

n° 42

Hold-up au féminin. « Si tu bouges, ça se passera comme dans le 8e. » Référence au dramatique hold-up où le bijoutier Jacquemier trouva la mort trois jours plus tôt. Suzanne Henri, propriétaire de la bijouterie À l'heure exacte, 49 ans, s'en tire avec seulement un violent coup, ce 6 octobre 1981. Mais 30 000 francs de bijoux et objets divers disparaissent sous ses yeux. Deux jeunes femmes de 19 et 23 ans sont rapidement arrêtées pour ce méfait. Leur arme était factice.

n° 80

Fané. Le 28 mars 1988, une explosion ravage le magasin de sports qu'exploite Fleury Di Nallo, le footballeur que les supporters de l'OL avait surnommé le Petit Prince de Gerland. L'incendie qui s'ensuit fait trois blessés. Trente-quatre personnes doivent être relogées. À l'époque Di Nallo était en prison pour diverses escroqueries à la carte bancaire. Il a même été condamné trois mois plus tard à trente-six mois de prison dont dix-huit avec sursis.

n° 255

Manque d'air. Alors qu'une entreprise de stockage et de maintenance d'hydrocarbures procède, en avril 1992, à des travaux dans un garage, une cuve explose malgré la ventilation mise en place. Un employé de 30 ans est grièvement blessé.

n° 350

Gorge profonde. Ce 7 avril 1984 se dispute au stade de Gerland la rencontre OL-OM. Avec des spectateurs déchaînés, lançant des canettes de bière sur le terrain et des fusées dans les gradins. Vingt spectateurs sont blessés, un autre, Serge Fuster, 21 ans, meurt. Une fusée éclairante lui est entrée dans la bouche au moment où il mouillait le papier d'une cigarette qu'il était en train de rouler. Elle a explosé au niveau du larynx.

L'émotion des supporters. Spontanément, des dizaines de supporters de l'Olympique Lyonnais se réunissent devant le stade de Gerland, le 9 avril 2005, en fin d'après-midi. Ils ont des fleurs à la main et attendent d'autres supporters, les Lugdus, qui étaient allés assister au match de leur club contre Nantes. Ils n'y sont jamais parvenus en raison d'un accident survenu à 40 kilomètres de Limoges, au cours duquel un des minibus qui les emmenaient s'est renversé, avec ce bilan : deux morts et sept blessés graves.

Leclerc (avenue) ㉔

Transgression. La drague, un bateau qui puise dans le Rhône ses galets, retire, le 17 février 1934, une couverture dans laquelle se trouve le tronc d'un homme jeune, découpé à la scie au ras des épaules, des cuisses et des bras. Les membres de l'inconnu ne seront jamais retrouvés. Les enquêteurs ont pensé qu'il pouvait s'agir des restes du sacristain de la paroisse Saint-André, disparu depuis dix jours. L'autopsie a seulement établi que la victime était atteinte de la syphilis, et comme on a su que le bedeau fréquentait les prostituées, le rapprochement a aussitôt été effectué, mais sans preuves.

Cochon qui s'en délie. À la hauteur de l'avenue Berthelot, les passants ont la surprise de se trouver nez à nez avec une centaine de cochons en goguette, le 10 janvier 1990. Ils s'étaient échappés d'un camion hollandais couché sur le flanc.

n° 24

L'innocence fauchée. Pierre, un enfant de 7 ans, est fauché devant chez lui, alors qu'il traverse la chaussée vers 20 heures, par le conducteur d'une Ford Sierra qui ne s'arrête pas. Il est tué sur le coup. Ce n'est que le lendemain, le 5 avril 1998, qu'un homme de 72 ans se présente à la police : « C'est en lisant le journal ce matin que je viens de découvrir le drame. Hier, en conduisant ma femme à l'aéroport, j'avais bien senti un petit choc, mais je n'ai rien vu, il faisait nuit et j'étais pressé. »

Macé (place Jean-) 25

La mort d'un flic. En 1960, des Nord-Africains attaquent le poste de police, et notamment les gardiens qui étaient de faction. Au cours de la fusillade, un policier, Armand Sudon, 43 ans, est tué. L'un des agresseurs y laissera lui aussi la vie et deux seront blessés.

Madeleine (rue de la) 26

n° 36

Si ce n'est toi ! Quand il sort vers 20 heures d'un bar de la place Saint-Louis, le 22 novembre 1978, Clément Lafond, 54 ans, est suivi par une 504 avec trois hommes à bord, dont l'un vide sur lui le chargeur d'un pistolet 11,43 mm. C'était un inconnu des services de police, alors que son frère était un truand niçois réputé. Méprise ou vengeance interposée ?

Marseille (rue de) 27

n° 3

Bonne pioche. Parce qu'il ne supportait pas son éventuel divorce, un maçon d'origine italienne tue sa femme, âgée de 65 ans, à coups de manche de pioche, le 25 octobre 2000 à 18 heures, et se suicide aussitôt en se jetant par la fenêtre, depuis le troisième étage. Selon les voisins, le couple se disputait fréquemment. Il avait quatre enfants.

n° 7

Rendez-le moi. Le 8 mai 1933, vers 16 heures, le corps de Mlle Darnault, criblé de balles, est découvert par une cliente dans l'arrière-boutique de la bijouterie La Ruche d'or qu'elle gère à cette adresse. Comme rien n'a été volé, l'enquête s'oriente vers le propriétaire en titre du magasin. Il avait fait venir à Lyon cette jeune femme, connue comme serveuse dans un bar de la Meuse, alors qu'il était mobilisé en 1916. Situation peu appréciée de l'épouse du bijoutier qui avoue : « Je lui ai demandé de me rendre mon mari, comme elle a dit non, j'ai tiré cinq fois et je suis rentrée chez moi. »

n° 19

Ciboire envolé. Au cours de la journée du 4 décembre 1994, la porte du tabernacle de l'autel principal de l'église Saint-André est fracturée et deux ciboires avec leurs hosties sont emportés. L'un d'eux, de moindre valeur, a été retrouvé sur le perron de l'édifice. Plusieurs fois déjà cette église a subi des dégradations que la police a imputé à des personnes hostiles au curé de la paroisse, le père Christian Delorme, très engagé en faveur des jeunes beurs, dont ceux du quartier des Minguettes, à Vénissieux.

n° 85

Dans un fauteuil. Le 25 décembre 1980, Suzanne Carrichon, 61 ans, est retrouvée dans son fauteuil, morte, assommée et étranglée. Son sac à main et son trousseau de clés ont disparu. Crime d'un familier, ont estimé les enquêteurs, car elle avait dit par téléphone à sa fille qu'elle attendait une visite à 16 heures.

Mérieux (rue Marcel-) 28

n° 149-150

Multifonction. Une plaque en plastique cède sous le poids d'un policier qui cherchait à arrêter un cambrioleur armé, sur le toit de la Société Bensoussan, alimentation en gros, le 6 février 1984. Jean Lacampagne, 29 ans, fait une chute de 6 mètres. Il s'en sort, son gilet pare-balles ayant amorti le choc.

Meunier (rue) 29

n° 20

Le fils maudit. Il est 8 heures du matin lorsque, le 29 janvier 1873, on découvre au premier étage de leur modeste maison les corps atrocement mutilés d'un retraité de la navigation, Louis Guérin, de son épouse et de leur fille Esther. Tous les trois sont allongés sur leurs lits, défigurés et porteurs de plaies béantes. La présence, sur la table de la salle à manger, de quatre couverts fait dire aux enquêteurs qu'il s'agit là d'un crime de familier.

La piste sera bonne, puisque Jules-Joseph Seringuer, 27 ans, enfant d'un premier mariage de Mme Guérin, arrêté à Marseille en possession de la montre de sa mère finit par avouer.

Sans psychiatre, il expliquera qu'il n'avait pas admis le remariage de sa mère et la naissance d'une demi-sœur, mais les jurés n'en tiendront pas compte. Il sera guillotiné le 5 août suivant à 4 heures du matin.

Montesquieu (rue) 30

En famille. Une partie de cette rue était réservée au logement des bourreaux et de leurs familles. Jean Ripert, *alias* Ripet, exécuteur du jacobin Joseph Chalier, y habitait donc, tout comme son père, qui exerçait la même fonction que lui. Quand la situation politique changea, le tribunal révolutionnaire décida de la propre exécution de Ripet. Ironie de l'histoire, c'est son frère, bourreau à Grenoble, qui fut mandé pour ce faire, le 16 avril 1794.

n° 16

Le drame de la Guillotière. À l'angle de la rue Saint-Jeanne habitent les familles Grenetier et Neyret-Laprand. À 17 ans, Victor Grenetier est amoureux de Lucie Neyret-Laprand, 19 ans, que ses parents veulent marier à un autre. Victor attend Lucie en bas de son escalier. Coup de poing américain, puis coup de couteau au-dessus du sein droit. Les épiciers Cloffet, chez qui elle s'est réfugiée, ne peuvent rien faire. Arrêté, Victor supplie le père de la victime de le tuer. C'était le 9 avril 1893.

Mouche (gare de la) 31

Morte en arrivant. Une vache destinée aux abattoirs tombe d'un train dans une fosse longeant le quai. Impossible de la remonter vivante, tant elle se débattait. Les pompiers devront l'abattre, avant de la hisser à l'aide de cordes, le 12 janvier 1955.

Ollier (place) 32

Godillots. Le 11 juin 1944, un groupe de résistants du bataillon Carmagnole abat un officier allemand assis sur un banc. Des cheminots allemands qui passent par là ouvrent le feu sur les résistants, blessant l'un d'eux, Jacques Kipman, qui est achevé à coups de pied.

Achevé. À 14 heures le 11 juin 1944, un officier allemand est blessé par un groupe de jeunes gens. L'un d'eux, Louis Moulend, 18 ans, également blessé lors de l'attentat, refuse de donner le nom de ses complices, alors qu'il était en possession d'un revolver et d'une grenade anglaise. Les policiers allemands l'achèvent sur place.

Passet (rue) 33

n° 14

La seconde de trop. Resté seul quelques instants, le 8 juin 1956, pendant que sa mère emmène sa grande sœur à l'école, Bernard Pascalin, 6 ans, se penche à la fenêtre pour guetter le retour de sa maman. Et c'est la chute mortelle, depuis le quatrième étage, à 8 heures le matin.

Pasteur (rue) (anc. rue de Béarn) 34

La poche des clients. Dans cette rue, la femme Dosay a été retrouvée morte le 6 avril 1897, pas très loin de l'hôpital Saint-Joseph, le visage horriblement tuméfié. Comme, selon les autres prostituées du quartier, elle avait la réputation de faire les poches de ses clients, c'est vers eux que se dirige l'enquête. Elle permet l'arrestation des nommés Beurrier et Guillon, confondus, l'un par un bouton de veste retrouvé sur les lieux du crime, l'autre par du sang et des cheveux de la victime, découverts sur le talon de sa chaussure.

Rachais (rue) 35

n° 46

À pied. Le 30 mai 1944, plusieurs jeunes gens armés et masqués pénètrent dans le garage Rachais où, après avoir maîtrisé le personnel, ils font exploser une trentaine de bombes qui détruisent autos, motos et camions appartenant à l'armée allemande.

Raulin (rue) 36

n° 8

Au violon. Dans une salle dépendant de l'École de santé militaire, qui servait de salle de répétition à l'orchestre de l'Opéra de Lyon, une vingtaine d'instruments disparaissent au cours de la nuit du 8 novembre 1985. Des violons, des trompettes, des clarinettes, le tout estimé à 1 million de francs. À lui seul, un violoncelle était coté 250 000 francs.

Reinach (rue Salomon-) (anc. rue des Trois-Pierres) 37

n° 68

Vitriol. Non seulement Aïssa B., 56 ans, n'admet pas que son épouse Nassera, 45 ans, s'en aille vivre ailleurs avec leurs quatre enfants, mais il veut la punir. Alors, le 18 décembre 2002, il sonne chez elle, la poignarde, lui jette de l'acide à la figure et met le feu au logement avant de s'enfuir.

Repos (rue du) 38

Débrouillage. Deux bombes explosent un peu après minuit dans les jardins du poste de brouillage des émissions de radio, le 24 novembre 1942.

n° 29

Père indigne. Lorsqu'un ouvrier de 43 ans, Maklouf L., vient dire à Ernest P. : « Je veux ta fille », ce dernier répond seulement : « Il faut me la payer. » Et c'est ainsi que Gabrielle, 17 ans, paralysée du côté gauche, est allée assouvir les penchants de l'acquéreur au mois de mars 1938. Tout ce beau monde a fini en prison, et la gamine dans un foyer, où elle a raconté que, déjà, elle avait été vendue par son père à un autre Algérien qui la faisait travailler, du soir au matin, en la payant 150 francs le semestre, dans son restaurant de la rue Marc-Antoine-Petit, et l'enfermait à clé la nuit dans un cagibi sans chauffage.

n° 30

Le coup part. Ancien champion d'Europe de boxe de la catégorie superlégers, René Roque est appréhendé dans son bar Le Caveau du fort Lamothe, le 28 septembre 1978, avant d'être inculpé de recel de bons du Trésor volés. À la même adresse, après une fête entre copains, il avait accidentellement tué sa femme d'un coup de Winchester, le 22 octobre 1977.

Dernier combat. Vers 18 h 45, le 12 décembre 1981, pendant que le juke-box égrène *Bette Davis Eyes*, un homme pénètre dans ce même établissement et tire quatre fois avec un 38 spécial sur le patron qui se trouve derrière le bar. Ce sera le dernier combat du champion de boxe, René Roque, qui restera paralysé, atteint à la moelle épinière.

n° 34

La cigarette de trop. Le jour de Pâques 2004, une femme de 50 ans allume une cigarette dans son appartement du onzième étage, et c'est l'explosion due au gaz. Il faudra 46 pompiers pour maîtriser le feu et évacuer 8 locataires intoxiqués. La propriétaire de l'appartement, brûlée à 50 %, dira par la suite avoir voulu mettre fin à ses jours, sans penser à l'explosion possible.

Rochette (rue Élie-) 39

n° 9

Encore Frérot. En exploitant les archives d'Action directe, les policiers découvrent, le 20 septembre 2002, dans le sous-sol du bâtiment, derrière un mur de moellons, une nouvelle cache de Max Frérot, l'artificier d'Action directe. Environ 300 kilos d'armes et de munitions, puis une autre dans le 6e arrondissement (voir rue Vauban). Cinq ans après son arrestation, le 27 novembre 1987.

Saint-Louis (place) 40

La claire fontaine. Comme chaque soir vers 20 heures, Ernestine Lombardini part avec son seau puiser de l'eau à la fontaine de la rue Saint-Michel, le 7 janvier 1899. Elle a 8 ans, il fait nuit, mais elle n'a pas peur et quitte ses parents en chantant. Son corps est retrouvé dans la nuit sur un banc, enroulé dans une jupe qui ne lui appartient pas. Elle a été égorgée, mais pas violée, ses vêtements déchirés prouvent qu'elle s'est débattue. L'autopsie démontrera que son meurtrier lui a fait manger des poires cuites, ce qui laisse à penser que l'assassin l'a d'abord fait venir chez lui mais, malgré des perquisitions dans le quartier, il ne sera pas identifié.

Servant (rue Raoul-) 41

Bombe baladeuse. Un colis postal trouvé par un passant est déposé le 6 mars 1996 au commissariat du 7e arrondissement. Comme il paraît suspect au planton, il est ouvert le soir-même par les artificiers qui y découvrent une petite bonbonne de gaz, de la poudre et un détonateur. De quoi causer pas mal de dégâts. L'enquête permet de retracer le parcours de ce colis explosif assez abracadabrantesque. La bombe, fabriquée par une jeune femme délaissée de 42 ans, Danielle V., éducatrice, a d'abord été expédiée d'un bureau de poste avant de revenir à son expéditrice en raison de l'absence du destinataire. Puis le colis a été mis en souffrance trois semaines dans un local de la poste avant d'être réexpédié, puis une nouvelle fois renvoyé à son expéditrice qui, entre temps, s'était suicidée. D'où le périple extravaguant du paquet, qui aurait pu exploser n'importe où. À noter que l'éducatrice, pour confectionner sa bombe, s'était fait aider par un ami et s'était renseignée sur Internet.

Stalingrad (place de) 42

Sur le trottoir. Deux proxénètes lyonnais, Gérard Lévy et Denis Mélani, sont retrouvés morts dans leur voiture garée sur la place, le 14 juin 1975, exécutés à coups de pistolet.

Surville (rue de) 43

Précarité. Vers 6 heures au matin du 4 avril 2004, le poêle d'une caravane s'emballe dans ce campement de Roms. Deux cousines de 15 et 17 ans meurent carbonisées.

Tchécoslovaques (boulevard des) (anc. boulevard des Hirondelles, en 1943) 44

Évasion. Sur cette artère, le 21 octobre 1943, un groupe de résistants des Groupes francs, dirigé par Serge Asher, attaque le fourgon cellulaire de la Gestapo et permet l'évasion de quatorze détenus, dont Raymond Aubrac, l'un des membres de l'armée secrète de Jean Moulin, qui avait été arrêté le 21 juin avec lui, dans la villa du Dr Dugoujon à Caluire. Claude Berri portera l'aventure à l'écran en tournant, en 1996, *Lucie Aubrac*, avec Carole Bouquet dans le rôle principal.

Passe-moi le seau. Au sommet d'un immeuble en construction, à l'angle de la grande-rue de la Guillotière, un cimentier de 61 ans, Lucien Claud, récupère les seaux pleins de ciment hissés par un treuil et les fait redescendre vides. Mais, le 22 juin 1956 à 8 h 30, il perd l'équilibre et fait une chute mortelle de 20 mètres.

Thibaudière (rue de la) 45

n° 51

Des clous ! Vers 22 heures, le 24 février 1894, une explosion retentit au deuxième étage, dans les locaux d'un foyer pour ouvriers. Il n'y a pas de victime, mais l'enquête prouve qu'il s'agit d'un attentat. Une boîte en fer-blanc bourrée de clous, avec un explosif et un détonateur artisanal, est trouvée sur les lieux.

Trois-Pierres (rue des) 46

n° 6

Que faire ? Parce que sa mère Marie, 79 ans, devient de plus en plus infirme, Victorine Peblet, 43 ans, qui perd la vue, lui a plusieurs fois proposé de disparaître ensemble. Devant son refus, la fille la tue d'un coup de pilon sur la tête, alors qu'elle s'était assoupie dans sa cuisine, puis elle saute dans le vide, depuis le quatrième étage, le 25 mars 1933 au matin.

Varille (rue Mathieu-) 47

Le courant passe. Éric, 25 ans, fils du P-DG d'une ancienne boyauderie est brûlé par un transformateur en juin 1992. Il ignorait que celui-ci était toujours alimenté.

Verriers (rue des) 48

n° 10

Octobre noir. Le 21 octobre 1977, Raymond Vaccarizi est abattu dans son bar, Le Rénové, ainsi qu'une prostituée présente à ses côtés, Antonita.

Vienne (route de) 49

n° 60

Ouf ! Dans cet immeuble de quatre étages, le feu prend au rez-de-chaussée dans un local désaffecté le 24 avril 1995 vers 17 heures. Neuf enfants et cinq adultes devront recevoir des soins pour un début d'intoxication.

Vigilance (rue de la) 50

n° 6

Chute. En voulant pénétrer par les toits pour cambrioler un appartement, un garçon de 20 ans, René de Miras, fait une chute de 20 mètres, le 27 octobre 1968 vers 23 heures, et s'écrase dans la cour.

8e ARRONDISSEMENT

Arsonval (place d') 1

Faux médecin. Au cours de la soirée du 23 février 1986, sous le prétexte qu'il n'aurait pas touché d'indemnités suite à un décollement de rétine survenu en prison, Rabah L., 44 ans, prend en otage dans sa chambre, à la maternité de l'hôpital Édouard-Herriot, une accouchée de 38 ans, Michèle Fraoili et son nouveau-né. Des tractations avec le préfet de police et son avocat Me La Phuong ne déboucheront sur rien. Il faudra l'intervention d'un policier du GIPN, Thierry Masci, champion de karaté, déguisé en médecin pour qu'il consente à déposer son revolver et à se rendre au petit matin, en échange de la promesse qu'il ne sera pas expulsé vers l'Algérie.

n° 1

L'affaire Dreyfus. Vers 21 h 30, le 16 novembre 1943, deux inconnus font irruption au pavillon G de l'hôpital Édouard-Herriot et désarment le gardien de la paix qui surveillait le détenu Maurice Dreyfus, 50 ans, en traitement à l'hôpital. Les trois hommes prennent la fuite en escaladant le mur d'enceinte qui donne sur l'avenue Rockefeller.

n° 5

Bonne année ! Le 1er janvier 1974 vers 6 heures, quatre hommes armés et cagoulés se présentent au pavillon N de l'hôpital Édouard-Herriot pour délivrer leur complice, Yves Boissié, condamné un mois plus tôt à vingt ans de réclusion, mais qui s'était fait hospitaliser la veille, après avoir avalé des barbituriques. Les policiers tentent d'intervenir, mais au cours de la fusillade, un des truands est gravement blessé par le tir d'un complice. Le policier visé s'était baissé par instinct.

n° 228

Affaire enterrée. Cinq fossoyeurs du cimetière de la Guillotière sont appréhendés le 30 septembre 1988 pour avoir prélevé des dents en or sur plusieurs cadavres. Ces ripoux les revendaient à des bijoutiers peu scrupuleux.

8e ARRONDISSEMENT

1. Arsonval (place d')
2. Bachut (place du)
3. Beauvisage (impasse)
4. Berliet (rue Marius-)
5. Berthelot (avenue)
6. Calmette (rue Professeur-)
7. Carle (rue Laurent-)
8. Chapelle (rue Joseph-) (anc. rue du Bachut)
9. Chollat (rue Auguste-)
10. Épargne (rue de l')
11. États-Unis (boulevard des)
12. Frère (avenue du général-)

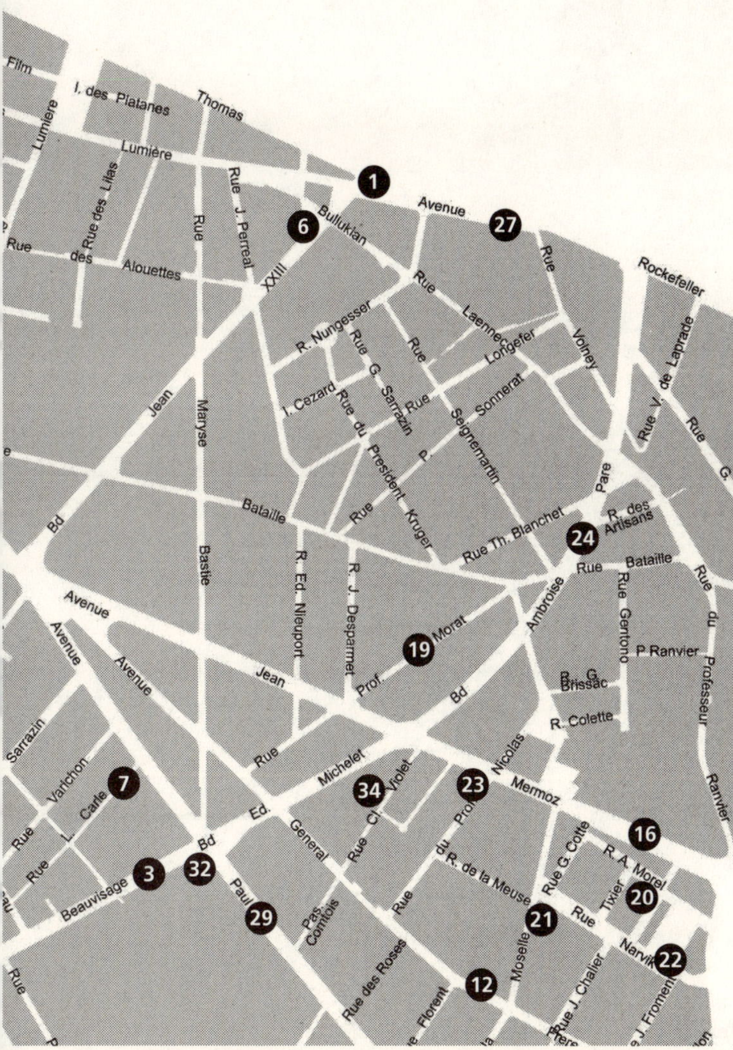

13 Kleinclausz (rue Professeur-)
14 Lumière (avenue des Frères-)
15 Maisonnette (rue de la)
16 Mermoz (avenue Jean-)
17 Monplaisir (rue de)
18 Montagny (rue de)
19 Morat (rue du Professeur-) (anc. rue de l'Asile)
20 Morel (rue Albert-)
21 Moselle (rue de la)
22 Narvik (rue de)
23 Nicolas (rue Professeur-Joseph-)
24 Paré (boulevard Ambroise-)
25 Pressensé (avenue Francis-de-)
26 Rochambeau (rue)
27 Rockefeller (avenue) (anc. montée des Sablières)
28 Saint-Maximin (rue)
29 Santy (avenue Paul-)
30 Serpollières (rue des)
31 Tavernier (rue du Professeur-)
32 Verger (rue Pierre-)
33 Vienne (route de)
34 Viollet (rue Claude-)

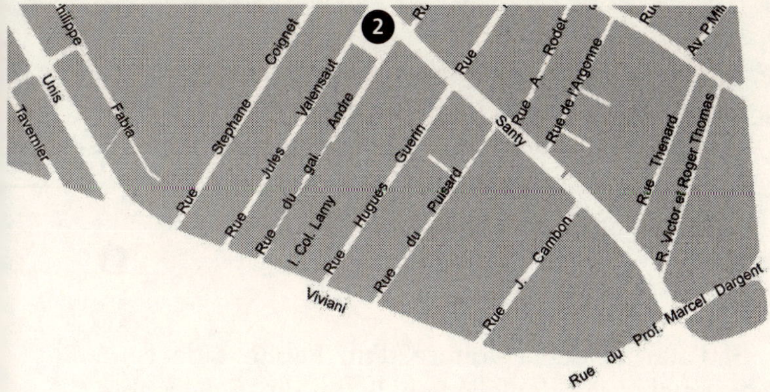
2
Unis
Tavernier
Fabia
Rue Stephane Coignet
Rue Jules Valensaut
Rue du gal. Andre
I. Col. Lamy
Rue Hugues Guerin
Rue du Puisard
Viviani
Rue J. Cambon
Santy
Rue A. Rodet
Rue de l'Argonne
Rue Thenard
R. Victor et Roger Thomas
Rue du Prof. Marcel Dargent

Bachut (place du) ❷

Erreur. M. Favale, directeur d'une carrosserie, est assassiné en pleine rue par deux jeunes gens, le 16 décembre 1929. On pense tout de suite à un crime antifasciste. L'Italien Ramazotti, réfugié politique en France, est arrêté puis innocenté.

Beauvisage (impasse) ❸

n° 4

Attentat déjoué. Si l'alarme de la voiture d'un habitant de cette impasse ne s'était pas déclenchée accidentellement le soir du 25 décembre 1994 vers 22 h 30, il y aurait eu une synagogue de moins à Lyon, sur les vingt-cinq que comporte la cité. Le propriétaire du véhicule intempestif aperçoit des flammes sous une BMW garée devant l'édifice, et alerte aussitôt les pompiers, qui maîtrisent rapidement l'incendie. Sans cette intervention, le bâtiment et sans doute les maisons voisines auraient été soufflées, puisque la BMW, volée la veille à Villeurbanne, renfermait quatre bouteilles de gaz propane de 23 litres chacune.

Berliet (rue Marius-) ❹

n° 40

Mauvaise manip. À 10 h 30 le 5 février 1999, une explosion secoue le deuxième étage de l'hôtel de police où se trouve le laboratoire de police scientifique. Il s'agit d'une explosion accidentelle due à une mauvaise manipulation de produits chimiques, qui a fait quatre blessés légers parmi les fonctionnaires, deux femmes et deux hommes.

Berthelot (avenue) ❺

n° 215

Figure disparue. Le 9 janvier 1989, Nicolas Caclamanos, dit Nick le Grec, 60 ans, est abattu dans l'arrière-cour de son bar-restaurant, Le Chalet, désaffecté depuis de nombreuses années, situé en face du cimetière de la Guillotière. Il a déjà échappé à une fin tragique, au même endroit, le 16 août 1988, l'arme du tueur s'étant enrayée. Proxénète notoire, figure du milieu lyonnais, il était suspecté par la police d'avoir joué un rôle prépondérant dans l'assassinat du juge Renaud et l'enlèvement du petit Christophe Mérieux. Il faisait partie des trois derniers témoins que le juge Fénech voulait entendre dans l'enquête sur l'assassinat du juge Renaud. Les deux autres connurent aussi une mort tragique. Michel Silmetzoglou, 49 ans, a été assassiné dans l'Ain et Maurice Freichet, 53 ans, abattu devant son domicile à Caluire.

n° 228

Planque au cimetière. Le jeune Jules Joseph Bonnot s'installe en 1909 dans le logement du gardien du cimetière de la Guillotière. Avant de devenir célèbre pour l'affaire du courrier de Lyon et de nombreux meurtres commis à Paris, il est en effet devenu l'amant de l'épouse du gardien, Judith Thollon, surnommée la Louise Michel de la Guillotière. Après une longue cavale et un parcours sanglant, il est abattu à Paris, le 28 avril 1912, par le directeur de la police municipale. Trois de ses complices furent condamnés à mort et exécutés le 21 avril 1913, après un procès de vingt-trois jours. Quant à Judith, elle écopa de quatre années de prison, malgré une lettre posthume de Bonnot qui l'innocentait.

En famille. Vers 13 heures le 1er mars 1935, le gardien du cimetière de la Guillotière découvre, devant la tombe de la famille Goby, le corps d'un homme qui vient de se suicider d'une balle dans la tête. C'est celui de Charles Goby, qui a posé sur la tombe ses papiers, ainsi qu'une lettre expliquant : « Ce matin, j'ai tué ma femme. » Et les policiers prévenus découvrent effectivement chez lui, 77, rue de l'Abondance, le corps de son épouse allongée sur son lit, tuée d'une balle dans le front durant son sommeil. Une autre lettre expliquait que, ruiné, sa fabrique de scies en faillite, il avait préféré cette solution au déshonneur.

n° 317

Pépé flingueur. « J'ai tiré une fois en l'air, puis la seconde pour me défendre. » C'est ce que déclare aux policiers Louis M., 70 ans, le 22 mai 1981, après avoir tué d'un coup de carabine un garçon de 23 ans, Haoua Benamor, qui lui rendait souvent visite dans son appartement du deuxième étage, surtout pour voir sa femme de ménage. « Il me volait », ajoute-t-il.

Calmette (rue Professeur-) 6

n° 18

Pompes funèbres sur place. Non loin du cours Albert-Thomas, juste à côté des pompes funèbres, on découvre, le 4 décembre 1988, dans sa voiture, une Audi 100, encore attaché par sa ceinture de sécurité, le corps de Joseph Koutnouyan, 57 ans, transpercé de plusieurs balles de 7,65 mm (un chargeur complet). Connu dans le milieu lyonnais sous le surnom de Gharo, il l'était aussi de la police pour proxénétisme, braquages et cambriolages, et pour ses accointances avec le gang des Lyonnais.

Carle (rue Laurent-) 7

n° 12

Le prix d'une vie. Dans une pièce de l'hôtel discret La Villa des Fleurs qu'elle exploite, Mme Jeanne Balé, 74 ans, est retrouvée le 18 novembre 1972 assassinée à coups de couteau. Une somme de 500 francs a disparu.

n° 25

Fin tragique pour une veuve. Le 25 octobre 1972, elle ne voulait pas, à 70 ans, dire où elle cachait sa petite fortune. On retrouve Marie Montangerand torturée, puis étranglée. Son meurtrier court toujours.

Chapelle (rue Joseph-) (anc. rue du Bachut) 8

n° 7

La fourrière qui tue. Rémi, un enfant de 6 ans qui regardait devant chez lui l'enlèvement d'une fourgonnette mal garée, se fait écraser par le véhicule, le câble qui le tractait sur la plate-forme ayant soudain cassé, le 3 mai 1997.

n° 32

Représailles. C'est ici qu'ont été fusillés, le 17 août 1944, six résistants, dont René Venturini, en représailles à un attentat commis la veille au même emplacement contre un garage utilisé par la Milice et la Gestapo.

Chollat (rue Auguste-) 9

Tardive ADN. Le 14 février 1998 vers 20 h 30, un fourgon de la Transval est coincé par trois véhicules. Plusieurs gangsters cagoulés et vêtus de noir en descendent et ouvrent le feu pour impressionner les convoyeurs. Ceux-ci ripostent, d'où la fuite du commando, qui abandonne sur place un lance-roquette, une grenade et le chargeur d'une kalachnikov, mais repart avec un blessé atteint à la main gauche. C'est grâce à cette blessure et au sang prélevé sur les lieux que l'un des truands, Larbi S., 35 ans, est arrêté sept ans plus tard en mai 2005, après la découverte, dans son garage à Vaulx-en-Velin, d'un arsenal et d'un gilet pare-balles taché de sang. Il reconnaîtra sa participation, mais sans dénoncer ses complices.

Épargne (rue de l') 10

Mieux vaut tard. Après des libations avec des copains de rencontre, Christian Fortier, 45 ans, meurt dans la rue, d'une crise cardiaque, le 28 juin 1995. Mais quatre ans plus tard, le 21 avril 1999, ses amis sont convoqués par la police et avouent l'avoir empoisonné grâce à du poison mêlé à son alcool. Parce que la victime ne leur aurait pas restitué une arme de collection prêtée.

États-Unis (boulevard des) 11

Miracle. Lors de la construction des nouveaux immeubles que nous connaissons aujourd'hui, une grue de 52 tonnes est en train de descendre une benne de 500 litres de ciment, quand elle s'écrase dans un fracas épouvantable, le 5 février 1957. Le jeune grutier, enfermé dans la cabine, s'en tire avec des blessures sans gravité.

n° 55

Le gaz part. Vers 13 heures, le 7 janvier 1981, une explosion due au gaz se produit au premier étage d'une HLM, dans l'appartement d'un invalide de guerre, Georges Courtine, 60 ans. Il est tué. Il y a également trois blessés dans l'immeuble, et trente appartements ont subi des dégâts.

n° 78

L'homme en noir. On découvre, le 13 juillet 1969, dans son appartement, à 8 heures du matin, un retraité de 77 ans, Firmin Cellier, le crâne défoncé avec un outil. Ses voisins affirment avoir vu s'enfuir un jeune homme habillé en noir.

n° 85

Jalousie. Le 8 août 1999, on découvre dans son appartement le corps de Louis Truchet, 79 ans, assassiné à coups de serpette. Le meurtrier n'était pas loin, puisqu'il s'agissait d'un voisin qui soupçonnait sa femme de 52 ans d'avoir une liaison amoureuse avec le vieillard.

Frère (avenue du général-) ⓬

n° 118

Jamais sans mon fils. Il avait peur que son divorce en cours le prive de son fils âgé de 2 ans. Alors il l'étrangle, le 17 avril 2003, puis se pend avec du fil électrique attaché au crochet du lustre de sa chambre, non sans avoir laissé une lettre expliquant son geste.

Kleinclausz (rue Professeur-) ⓭

n° 12

Humilié. Le 21 novembre 2004, au petit matin, le corps d'un Tunisien de 46 ans est retrouvé au pied de son immeuble, écrasé sur le trottoir, après une chute du quatrième étage. L'enquête prouve qu'il est passé par une lucarne de sa salle de bains située à 1,30 mètre du sol. Un de ses compatriotes, âgé de 25 ans, a reconnu qu'il s'était violemment disputé avec lui, l'avait frappé et même tondu. Est-ce par honte d'être devenu chauve que l'homme a préféré se suicider ?

Lumière (avenue des Frères-) ⓮

n° 30

La rançon à l'abri. Le 11 décembre 1975, dans un F4 au septième étage, loué sous le faux nom de Georges Fierd, on découvre des empreintes des ravisseurs présumés de Christophe Mérieux. C'est apparemment là que l'argent de la rançon a été caché après le rapt. Mais il ne semble pas que l'enfant y ait été séquestré.

Maisonnette (rue de la) ⓯

n° 4

Évangéliques visés. Le feu détruit, dans la nuit du 17 janvier 1981, les locaux de l'Église évangélique. C'est le troisième attentat contre cette institution, en quinze jours. Après celle d'Écully, le 1er janvier, et celle de la rue Dunoir, le 3. Il y en aura un quatrième à Villeurbanne.

Mermoz (avenue Jean-) ⓰

n° 65

Ni ceinture, ni écharpe. Obligée de freiner brusquement le 14 mars 2002, la R5 de la présidente du comité régional de Miss France est violemment percutée à l'arrière par une camionnette. Sa passagère, qui n'avait ni ceinture et encore moins son écharpe, souffre d'une éraflure à la joue droite, d'une bosse au front et d'une entorse cervicale. Il s'agit de Sylvie Tellier, 24 ans, qui vient d'être élue Miss France et qui, en raison de la minerve qu'elle doit porter, doit annuler le gala prévu à Lyon le soir même.

Monplaisir (rue de) ⓱

En plein sommeil. Quand il s'assoupit sur un banc le 13 juin 1921, Jacques Guillermon, employé des chemins de fer et père de six enfants, ne peut se douter qu'un ivrogne de 23 ans, Antoine Barbarin, a fait le pari ce soir-là, avec un copain, de tirer sur le premier venu avec son revolver tout neuf. Atteint de trois balles, le dormeur en est mort et le tireur a écopé de sept ans de travaux forcés, le 27 janvier suivant.

Autoanthropophagie. Le 24 janvier 1897, des passants découvrent un homme de 40 ans, Claude Guerollet, léchant ses mains ensanglantées, dont on voit même les os à nu. Une forme de maladie, puisque, conduit à l'hôpital, il poursuit la consommation de ses doigts jusqu'à la deuxième phalange, au point qu'il faut lui passer la camisole. À son grand regret, car il estimait que « c'était meilleur que du bifteck ».

Montagny (rue de) ⓲

n° 149

Max la Menace. Un braqueur solitaire se fait remettre la caisse du Crédit agricole du Sud-Est, le 6 juin 1986, vers 10 h 30, et prend la fuite sur un cyclomoteur. Un employé de la banque, Alain Baranon, le prend en chasse au volant de sa voiture et le renverse, ce qui lui fait perdre et les billets et son arme. Seulement, il en a une autre, avec laquelle il tire cinq fois sur l'employé, qui sera blessé à l'aine, à la cuisse et au bras. Puis il prend en otage le conducteur d'une fourgonnette pour se faire conduire place Gabriel-Péri, en obligeant le chauffeur à ne pas le regarder, avant de lui déclarer : « C'est bon, casse-toi », et de disparaître dans la foule. Le gangster solitaire n'était autre que Max Frérot, l'artificier d'Action directe.

Morat (rue du Professeur-) (anc. rue de l'Asile) 19

n° 16

Réveillon slave. Durant la nuit de Noël 2001, deux amis, après avoir arrosé l'événement, décident de jouer à la roulette russe avec un pistolet à grenaille, après avoir une première fois tiré dans le plafond. L'un d'eux, âgé de 54 ans, ne fêtera pas la nouvelle année. Son compagnon assurera qu'ils croyaient tous les deux le barillet vide.

Morel (rue Albert-) 20

n° 16

Persécution. Amar G., 60 ans, grand invalide, égorge sa femme de 54 ans, mère de onze enfants, le 6 août 1980, à 10 h 30, dans leur appartement. « Elle me persécutait », dira-t-il aux policiers.

Moselle (rue de la) 21

Cibles mobiles. Sept personnes au moins ont été blessées le 20 avril 2005 par de mystérieux tireurs. Elles circulaient à pied au carrefour que forme cette rue avec l'avenue du Général-Frère. Blessures légères au cou, aux jambes ou à la main, occasionnées par des plombs tirés par une carabine, dont certaines ont entraîné des interruptions de travail de douze jours. Les auteurs de ces coups de feu étaient des adolescents du quartier âgés de 15 et 17 ans, déjà connus des services de police. On a retrouvé chez eux une carabine et une réserve de 200 cartouches. La veille, les mêmes avaient pris pour cible des lampadaires, du mobilier urbain et des voitures en stationnement.

Narvik (rue de) 22

n° 18

Malgré les sommations. Parce qu'elle ne payait plus son loyer depuis 1999, un huissier force sa porte le 23 février 2001. Il découvre Jeanine, 57 ans, à l'état de momie, sans doute décédée depuis deux ans, suite à une absorption trop forte de médicaments.

Nicolas (rue Professeur-Joseph-) ㉓

n° 29

Pour ou contre. Le 28 novembre 1981, le restaurant Mermoz voit s'affronter, vers 12 h 15, partisans et adversaires de la révolution islamique en Iran. Résultat : neuf blessés, dont un sérieusement atteint à la gorge d'un coup de couteau.

Paré (boulevard Ambroise-) ㉔

n° 49

Mort du bijoutier. Raymond Jacquemier trouve la mort au cours d'un dramatique hold-up, le 3 octobre 1981. La profession se mobilise pour une meilleure sécurité.

Pressensé (avenue Francis-de-) ㉕

n° 63

Bon coup. Vers 13 h 45, le 23 juin 1985, deux individus cagoulés et armés font irruption au bar PMU Le Bon Coin. Sous la menace, et après avoir frappé le propriétaire Jean Pascalis, ils se font ouvrir le coffre-fort qui contenait les recettes des paris et du bar évaluées à 130 000 francs. Ce hold-up sera mis sur le compte du gang composé des policiers ripoux du 3e arrondissement.

Beau coup. Les mêmes sont soupçonnés d'une récidive dans le même bar, le 18 mai 1987. Un peu avant l'ouverture, vers 6 heures du matin, un homme masqué et armé se fait remettre le contenu d'un coffre (40 000 francs) par Gérard Gidrol, le nouveau gérant, après avoir tiré un coup de feu d'intimidation.

Coups sur coup. Deux hommes masqués et armés se font remettre, à 6 h 30, le 21 août 1987, la recette du bar PMU Le Bon Coin, soit une somme de 12 000 francs. Une tentative de vol à main armée, sans doute par la même équipe de flics ripoux, sera repoussée le 24 juillet 1989, vers 6 heures du matin, par le nouveau propriétaire, M. Montebello, qui les a menacés d'un fusil à pompe dissimulé sous le comptoir.

Rochambeau (rue) ㉖

n° 8

Coiffeur ? Par jalousie, le 19 juillet 1972, Henri C., 51 ans, tue sa maîtresse de 44 ans, Renée Deschamps, à coups de ciseaux. Il sera condamné à cinq ans de prison, un an plus tard.

Rockefeller (avenue) (anc. montée des Sablières) 27

Milliardaire. Cette artère prend le nom du milliardaire américain le 20 février 1928, un rappel d'un don de 41 millions de francs fait par la fondation Rockefeller pour aider à la reconstruction de la faculté de médecine, à proximité de l'hôpital Édouard-Herriot (alors Grange-Blanche).

n° 8

Vivisection. Un mystérieux commando subtilise, dans la nuit du 6 août 1980, quatre chiens dans le laboratoire de la faculté de médecine. Ils devaient être sacrifiés le lendemain pour une expérience.

Saint-Maximin (rue) 28

n° 12

Mystère. On ne saura jamais qui pouvait en vouloir à Adrien Noël, au point d'avoir massacré à coups de masse ce père tranquille du quartier, le 29 juin 1971.

Santy (avenue Paul-) 29

Je veux, mon neveu. Un septuagénaire, qui promène son chien, est accosté par un jeune homme. Il croit immédiatement reconnaître son « neveu de Grèce », qu'il n'a pas vu depuis quinze ans. Le vieillard l'emmène chez lui et accepte de lui prêter 25 000 francs pour soigner son père. L'escroc disparaît rapidement sous un prétexte quelconque, le 6 janvier 1983.

n° 84

Sans filet. En janvier 1983, en fin de matinée, Jacques Guyot, 50 ans, contrôleur de sécurité, vérifie les ponts roulants de 8 tonnes dans l'atelier de bobinage de la société de constructions électromécaniques Jeumont-Schneider. Il perd l'équilibre et tombe.

n° 106

Deux sur quatre. Le 3 mars 1991, pendant qu'ils étaient sortis promener le petit dernier, le feu prend au troisième étage dans l'appartement des époux M. Les pompiers ne pourront rien faire pour deux frères âgés de 4 et 2 ans, mais parviendront à sauver une fillette de 1 an qui dormait dans une autre chambre.

Serpollières (rue des) 30

n° 16

Rancœur. Neurasthénique, Gabriel L. n'a pas supporté d'avoir été plaqué par sa concubine, Maria P., 47 ans. Hospitalisé dans une clinique spécialisée, il profite d'une permission de sortie pour l'étrangler sur le balcon, puis se trancher la gorge dans la salle de bains au deuxième étage de cette HLM, le 12 octobre 1957. Les deux cadavres sont découverts par les enfants de ce chaudronnier, qui a laissé un dernier message : « Elle m'a fait emprisonner, je l'ai tuée. »

n° 17

Mauvais geste. Le 22 octobre 2004, vers 22 h 30, un adolescent de 17 ans, Geoffroy, est gravement blessé au thorax par une balle tirée par un policier, après une course-poursuite dans les rues du 8e arrondissement. La voiture était volée et, après avoir fini sa course dans une fourgonnette, le conducteur, au lieu de mettre les mains sur le volant comme il lui était demandé, aurait glissé l'une d'elles dans son blouson. C'est du moins la version du policier, qui s'est senti en danger en croyant que l'adolescent allait sortir une arme.

Tavernier (rue du Professeur-) 31

n° 5

Jamais deux sans trois. Cambriolé déjà deux fois, le propriétaire d'un magasin de vêtements tire un coup de fusil de chasse, vers minuit le 19 décembre 1978, sur un cambrioleur qui en voulait à sa vitrine. Blessé, le voleur est retrouvé dans une caravane à Décines.

Verger (rue Pierre-) 32

n° 12

Collaboration. Le 10 janvier 1944, Jean Méhay, 28 ans, est abattu à 8 h 15, dans la rue, de plusieurs balles, par des inconnus qui prennent la fuite en voiture. Il appartenait au groupe Collaboration.

Vienne (route de) 33

Solidarité. En juin 1951, les 80 ouvriers de la petite usine de produits chimiques Mandy, parmi lesquels 70 Algériens, sont en grève. À la suite d'un incident avec un non-gréviste, 14 d'entre eux sont arrêtés et emprisonnés. Ils sont rapidement libérés sous les ovations du Tout-Lyon ouvrier qui s'était mobilisé.

n° 118

Bonnot garagiste. Ici s'installe en 1909, comme garagiste, celui qui allait devenir célèbre en France en tant que tête pensante de la bande à Bonnot, Jules Joseph Bonnot, né dans le Doubs en 1876.

n° 169

Le secret de la momie. En fouillant les combles de cet immeuble à l'abandon, les policiers, à la recherche d'un voleur, découvrent, le 30 juillet

2003, un squelette momifié. Selon les vêtements qu'il portait, une fiche de paye datant de 1914 et des cartes postales de Trévise postées en 1913, il pourrait s'agir d'un Italien. Mais le mystère reste entier.

n° 352

Représailles. Cinq otages sont fusillés par les Allemands, pour sanctionner d'une action de la Résistance, le 18 août 1944.

Viollet (rue Claude-) 34

n° 28

Été meurtrier. Depuis quelque temps, le locataire soupçonnait son logeur d'avoir des vues sur sa concubine. L'un est mort assassiné dans la rue, l'autre, le propriétaire, suicidé chez lui, en juillet 1992.

9e ARRONDISSEMENT

Arloing (quai) ❶

n° 6

La liberté au bout du fusil. En attendant le chaland vers 22 h 30 le 14 septembre 1983, au bar Le Mérinos, un chauffeur de taxi, Salomon Benitah, 36 ans, est agressé par un homme ivre qui le somme de lui offrir un verre : « Tu la paies, ta tournée ! » Devant son refus, Bernard S., 50 ans, sort en titubant, se dirige vers sa voiture, revient avec un fusil de chasse et tire. Le chauffeur est tué sur le coup. Son meurtrier était un détenu en semi-liberté.

n° 12

Immoral. Crime de lèse-majesté dans la capitale de la gastronomie, un individu qui, à l'évidence, ne mérite pas d'être lyonnais, vole la silhouette du cuisinier en bois destiné à attirer le client, devant le restaurant de Mme Laurence Véran, le 6 juin 1956.

Audry (rue Pierre-) ❷

n° 44

La voiture muette. Le dimanche 6 juillet 1975, est découverte dans cette rue du quartier de Vaise, une Audi 80 GL de couleur jaune paille, volée le 1er juillet. Il s'agit de la voiture qui a servi aux tueurs du juge Renaud. On y retrouve deux cartouches de calibre 38 non percutées. Aucune empreinte n'est relevée.

Balmont (montée de) ❸

Bonne farce. Au XVIIIe siècle, un négociant du nom de Balmont fait fortune en faisant entrer, en contrebande, des galons en or fabriqués à Trévoux et cachés dans des dindes à la place de la farce. On l'appela Balmont la Dinde.

9e ARRONDISSEMENT

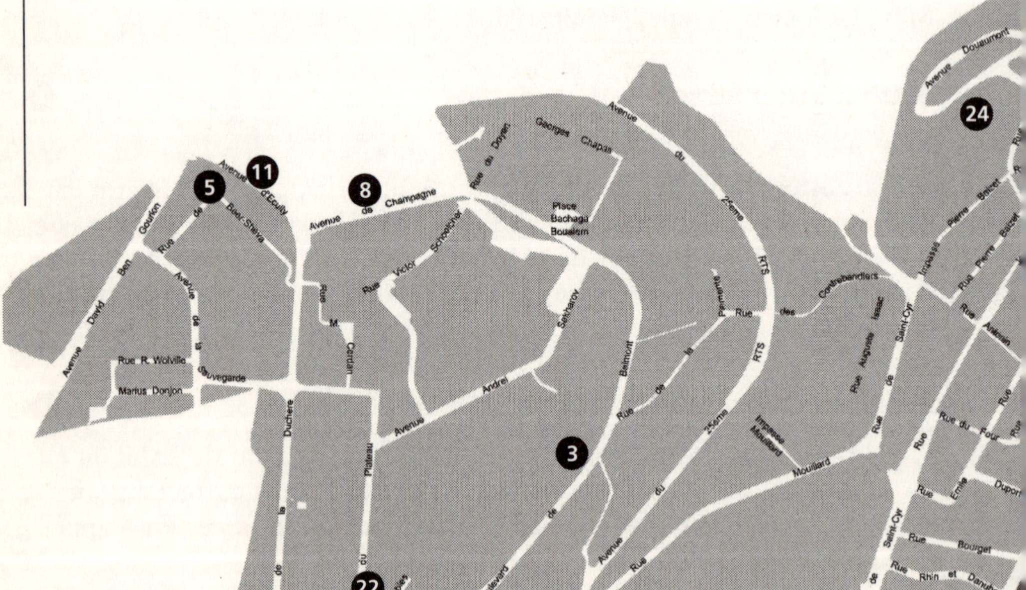

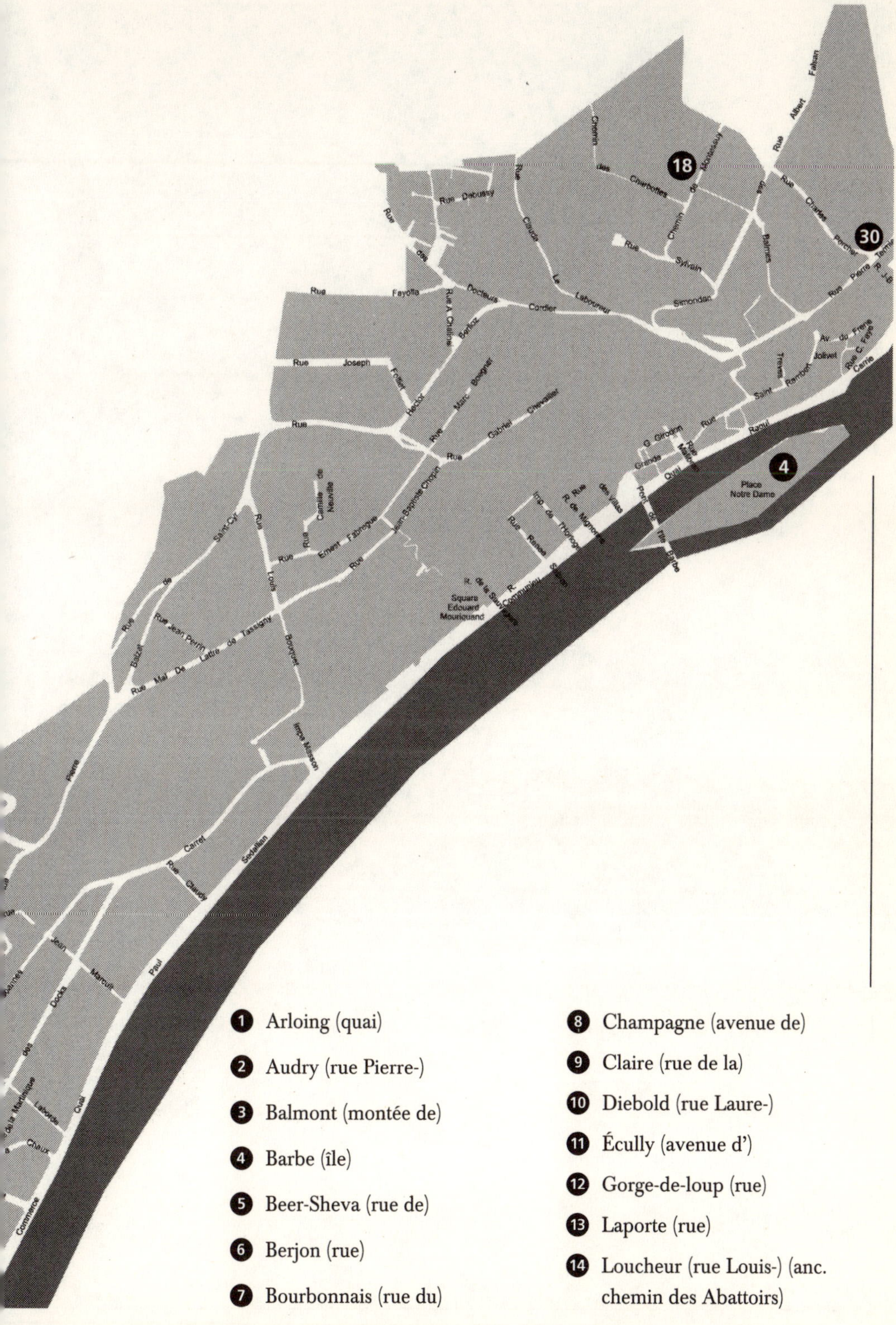

1 Arloing (quai)

2 Audry (rue Pierre-)

3 Balmont (montée de)

4 Barbe (île)

5 Beer-Sheva (rue de)

6 Berjon (rue)

7 Bourbonnais (rue du)

8 Champagne (avenue de)

9 Claire (rue de la)

10 Diebold (rue Laure-)

11 Écully (avenue d')

12 Gorge-de-loup (rue)

13 Laporte (rue)

14 Loucheur (rue Louis-) (anc. chemin des Abattoirs)

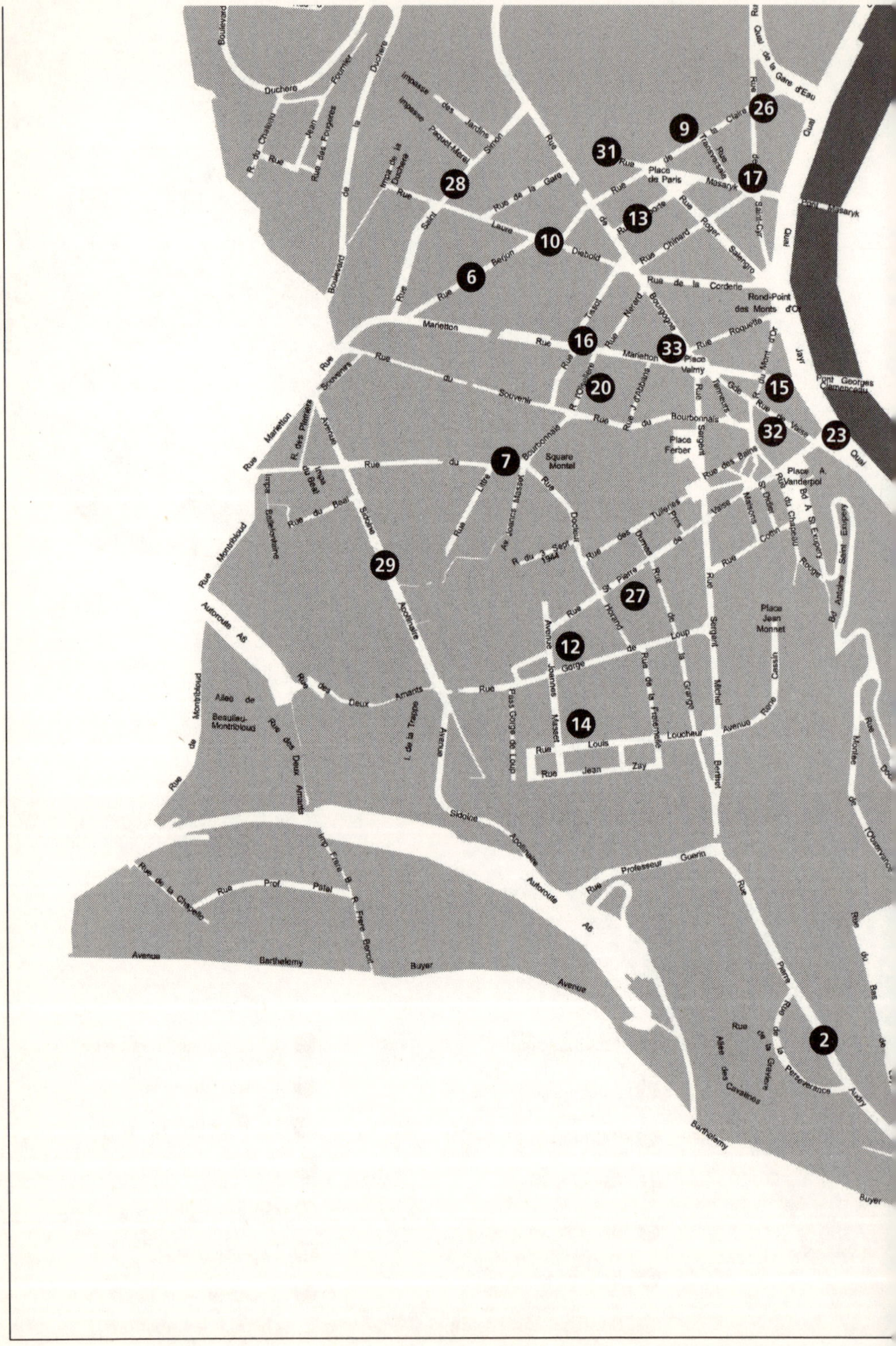
Quai de la Gare d'Eau
Rue de la Claire
Place de Paris
Masaryk
Pont Masaryk
Rue de la Gare
Rue Chinard
Rue Roger Salengro
Rue de la Corderie
Rond-Point des Monts d'Or
Rue Roquette
Rue Marietton
Place Valmy
Rue du Souvenir
Pont Georges Clemenceau
Rue du Bourbonnais
Place Ferber
Square Montel
Rue des Bains
Place A. Vanderpol
Rue Sergent Michel Berthet
Rue Laure Diebold
Rue Berjon
Boulevard de la Duchère
Impasse des Jardins
Impasse Paquet-Merel
Rue Saint-Simon
Rue de Saint-Cyr
Rue Nérard
Rue de Bourgogne
Rue du Docteur Horand
Rue Pierre Audry
Rue du 24 Sept. 1944
Rue des Tuileries
Rue Gorge de Loup
Rue Louis Loucheur
Rue Jean Zay
Rue de la Fraternelle
Rue de la Grange
Avenue Joannès Masset
Place Jean Monnet
Avenue René Cassin
Rue des Deux Amants
Allée de Beaulieu-Montribloud
Rue de Montribloud
Autoroute A6
Avenue Sidoine Apollinaire
Rue Professeur Guérin
Rue de la Chapelle
Rue Prof. Patel
Avenue Barthélemy Buyer
Rue de la Persévérance
Allée des Cavatines
Montée de l'Observance
Rue du Bas de Loup
Bd A. St Exupéry
Quai Jayr
Quai Arloing
Rue de la Pépinière
Rue St Pierre de Vaise
Rue Marietton
Rue J. d'Abbans

15 Marché (rue du)

16 Marietton (rue)

17 Masaryk (rue) (anc. rue du Pont-de-la-Gare)

18 Montessuy (chemin du)

19 Observance (montée de l')

20 Oiselière (rue de l')

21 Pierre-Scize (quai-) (anc. rue Pierre-Coupée)

22 Plateau (avenue du)

23 Port-Mouton (place)

24 Pyramide (rue de la)

25 Rafin (rue du Docteur-)

26 Saint-Cyr (rue de)

27 Saint-Pierre-de-Vaise (rue)

28 Saint-Simon (rue)

29 Sidoine-Apollinaire (avenue)

30 Termier (rue Pierre-) (anc. route des Rivières)

31 Vaise (gare de)

32 Vaise (grande-rue de)

33 Valmy (place de) (anc. place de la Pyramide)

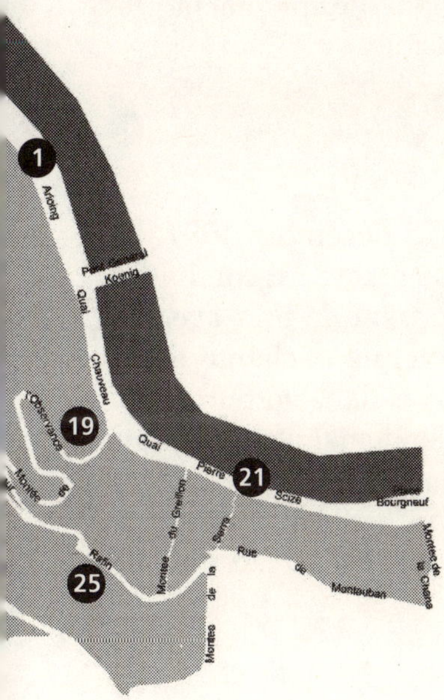

Barbe (île) ❹

Tant qu'il y aura des hommes. Règlement de comptes sanglant, en 1486, chez Maria de la Vurpillère. N'a-t-elle pas accusé publiquement Thomase Valland de lui devoir quelque argent ? Celle-ci force le domicile de celle-là. S'ensuivent empoignade de cheveux, coups de pied, de poing et de genou qui ameutent le voisinage. Intervention des sergents de ville qui, évidemment, se régalent de cette échauffourée entre femmes. Et procès.

Beer-Sheva (rue de) ❺

n° 540

Shabbat. Des jeunes, arrivés en cagoules au volant de deux voitures volées, ont tenté de mettre le feu à la synagogue Rav-Mida, le 29 mars 2002, jour de shabbat pendant la Pâque juive. Ils ont enfoncé portes et fenêtres de l'édifice avant d'y jeter un cocktail Molotov. Rapidement prévenus, les pompiers sont parvenus à maîtriser l'incendie.

Berjon (rue) ❻

n° 29

La mort en direct. Au cours de la soirée du 18 décembre 1997, un homme de 24 ans, Fabrice Fernandez, père de trois enfants, est conduit au commissariat pour avoir été surpris dans la rue en train de tirer avec un fusil à pompe. Il n'en ressortira pas vivant, puisqu'une décharge de ce même fusil le tue un peu plus tard, alors qu'il est assis dans un bureau du commissariat. « Accident regrettable », explique le lendemain la hiérarchie policière. Mais un témoin, un voisin de l'immeuble d'en face, a tout vu de sa fenêtre. Il a aperçu un gardien de la paix, Jean C., 40 ans, en train de viser la victime. Prétendant que le coup est parti tout seul quand il manipulait l'arme, il sera révoqué et jugé.

Bourbonnais (rue du) ❼

n° 1

Cuir. Un incendie se déclare à 3 heures du matin à la tannerie Estragnat, en juin 1902.

n° 6

Perdu. Le 2 janvier 1898, Marien Jeille, le patron du Comptoir du Dauphiné, s'écroule devant la porte de son établissement, en criant : « Je suis perdu », après avoir reçu un coup de couteau dans le bas-ventre. Il venait de sortir de son café, un gourdin à la main, pour faire taire une bande de jeunes du quartier qui faisaient du tapage. Arrêté, le meurtrier, un certain Beluze, a expliqué qu'il avait seulement voulu se défendre.

Champagne (avenue de) ❽

Peur rétrospective. Dans une villa de Champagne-au-Mont-d'Or, louée par une courtière libre, Josette A., les policiers de la DST découvrent, le 21 juillet 1959, la planque des artificiers du FLN. Six arrestations, quinze armes saisies et un stock de bombes, avec les plans minutieux des cibles choisies, notamment le gazomètre de Gerland. Selon les experts, les dégâts seraient ceux d'une bombe A.

Claire (rue de la) ❾

Copains. Dans un café mal famé, Perret retrouve régulièrement ses amis Vuillard et Nuée. À la suite d'un témoignage de Jean Patricot, 78 ans, Vuillard est condamné pour vol de gaz sur la conduite de leur bistrot préféré. Le vieil homme est retrouvé mort, le crâne fracassé, dans un sac ayant contenu du café des colonies, le 28 mai 1872, route d'Heyrieux, à quelques pas de l'octroi. Perret avait voulu venger son copain.

n° 11

Éclats mortels. Accident du travail à l'usine Teste, le 12 janvier 1895. L'ouvrier Paul Doullaud, 30 ans, aiguisait ses aiguilles sur une meule à vapeur, quand celle-ci se brisa en éclats, le tuant sur le coup.

n° 36

En vain. Lorsque Marize, une aide-soignante, découvre, le 27 mars 2005, vers 18 heures, une fillette allongée dans la cour intérieure de cet immeuble, sa sucette autour du cou, elle fait tout pour la réanimer. En vain, car l'enfant, âgée de 17 mois, venait de s'écraser au sol, entre deux plaques de béton, après une chute de 9 mètres, depuis le troisième étage, par la fenêtre de l'appartement de ses parents.

Diebold (rue Laure-) ❿

n° 8

À la merci d'une allumette. Le 9 septembre 1980, vers minuit, un chauffeur de taxi circulant dans le quartier de Vaise s'aperçoit que du carburant s'écoule des pompes à essence du Grand Bazar de Vaise. Les pompiers, alertés, bouclent le quartier. L'ouverture des vannes est aussitôt revendiquée par un inconnu se faisant passer pour un militant du FANE, mouvement d'extrême droite, avec cette phrase : « Hitler n'est pas mort. » Un autre coup de téléphone au standard des pompiers les prévient : « Ça va sauter, évacuez vos hommes, les flics, on s'en fout. »

C'est miracle si l'essence écoulée (3 800 litres) ne s'est pas enflammée. En fait, l'auteur du délit était un employé, Gérard S., 20 ans, qui avait ouvert les volucompteurs pour se venger d'une réprimande subie le matin même, et avait inventé une fausse revendication pour égarer les enquêteurs.

Écully (avenue d') 11

n° 550

Œdipe sans complexe. Karim A., 28 ans, poignarde son père en plein cœur le 21 janvier 2003 dans son appartement du premier étage, puis prend la fuite, les pieds nus. Il avait obtenu le matin même une permission de sortie de l'hôpital psychiatrique.

Gorge-de-loup (rue) 12

Bave. Dans cette rue, le 17 juillet 1893, un chien est aperçu, la queue entre les jambes, écumant et cherchant à mordre les autres chiens. Un gardien de la paix l'abat et l'autopsie confirme qu'il était enragé.

Fil en feu. À 1 heure du matin, un gigantesque incendie embrase la Rhodiaceta, le 18 mai 1955. Quatre cents tonnes de fil de nylon partent en fumée. Le quartier passe à côté de la catastrophe, un gazomètre se trouvant à moins de 100 mètres.

Laporte (rue) 13

Choco mou. Un incendie se déclare le 10 février 1902 dans la fabrique de dragées et chocolats Bénier et Archinard.

Loucheur (rue Louis-) (anc. chemin des Abattoirs) 14

n° 5

Carnage familial. Parce qu'il ne supporte pas l'idée de la séparation annoncée par son épouse, Serge S., 45 ans, s'enferme dans son appartement du troisième étage, le 14 juin 2000, en fin d'après-midi, après avoir vissé sur sa porte des barres métalliques. Craignant le pire, à cause d'une odeur de gaz et d'essence, sa femme, restée à l'extérieur, appelle les secours. Il est malheureusement trop tard pour les deux enfants du couple, un garçon de 7 ans et une fillette de 12 ans. Ils sont retrouvés ligotés et bâillonnés sur leur lit, morts. Leur père, arrêté, avouera avoir agi par vengeance contre sa femme, qui voulait divorcer. Mais il ne supportera pas ce drame, puisqu'on le retrouve pendu dans sa cellule de la prison Saint-Paul un mois plus tard, le 14 juillet, six jours avant la reconstitution décidée par le juge dans leur appartement.

Marché (rue du) 15

n° 4

Amnésique. Pour avoir voulu calmer un excité, le 12 octobre 1982 à 16 h 30, devant le bar L'Acropole, un chômeur de 38 ans, Jean-Louis Mahinc, est abattu de deux balles de 6,35. Arrêté, le meurtrier, Robert V.,

37 ans, chez lequel on retrouva un deuxième pistolet, n'avouera jamais : « J'avais bu, je ne me souviens de rien. »

Marietton (rue) ⓰

n° 75

Comme à la chasse. Le 10 août 2000, Georges Givet s'apprête à grimper dans sa BX garée devant le MacDo, vers 7 h 30, lorsqu'un homme d'une vingtaine d'années lui tire à deux reprises en pleine tête, avec un fusil de chasse, des balles à sanglier. Puis le meurtrier quitte paisiblement les lieux, à pied, son fusil à la main, sans dissimuler son visage.

n° 94

Sauvez nos bistrots. Le 1er janvier 1957, une Aronde se dirigeant vers la Saône manque un virage, percute une voiture venant en sens inverse et défonce la devanture du café Gontard.

Masaryk (rue) (anc. rue du Pont-de-la-Gare) ⓱

n° 26bis

Parisienne naïve. Quand on retrouve, le 9 novembre 2001, Micheline Baudry assassinée de 14 coups de couteau dans son appartement du cinquième étage, l'enquête s'oriente d'abord vers Paris, où cette femme de 66 ans avait tenu un cabaret. Mais, très vite, les soupçons se portent sur sa voisine de 21 ans, Abiba N., que la retraitée avait prise en affection pour compenser la mort récente de son fils. C'est bien l'ingrate qui, ayant obtenu par ruse le code confidentiel de sa carte bleue, s'est fait surprendre en train de la lui voler et n'a pas hésité à frapper quatorze fois sa bienfaitrice.

Montessuy (chemin du) ⓲

Jeune compagnon. Un enfant, Henri Didier, est découvert mort dans les fossés du fort. Avant de l'assassiner, son meurtrier, Pierre Noirat, lui a fait faire le tour des bistrots et l'a initié aux plaisirs du tabac, le 7 juin 1918.

Observance (montée de l') ⓳

n° 75

Échaudées. Au nom de la mairie, deux hommes se présentent le 5 février 1982 à 11 h 30 au domicile de deux sœurs octogénaires. Sous prétexte de vérifier leurs dossiers, ils les brutalisent et emportent leurs économies, soit 40 000 francs. Par la suite, Clotilde Duchêne et sa sœur Léonie refuseront d'ouvrir leur porte, même aux policiers.

n° 89

La fin d'un juge. La nuit est douce ce 3 juillet 1975 lorsqu'en compagnie d'une amie, Geneviève, le juge François Renaud gare sa voiture, une BMW, devant son immeuble La Vigie. Il est 2 h 42. Trois hommes, à bord d'une Audi 80, l'attendent, le visage masqué. Ils ne lui laissent aucune chance en le tirant comme un lapin, à l'aide d'un 38 spécial, et en l'achevant d'une balle dans la tête. L'enquête, malgré toutes les promesses officielles, se terminera par un non-lieu, malgré la succession de six juges d'instruction et de la présence, dans le dossier, d'avocats de renom choisis par les fils du magistrat : Badinter, Bredin, Vergès. Des noms ont pourtant été avancés. Des thèses aussi, sans qu'aucune n'aboutisse : vengeance du milieu, vengeance personnelle, mobile politique, services secrets.

Souvenir. Profitant de la date anniversaire de l'assassinat du juge François Renaud, des inconnus remplacent, dans la nuit du 3 juillet 1976, les plaques de cette montée où demeurait le magistrat, et où il a été abattu, par d'autres, ainsi libellées : « Rue François-Renaud, abattu par le milieu, oublié par la justice », non sans y avoir déposé des bouquets de fleurs.

Oiselière (rue de l') 20

n° 12

Marabout. L'étudiante ivoirienne, Lydie Meyan, 19 ans, qui partageait son deux pièces au troisième étage avec un marabout est retrouvée morte par ses deux cousins, le soir du 3 octobre 1994. Elle avait reçu plusieurs coups de couteau au bas-ventre.

Pierre-Scize (quai-) (anc. rue Pierre-Coupée) 21

La belle. En 1705, cinq prisonniers, parmi lesquels le comte de Labarre, parviennent à s'échapper de leur cellule, après avoir assassiné le trop confiant Mandeville, commandant de la prison.

Sadique. En 1768, le fameux Marquis de Sade est enfermé au château à la demande de sa belle-mère.

n° 1

Au couteau. Une des bêtes de Marius Blanc, qui conduit son troupeau de bœufs et de génisses vers le bas port, enjambe le parapet et tombe sur la berge de la Saône. Diagnostic : une jambe arrière cassée. Un jeune garçon boucher qui passe par là, avec son matériel professionnel, en ce mois de mai 1902, achève la bête sur place.

n° 12

Valet de cœur. Au-dessus de la Saône se dressait un château qui servait de prison d'État. Y furent enfermés Jacques d'Armagnac, Cinq-Mars et de

Thou. Mais aussi le duc de Nemours qui s'en évada, le mardi 26 juillet 1594, en se déguisant avec les vêtements et la perruque de son valet de chambre, qu'il laissa dans son lit à sa place. En voyant un valet transportant un pot de chambre pour aller le vider, les sentinelles le laissèrent passer. Le duc de Nemours était incarcéré là pour avoir, pendant la Ligue, tenté de se rendre maître de Lyon.

n° 57

La valeur n'attend pas. Le 21 avril 1982, Francesca Belmonte, 78 ans, est retrouvée poignardée dans l'appartement situé au-dessus de son épicerie. Sa sacoche, contenant la recette de 25 000 francs a disparu sans aucun signe d'effraction. Elle avait ouvert à des familiers, deux garçons de 15 et 17 ans, qui furent arrêtés quarante-huit heures plus tard.

Plateau (avenue du) 22

Jeux interdits. Les sauveteurs ne peuvent rien faire, ce 30 septembre 2003, quand ils sont appelés sur le parking du centre commercial du Château. Un homme de 25 ans, Malik N., père d'un enfant, vigile dans une grande surface, le corps criblé d'éclats et une main arrachée, a cessé de vivre. L'enquête établira qu'il tenait une grenade, composée de 200 billes d'acier, de fabrication yougoslave. L'hypothèse retenue par les enquêteurs est que des jeunes du quartier se livraient à une espèce de jeu de la roulette russe en se lançant de l'un à l'autre une grenade dégoupillée.

Port-Mouton (place) 23

Amitié assassinée. Une rixe mortelle éclate, le 2 février 1902, entre cinq jeunes gens. Ils avaient passé la soirée au bar Le Cep catalan. L'un deux, Marius Gayte, 21 ans, expire en arrivant à la pharmacie Vial. Son meurtrier, Ardisson, est retrouvé prostré près du kiosque des tramways. Légitime défense ?

Pyramide (rue de la) 24

n° 62

Tête en l'air. Le 2 août 1898, le jeune Alain Descombes joue avec des copains au milieu des jets d'eau. Pour ne pas être mouillé, il traverse la rue en courant. Le conducteur d'un tramway n'a pas le temps de freiner. Le gosse est traîné sur plus de 20 mètres et coupé en deux.

Rafin (rue du Docteur-) 25

Pas vu, pas pris. Un incendie se déclare dans la nuit du 12 au 13 mai 1955, dans les locaux du Centre des aveugles. On y voit l'œuvre d'une main criminelle.

Saint-Cyr (rue de) 26

n° 43

L'amour rend imprudent. Le 11 août 2000, on découvre, dans son appartement du premier étage, le corps décomposé d'un homme de 24 ans, vêtu seulement d'un T-shirt et d'un caleçon. L'enquête prouvera qu'il a été tué, le 29 septembre, de 16 coups de couteau par un compagnon homosexuel, dont il voulait se séparer et qu'il ne souhaitait plus entretenir. Identifié, le meurtrier a été arrêté à Paris en possession du couteau encore taché de sang, qu'il avait gardé sur lui. Il était pourtant agent auxiliaire à la préfecture de police de Paris.

Saint-Pierre-de-Vaise (rue) 27

Surpris. Durant la nuit du 13 au 14 mars 1976 est tué, à l'aide d'un poinçon, François Cassettani, 65 ans, surveillant de la Ronde de nuit. Son corps est retrouvé le lendemain sous une cascade, près d'Armix, dans le département de l'Ain. Selon les enquêteurs, le veilleur a surpris au cours de sa ronde des cambrioleurs qui l'ont exécuté.

Saint-Simon (rue) 28

n° 14

Le mécano de la Résistance. Membre des Groupes francs, Jean Borgogno est arrêté par les Allemands, le 10 février 1944, dans un garage où, avec dix autres camarades, il réparait des véhicules servant à la Résistance. Il reviendra néanmoins de déportation.

Sidoine-Apollinaire (avenue) 29

n° 27

Dans le caniveau. Le jeudi 3 juillet 1975, un conducteur de bus des TCL découvre, dans le caniveau, six cartouches de calibre 38, les mêmes que celles qui ont tué le juge François Renaud, quelques heures plus tôt, à moins d'un kilomètre de la fusillade.

n° 75

Bis. Le jeune Alain Gubert, 12 ans, croit, par erreur, s'être trompé de train et descend en marche du convoi Saint-Paul/Tassin, le 7 janvier 1956. Blessé, il a les jambes brisées par un convoi qui passait au même moment.

n° 159

L'œil veillait. On découvre, le 17 novembre 2000, dans l'appartement du huitième étage qu'elle occupe depuis trente-sept ans, le corps d'Odette G. Retraitée d'un laboratoire pharmaceutique, cette femme de 76 ans a été poignardée par quelqu'un à qui elle a ouvert et qu'elle devait donc connaître. C'était effectivement un jeune voisin de 18 ans, qui a voulu se venger d'une plainte pour vol que la vieille dame avait déposée contre lui. Il a été confondu par la caméra d'un distributeur, dans lequel il a voulu retirer de l'argent avec la carte bancaire de sa victime.

Termier (rue Pierre-) (anc. route des Rivières) 30

n° 12

Au fil du courant. À la limite du 9e arrondissement et de la commune de Collonges-au-Mont-d'Or, le 4 avril 1982, deux gardiens de la paix repêchent dans la Saône un garçon de 21 ans totalement épuisé. Pour échapper à des policiers qui l'avaient surpris à Collonges-au-Mont-d'Or en plein cambriolage, il avait plongé dans l'eau froide et descendu la rivière de nuit à la nage sur deux kilomètres. Son frère, arrêté sur place, avait sur lui le butin du vol (caméra et bijoux).

Vaise (gare de) 31

Buffet de la gare. Pierre R., 14 ans, manœuvre, et Léon C., 17 ans, apprenti chaudronnier, volent dans un wagon un seau de confiture et 250 grammes de pâtes, à la fin décembre 1929, et recommencent le 3 janvier 1930 en jetant leur dévolu sur une boîte de fruits de mer et un fût de rhum qu'ils engloutissent à l'usine.

Vaise (grande-rue de) 32

À tête perdue. On arrête en août 1828, dans cette rue, un vagabond qui portait dans son sac une tête de femme en putréfaction. Il comptait s'en servir pour escroquer les naïfs, en raison d'une superstition selon laquelle une tête de mort détachée du tronc permettrait de connaître l'avenir et surtout les numéros gagnants de la loterie.

Valmy (place de) (anc. place de la Pyramide) 33

Vérification. Pour prouver qu'il était insensible à la douleur, un fakir présent à la vogue de Vaise, le 5 août 1895, s'enfonçait, devant les badauds, des aiguilles sur tout le corps. Un spectateur voulant le tester, sort un revolver de sa poche et lui tire dessus. Légèrement blessé au bras, le fakir, qui souffrait pourtant, n'a pas voulu porter plainte.

AUTOUR DE LYON

BRON

Aéroport

Le plein ? Il y avait foule, ce 6 juillet 1952 sur l'aéroport pour assister au meeting aérien dont Maryse Bastié, 54 ans, était la vedette, pour être l'une des premières femmes aviatrices de l'armée de l'air. Et c'est en redécollant en fin d'après-midi, pour regagner sa base, que son avion s'est écrasé en bout de piste, entraînant dans la mort tout l'équipage militaire. Qui venait de faire le plein de kérosène, mais aussi de quelques boissons alcoolisées lors du vin d'honneur. Marie-Louise Bastié, dite Maryse, détentrice de dix records internationaux de distance et de durée, avait traversé seule l'Atlantique Sud en 1936. Elle a obtenu la Légion d'honneur pour son record féminin de durée de vol sans escale (37 heures et 55 minutes) pour la liaison France-Saïgon aller et retour. À titre posthume, elle a été, en 1974, promue commandeur de la Légion d'honneur. Depuis, une rue porte son nom à Bron et un monument rappelle sa mémoire, près du terrain d'aviation.

Rêveur. Sur la piste de l'aéroport, on retrouve le 12 mai 1969, abandonné, le vélo d'un gamin de 13 ans, Jean-Pierre Viers. Fasciné par les voyages et les avions, le gosse était parvenu à se glisser en bout de piste, dans le train d'atterrissage d'un DC10 en partance pour la Côte-d'Ivoire. C'est à Abidjan que le cadavre de l'enfant sera découvert quelques heures plus tard. Le malheureux n'avait pas supporté le froid et le manque d'oxygène.

Espionnage ? De garde à la base aérienne, le 6 décembre 1935, le sergent Kieffer est réveillé vers minuit par des bruits provenant du bureau du colonel. Il surprend trois inconnus occupés à forcer le coffre-fort et parvient à les faire fuir, tout en essuyant plusieurs coups de feu. Le coffre ne contenait que des documents militaires relatifs au plan de mobilisation.

Le vent fripon. Un coup de vent violent projette au sol, au moment où il allait se poser sur la piste de l'aérodrome militaire, un bombardier, un Potez 540 de la 35e escadre, le 10 mai 1938, vers 15 h 40. L'appareil ne prend pas feu, mais les cinq militaires sont tués sur le coup. Un officier, trois sous-officiers et un aspirant. Il n'y avait pas de bombes à bord.

Bourgeois (rue Léon-)

n° 12

Quarté gagnant. Le bar PMU Le Quarté tenu par Claude Spennato est victime d'une série d'attaques à main armée. Le 15 juin 1986, vers 13 heures, deux individus cagoulés et armés se font remettre, sous la menace, la recette. Butin : 88 000 francs, plus un collier d'une valeur de 57 000 francs. Le scénario se reproduit à l'identique le 16 novembre 1986, vers 13 heures. Pour 75 000 francs. Puis le 16 juin 1987 (87 947,50 francs). Et le 23 août 1987, à 12 h 30. Mais cette fois, les deux hommes masqués et armés ont blessé à coups de crosse un handicapé qui ne pouvait s'allonger à terre, un client qui ne se couchait pas assez vite et un témoin, blessé par balle à la cuisse, parce qu'il avait tenté de s'interposer. Leur butin s'élèvera à 64 282 francs. Ces hold-up sont à mettre au compte d'un gang composé de plusieurs policiers ripoux du 3e arrondissement.

De-Lattre-de-Tassigny (avenue Maréchal-)

n° 70

Séquestration. Vers 6 h 30 le 19 septembre 1990, trois individus masqués et armés séquestrent la famille du directeur de la Société générale à son domicile de Ruy, dans l'Isère, et emmènent ce dernier ouvrir les coffres de son agence à Bron, pour repartir avec la somme de 161 042 francs. Un forfait de plus à l'actif des policiers ripoux du 3e arrondissement. À noter que ces malfaiteurs ont commis bien d'autres attaques à main armée non citées dans cet ouvrage, puisque s'étant déroulées dans les départements de l'Ain, de l'Isère et de la Loire, dont l'une à Firminy, le 28 janvier 1989 a causé la mort de deux personnes au centre Leclerc, deux convoyeurs de fonds de la société Transval, MM. Freddy Bonneau et Alain Monnier.

Genas (route de)

n° 240

À pied. Trois hommes à pied ouvrent le feu sur les clients du café L'Orient, le 16 novembre 1957 vers 18 heures, et repartent tranquillement en laissant derrière eux un mort et quatre blessés graves. Sans doute une action du FLN contre un fief du MNA.

n° 292

Assurance vie. Le 15 juillet 1971, vers 21 h 30, un coup de feu retentit au onzième étage d'un bâtiment où sont logés les gendarmes du quartier Raby. Une femme de 37 ans, Josiane Atamian, courtière en assurance vie, vient d'être tuée d'une balle de pistolet 9 mm. Le locataire de l'appartement, un gendarme, Claude E., 29 ans, marié et père de deux enfants, explique que, en l'absence de sa famille, il avait voulu souscrire un contrat auprès de cette courtière et qu'en lui montrant son arme, à sa demande, le coup est parti accidentellement. Il sera poursuivi pour homicide involontaire.

Grenoble (route de)

Déjà en deuil. Ayant appris que son beau-frère venait de mourir à La Tour-du-Pin, Antonin Gigier, 36 ans, décide de s'y rendre en voiture en compagnie de quatre amis et parents. Vers 13 heures, à la hauteur du camp d'aviation, il veut éviter un cycliste, fait une embardée et percute un arbre. De la carcasse du véhicule, on retire trois morts, dont le conducteur, et deux blessés graves. Le cycliste est indemne.

Lépine (avenue du Doyen-Jean)

n° 16

Après nous le déluge. Le 21 mai 1989, au petit matin, un commando pénètre à l'Institut de la santé et de la recherche médicale et repart en emportant des dizaines d'animaux voués à la vivisection (singes, chats, rats, souris, furets et marsupiaux). L'action est signée « Arche de Noé » avec ce bombage : « Vous êtes tous des monstres. » Les dirigeants de l'Inserm déposeront plainte en expliquant que les expériences en cours auraient été utiles à la recherche médicale pour l'homme et que le vol commis mettait en cause la vie même des animaux volés, certains exigeant des soins urgents pour avoir subi des greffes expérimentales.

Marne (rue de la)

Pas miraculeuse. Le 26 avril 1920, des enfants du quartier s'amusent à creuser une grotte dans ce terrain marneux, qui s'effondre vers 11 heures le matin. Ils étaient cinq. Deux frères, Angelo et René, âgés de 8 et 13 ans, ne peuvent être réanimés.

Parilly (parc de)

Les nains libérés. Au cours de la nuit du 30 au 31 mars 2005, des inconnus déposent sur une butte du parc, surplombant le boulevard périphérique, environ 80 nains de jardin, leurs visages tournés vers le sud. Parmi eux, quelques figurines représentant des animaux : cygnes ou biches. À l'approche du 1er avril, les policiers du commissariat de Bron ont pensé à un canular, sans négliger la piste d'un mystérieux Front de libération des nains de jardin (FLNJ), qui a plusieurs fois fait parler de lui en volant ces petits personnages dans les jardins de plusieurs personnalités lyonnaises. Lors d'une campagne électorale, l'ancien maire de Lyon, Raymond Barre, s'était dit, au micro de RTL, favorable à cette libération.

Pinel (boulevard)

n° 59

Meurtre à l'hôpital. En quittant son travail le 24 octobre 2001, à l'hôpital Louis-Pradel où elle est cardiologue et responsable des échographies, Marguerite Perinetti, 58 ans, est rejointe, sur le parking, par un homme qui lui tire une balle dans le cœur et une seconde dans le dos, avant de prendre la fuite à bord d'une Mercedes blanche. C'était son compagnon de trente ans, dont elle venait de se séparer quinze jours plus tôt. Arrêté, Henri M., 65 ans, mourra en garde à vue de trois fractures du crâne, dont on ne saura pas s'il se les était faites avant son arrestation ou durant sa détention au commissariat.

Saint-Exupéry (avenue)

n° 156

Un meurtre sans coupable. Le 7 juillet 1961, dans la cave de cette barre d'immeubles baptisée UC4, on découvre le cadavre d'une enfant de 8 ans, Dominique Bessard, le ventre transpercé de trois coups de couteau et la gorge tranchée.

L'enquête piétine, jusqu'à ce que le commis de son père, Jean-Marie Devaux, 19 ans, affirme avoir été, le 29 août suivant, attaqué sur les lieux mêmes du crime. Une affirmation qui ne résistera pas au flair des enquêteurs, qui apprendront que le jeune homme était coutumier de mensonges et parviendront à le faire avouer avec moult détails. La cour d'assises du Rhône le condamnera en février 1963 à vingt ans de réclusion criminelle. Mais s'ensuit une vaste campagne de presse menée par un prêtre jésuite, Robert Boyer, visiteur des prisons, et l'avocat de l'accusé, Me Soulier. Le verdict sera cassé et un nouveau procès aura lieu à Dijon, en 1969, qui se terminera par l'acquittement de Jean-Marie Devaux.

Pour ses sept années passées en prison pour rien, Devaux sera indemnisé grâce à une loi qui porte désormais son nom. Mais depuis, le ou les meurtriers courent toujours et l'enquête n'a jamais été reprise.

Mort utile. Deuxième crime dans le même immeuble, le 5 août 1963. Mme Louise Lassalle, 29 ans, est retrouvée morte vers midi dans la cave, étranglée, après avoir été frappée à la tête. Son assassin ? Jean-Marie Devaux est en prison. Le meurtre reste inexpliqué.

Jamais deux sans trois. Enfin, dans ce même immeuble, un homme se précipite, le 5 juillet 1966, sur une femme de 32 ans, Mme Ginette D., alors qu'elle pénètre dans la cabine de l'ascenseur un peu avant minuit. Il prend la fuite en raison de ses cris, non sans l'avoir violemment frappée à la tête. Cette agression, après le meurtre de Louise Lassalle, sera avancée pour casser le jugement condamnant Jean-Marie Devaux pour le meurtre de la fille de son patron, M. Bessard, commis le 7 juillet 1961. Le(ou les) auteur(s) des trois agressions courent toujours. L'enquête n'a pas été prolongée...

Caluire-et-Cuire

Castellane (place)

Le piège de Caluire. Sur cette place, au sommet de la montée Castellane, qui grimpe de la Saône, se dresse une villa qui servait à la fois de résidence et de cabinet médical au Dr Frédéric Dugoujon. C'est là que le médecin cher aux Lyonnais avait accepté que se déroule, au premier étage, le 21 juin 1943, une réunion de personnes qu'il ne connaissait pas, mais dont il se doutait bien qu'elles faisaient partie de la Résistance, à laquelle il était favorable. Sans se douter cependant, qu'il y avait chez lui, ce jour-là, tout l'état-major de l'armée secrète française. Klaus Barbie, lui, le savait, puisque, accompagné de ses hommes de la Gestapo, il fit irruption dans la villa à 14 h 30. Sur les huit résistants présents, un seul parviendra à s'échapper, René Hardy, qui sera d'ailleurs, malgré sa blessure provoquée par les tirs allemands, suspecté par beaucoup de trahison. Tous les autres, Jean Moulin, André Lassagne, Bruno Larat, le colonel Albert Lacaze, le colonel Schwartzfeld, Raymond Aubrac et Henry Aubry, seront emmenés au fort Montluc, avant d'être « interrogés » à l'École de santé militaire de l'avenue Berthelot, siège de la Gestapo. Jean Moulin, transféré en Allemagne, ne survivra pas à ces tortures. Il mourra dans le train, le 8 juillet 1943, entre Metz et Francfort.

Clemenceau (quai Georges-)

Le train de l'enfer. Un dimanche d'août 1892, le tramway reliant Lyon à Neuville est pris d'assaut par une foule de voyageurs désireux d'aller respirer l'air de la campagne. Deux voitures se heurtent près de l'île Barbe, faisant une trentaine de blessés. « Notre gravure reproduit cette scène, et le riant paysage qui lui sert de cadre en augmente l'horreur par le contraste », annonce *Le Progrès illustré*.

Sans ceinture. À la hauteur de l''île Barbe, un homme installé sur la plate-forme de la première voiture du tramway perd l'équilibre, le 10 avril 1894, une chaîne de l'engin ayant sans doute cédé. La victime, Victor Alexis, 36 ans, un ouvrier italien d'une fabrique de parapluies, montait à Neuville.

Gutenberg (place)

n° 17

Tirs croisés. Le 29 octobre 1980, trois malfaiteurs quittent l'agence de la BNP du centre commercial de Montessuy, avec un butin de 90 000 francs. Mais ils sont surpris par l'arrivée impromptue d'un fourgon de convoyeurs de fonds de la société Transval. Sur lequel ils ouvrent aussitôt le feu. À plusieurs, puisque l'un des convoyeurs, Henri Delrieu, père de six enfants, sera mortellement blessé d'une dizaine de balles de calibres différents. Ce n'est que quelques années plus tard que ce hold-up sanglant sera mis sur le compte d'Action directe, et notamment de son artificier Max Frérot.

Saint-Clair (grande-rue de)

n° 1

Miraculé. La Gestapo intervient à cette adresse, le 15 mai 1944, chez Charles Perrin, 34 ans, où se déroulait une réunion de l'état-major des FTP. Il est exécuté avec d'autres camarades, le lendemain, près de Trévoux (Ain) et reçoit même, comme ses compagnons, le coup de grâce. Seulement, lui, survivra.

Abattu dans sa chambre. Georges Lyvet, arrêté au cours de la même opération, est torturé. Conduit à l'hôpital de la Croix-Rousse, il parvient à faire s'évader quatre de ses camarades. En représailles, il sera abattu dans sa chambre.

n° 6

En famille. Vers 2 heures du matin, le 9 février 1923, Alphonsine Pouzadoux, 60 ans, avise ses voisins que son mari, Étienne, 58 ans, vient de tuer sa mère, une infirme octogénaire, qu'il veut aussi la tuer et se suicider. Ce qu'il parvient à faire avant l'arrivée de la police, qui découvre une lettre expliquant que, par détresse, ils avaient décidé de disparaître tous les trois « volontairement ». Seule Alphonsine a finalement échappé à ce massacre en famille.

n° 44

Trahi. M. Lambert rentre chez lui, en avril 1894, traînant une carriole abritant ses outils de travail. Un passant lui offre son aide, il l'invite à dîner pour le remercier. Après le départ de son nouvel ami, il constate la disparition de 44 francs.

n° 88

Second massacre. À quelques dizaines de mètres de là, le 24 février 1923, Firmin Bouchon, 39 ans, récemment plaqué par sa femme, vient la retrouver à son nouveau domicile. Persuadé qu'elle cache un amant, il la poignarde trois fois. Puis, après avoir fouillé l'appartement, il se rend compte de son erreur et se suicide d'une balle dans la tête. Trépané après une blessure de guerre, il était devenu violent et jaloux.

n° 116

Droits de l'homme. Victor Basch, 4e président de la Ligue des droits de l'homme, est arrêté le 10 janvier 1944 par les Allemands et la Milice. Son corps et celui de sa femme, Hélène, qui n'avait pas voulu être séparée de lui sont retrouvés le lendemain dans un chemin de la commune de Neyron (Ain) abattus à coups de mitraillette.

CHAMPAGNE-AU-MONT-D'OR

Époux (chemin de l')

La fin d'un chien. Le 9 mars 1976, vers 13 heures, une quinzaine de policiers s'apprêtent à encercler le pavillon où se cache Jean-Pierre Marin, chez des amis. Celui-ci est suspecté d'être l'un des auteurs du rapt de Christophe Mérieux et peut-être aussi de l'assassinat du juge Renaud. Seulement, il tente de prendre la fuite au volant de sa DS 23 beige métallisé. Une fusillade éclate. Sur quarante cartouches tirées, trente atteignent la voiture. Marin sera tué sur le coup. Le doberman qui l'accompagnait aussi.

Le Manoir

Princier. C'est dans un parc de cinq hectares d'une propriété de cette commune qu'Yves Marin-Laflèche, surnommé le Petit Prince de l'hôtellerie, avait acheté un manoir de dix-huit pièces à la fille de Gustave Eiffel. Il y donnait de somptueuses réceptions (on a parlé de bains au champagne) à destination de la jet-set lyonnaise, surtout homosexuelle. Également propriétaire de plusieurs hôtels et cafés à Lyon, le Petit Prince a disparu de son manoir au cours de la nuit du 3 au 4 juillet 1974. Son cadavre a été découvert quatre mois plus tard, précisément, dans un bois de Villefranche-sur-Saône.

Selon l'autopsie, le P-DG a été abattu d'une balle à ailettes tirée par un fusil de chasse. Or, l'enquête permettra d'établir que son fusil a disparu du manoir, ainsi que les draps de son lit, retrouvés dans le bois de Villefranche.

Trois de ses proches, un instant suspectés, ont bénéficié d'un non-lieu.

CHAPONOST

Il remet ça. Le 1er juin 1984, le cadavre de Jeanine Brendl, 47 ans, est retrouvé dans la décharge publique de la commune. La malheureuse a été abattue au fusil de chasse, après avoir été attachée à un arbre. Arrêté, son meurtrier, Patrick Gateau, 33 ans, expliquera qu'il avait décidé de la punir parce qu'elle avait refusé de lui prêter sa voiture. Il sera condamné à perpétuité le 2 octobre 1990 par la cour d'assises du Rhône. Mais libéré en conditionnelle après quinze ans de réclusion, il en profite pour abattre de la même façon, le 2 juin 2005, une mère de famille de 39 ans, Nelly Cremel, alors qu'elle faisait son jogging en Seine-et-Marne. Pour sa montre et 20 euros.

CHARBONNIÈRES-LES-BAINS

Un vrai pro. Sur la route nationale qui traverse cette commune, André Seveyrat, 42 ans, se tue en voiture le 12 décembre 1982. Collaborateur de plusieurs titres lyonnais, le nom de ce journaliste, spécialiste des faits divers, reste attaché à toutes les grandes affaires criminelles, notamment en raison de son ouvrage *Lyon criminel*, paru en 1974 aux éditions Voyages 2000.

COUZON-AU-MONT-D'OR

Rapt mystérieux. Vice-président du groupe Simon, une entreprise de démolition, Roland Simon, 37 ans, est enlevé vers 19 heures, le 5 septembre 1977, sous les yeux de sa femme, devant sa propriété, par un homme armé au volant d'une 504. Il sera libéré soixante heures plus tard dans le Beaujolais, sans autre explication. Il assurera avoir été bien traité, sans en dire plus sur les raisons de son enlèvement.

DARDILLY

Autoroute A 6

Tombola tragique. Sans doute en raison de la fatigue, le chauffeur d'un car venant d'Allemagne pour se rendre en Espagne perd le contrôle de son véhicule le 17 mai 2003 à 5 heures du matin, sur l'autoroute A 6, à hauteur de cette commune. Il percute la glissière de sécurité et fait un vol plané, avant de s'immobiliser en contrebas sur le toit. On dénombre 28 morts et 46 blessés, des touristes allemands qui avaient gagné ce voyage grâce à une loterie.

Calvaire (chemin du)

Raison d'État. Le 1er février 1973 à 8 heures du matin, devant la villa de son père, le consul général d'Algérie à Lyon, Adnan Rahal, 20 ans, élève au lycée Jean-Perrin, est découvert tué d'un coup de couteau. Selon l'enquête du juge François Renaud, le coup a été porté par le beau-frère de la victime, Mussa Messakher, gendre du consul général, qui sera inculpé, malgré ses dénégations, d'homicide volontaire. Mais la chambre d'accusation, alertée par son avocat, le bâtonnier Berger, décidera de sa remise en liberté et de son retour en Algérie. « Raison d'État », soupirera le juge Renaud.

Décines-Charpieu

Amoureux (chemin des)

Des fleurs pour maman. Sylvie Chevillard, 8 ans, et Danira Gustina, 13 ans, s'en vont le 25 mai 1979 ramasser des fleurs pour leurs mères le long de ce chemin proche du cimetière et du château d'eau, à 300 mètres à peine de leur domicile. On ne les reverra jamais vivantes et leurs cadavres seront découverts le lendemain dans un bosquet, leurs visages écrasés à coups de gourdin retrouvé sur place. Le meurtrier, un gitan de 20 ans, Stéphane P., a été trahi par sa voix en téléphonant deux fois à police secours pour égarer les recherches. Il a été condamné à la perpétuité par la cour d'assises du Rhône, le 28 octobre 1982, après avoir expliqué qu'il avait tué les gamines pour qu'elles ne puissent pas le dénoncer, car elles l'avaient vu venir chercher un autoradio volé, qu'il avait dissimulé dans un bosquet.

Buyat (rue Étienne-)

n° 18

Pauvres pêcheurs. Vers 6 heures du matin, le 14 août 1987, deux hommes masqués et armés tentent de se faire remettre la recette du bar PMU Les Pêcheurs, mais ne repartent qu'avec une somme de 900 francs. Ce même établissement avait déjà été attaqué le 6 juillet 1987 (90 584 francs). Dans les deux cas, sans doute par l'équipe composée de policiers ripoux du 3e arrondissement.

Cornavent (rue)

n° 25

Divorce ? Alertés par les voisins, en raison de l'odeur, des mouches et des larves, les pompiers découvrent, le 10 août 2005, dans un appartement du deuxième étage les corps de Klara Saadia, 43 ans, directrice de la crèche municipale, de ses deux enfants âgés de 3 et 10 ans, abattus à coups de fusil. Le corps du père, Tarek, 45 ans, gît dans une autre pièce, un fusil à pompe à ses côtés. Le drame remontait à la fin juillet. Tuerie familiale, conclut l'enquête, sans doute provoquée par une demande de divorce de l'épouse, qui avait commencé son déménagement, après avoir trouvé un nouvel emploi à Marseille.

Reclus (rue Élisée-)

Lunettes escamotées. C'est à l'angle de la rue Raspail qu'un associé de Me Louis Chaine, Me Rousseau, a dû se rendre à moto, le 17 octobre 1980, pour verser la rançon de 5 millions de francs demandée après l'enlèvement de Bernard Galle, gendre du notaire, le 22 septembre 1980. Deux hommes armés de pistolets et le visage dissimulé par des cagoules s'en emparent, après avoir subtilisé les clés et les lunettes de vue du conducteur. Malgré ce versement, jamais Bernard Galle ne sera retrouvé.

n° 95

La voix de sa maîtresse. Malgré les cris désespérés de sa maîtresse, Henriette Beltzung, 71 ans, le chien Mannix, un dogue allemand de 6 ans, se jette sur elle le 20 avril 1983, devant son domicile, alors qu'elle allait le promener comme tous les jours, vers 9 heures du matin. Cruellement mordue sur tout le corps, la vieille dame n'a dû son salut qu'à l'arrivée de son voisin, André Cohet, 61 ans, qui a pris son fusil pour abattre l'animal.

ÉCULLY

Calabert (chemin de)

n° 33

Action très directe. Le 25 avril 1986 à 8 heures et quart, sur le perron de sa villa et en présence de son épouse et de sa fille Johan, âgée de 18 ans, Kenneth Eric Marston, 43 ans, directeur général de la société Black et Decker France, est abattu par un inconnu de deux balles à sanglier tirées par un fusil de chasse. Exécution revendiquée le lendemain par un groupuscule arabe, mais que les policiers imputent plutôt à Action directe.

Vianney (chemin Jean-Marie-)

n° 1

La guerre des boutons. Alors que des gendarmes venaient l'arrêter, le 23 mars 1979, pour une banale affaire de chéquier volé, Patrick M., 28 ans, sort de sa ceinture un 38 spécial et tire à quatre reprises. Un fonctionnaire est légèrement blessé, et un autre, Roger Scampucci, atteint au foie, n'a la vie sauve que parce que la balle a d'abord percuté le bouton de sa vareuse.

FEYZIN

L'erreur fatale. Au petit matin, le 4 janvier 1966, une fuite de propane se déclare sous une cuve de la raffinerie de Feyzin, située au sud de Lyon, le long de l'autoroute A7. Elle s'enflamme très vite au passage d'une voiture, dont le conducteur n'a pas respecté l'interdiction de circuler aussitôt instaurée.

La fuite aurait pu rapidement être stoppée et l'incendie maîtrisé si les pompiers de Lyon, appelés à la rescousse par ceux de Vienne, n'avaient commis l'erreur d'attaquer les flammes par le haut. Il est vrai qu'ils n'étaient pas familiarisés avec l'installation, la raffinerie dépendant alors du département de l'Isère. Aussi, refroidie par les lances à eau, la valve de sécurité située au sommet de la cuve s'est refermée au lieu de se transformer en torchère, avec pour conséquence, à 8 h 45, une gigantesque explosion. D'où ce terrible bilan : 18 morts, dont 15 pompiers et une centaine de brûlés. Le chef des pompiers a été condamné à deux ans de prison avec sursis.

Bouin (rue Jean-)

De justesse. Dans cette maison de trois étages, située à l'angle de la rue Georges-Ladoire, le feu prend vers 3 heures du matin, le 2 mai 2005. La présence d'esprit d'un voisin, Gérard Guivier, 56 ans, permet d'éviter le pire. Il apporte une échelle qui permet à plusieurs des 27 locataires, tous maçons d'origine portugaise travaillant à l'entreprise ARL, d'évacuer les lieux avant l'effondrement du toit. Moins heureux, neuf autres sont blessés, brûlés ou intoxiqués. Un mégot jeté dans le hall d'entrée serait à l'origine du sinistre.

GENAS

Château-Coquet (résidence)

Implosion ? Pierre, âgé de 7 ans, n'est resté seul que quelques instants ce 6 avril 2005 au matin, le temps que sa mère aille faire quelques courses dans le quartier. Le feu a pris soudain au premier étage, dans l'appartement de cette résidence de l'OPAC, qui en comporte dix. Les voisins n'ont pu pénétrer pour le sauver, la porte étant fermée de l'intérieur et le garçonnet, intoxiqué par la fumée, n'a pu atteindre les clés posées sur une tablette. Il est mort le lendemain à l'hôpital. Comme la télévision était restée allumée, les pompiers ont pensé à une implosion de l'appareil.

République (rue de la)

n° 10

Sitôt levés. Vers 6 heures du matin, le 12 janvier 1987, M. André Bibaud, gérant du bar PMU Aux Transporteurs, se voit contraint de remettre la recette de son établissement, soit 35 269 francs, à deux hommes cagoulés et armés. Hold-up qui sera mis sur le compte d'un gang composé de plusieurs policiers ripoux du 3e arrondissement.

Coffre attirant. Le 31 décembre 1987, *bis repetita* dans le bar. Deux hommes masqués et armés se font remettre par l'épouse du propriétaire la recette contenue dans le coffre, soit 18 000 francs, avant de tirer sur un client qui arrivait, M. André Neel, tué sur le coup. Hold-up mis sur le compte de la même équipe.

Zola (rue Émile-)

n° 141

Hypercassé. Le 22 octobre 1987, vers 19 heures, trois hommes cagoulés et armés se font remettre, après avoir pris en otage une fillette de 12 ans, la somme de 107 236 francs, par Michel Perrotel, directeur de l'Intermarché de la commune. Une attaque de plus à l'actif du gang des flics ripoux du 3e arrondissement.

Réédition. Les mêmes individus reviennent le 21 novembre dans le même magasin, et repartent avec la somme de 71 500 francs.

La Mulatière

Rousseau (quai Jean-Jacques-)

Douleur d'un père. Un père de famille entreprend, en ce dimanche du 30 mai 1982, de venir laver sa voiture avec ses trois enfants, dont Gaël, 22 mois. À 11 heures, le bambin tombe dans la rivière, dérive, avant d'être récupéré par les pompiers. Réanimé, il décède à l'hôpital Édouard-Herriot.

n° 1

Double bombe. Au cours de la nuit du 29 au 30 avril 1976, une explosion se produit au premier étage. Dans un appartement dévasté, les pompiers dégagent cinq blessés. Des jeunes gens s'adonnant apparemment à la consommation de drogue. Il s'agissait en fait d'une vengeance de trafiquants, puisque l'enquête a démontré que deux bombes de fabrication artisanale avaient explosé simultanément devant leur appartement.

La Tour-de-Salvagny

Casino (avenue du)

n° 200

Rien ne va plus. Quatre hommes, tous armés de fusils de chasse ou de carabines, font irruption, dans la soirée du 27 novembre 1968, dans le salon de la roulette du Casino. Ils raflent l'argent de la caisse et celui d'une quinzaine de joueurs : 138 000 francs. Leur chef, qui n'était autre que Guy Reynaud, surnommé le Dingue de la gâchette, ne manquera pas d'humour au moment de la fuite, en lançant : « Messieurs, les jeux sont faits, rien ne va plus ! »

MIONS

Heyrieux (route d')

n° 31

Coût de pompes. Le 23 juillet 1980, vers 19 heures, deux individus armés et masqués se font remettre sous la menace la recette du magasin Le Centre de la chaussure. Hold-up attribué au gang composé de policiers ripoux du 3e arrondissement.

OULLINS

Commune-de-Paris (rue de la)

n° 9

Séquestration. Une lettre anonyme, parvenue à la police, permet, en mars 1976, de découvrir le studio dans lequel Christophe Mérieux a été séquestré, au rez-de-chaussée de cet immeuble, après son enlèvement.

L'enquête établit aussi que ce studio a été loué sous le faux nom de Paul Guimet. Il s'agissait en fait de Jean-Pierre Marin, qui devait être abattu par la police le 8 mars 1976, près de la villa où il s'était réfugié à Champagne-au-Mont-d'Or. Ses empreintes ont été retrouvées dans ce studio, comme celles de sa maîtresse Éliane Jambon et celles de Louis Guillaud, le seul à avoir été jugé pour l'enlèvement du petit Mérieux et condamné à vingt ans de prison par la cour d'assises du Rhône.

Grande-Rue

n° 166

Soufflé. Vers 14 heures, le 27 décembre 1980, un immeuble de deux étages est entièrement soufflé par une explosion qui a fait sept blessés le jour de la fête des Saints-Innocents. L'immeuble voisin devra être rasé les jours suivants.

n° 192

Encore les ripoux. En plein après-midi le 2 mars 1990, deux malfaiteurs grimés et armés se font ouvrir le coffre du supermarché Unico et repartent avec la somme de 34 597 francs. Hold-up attribué au gang composé de policiers ripoux du 3e arrondissement.

Jaurès (avenue Jean-)

n° 66

Effondrement. Le 17 novembre 1975, le mur d'une usine en démolition s'effondre vers midi sur les bureaux d'une coopérative fromagère. Deux employés sont tués.

Salengro (place Roger-)

Double libération. Après le départ des Allemands de leur PC du château de la Bachasse, les premiers éléments FTP pénètrent dans Oullins le 27 août 1944 et installent leur état-major à la mairie. C'est la fête dans les rues, on pavoise, on dresse des barricades. Mais les Allemands reviennent en force le lendemain avec blindés et artillerie, car ils ont besoin de la Grande-Rue pour que leurs convois rejoignent leurs autres troupes de la débâcle à Lyon. Les combats font rage, les victimes sont nombreuses des deux côtés, des immeubles sont en flammes. Le 31 août au soir, les résistants se retirent et l'occupant menace de détruire la ville si elle n'est pas nettoyée des traces de la bataille. Ce n'est que le samedi 2 septembre qu'Oullins sera libérée pour la seconde fois, vers 7 h 30, avec l'arrivée des fusiliers marins de la 1re DFL.

Yzeron (boulevard de l')

Montée des eaux. Suite à des chutes de neige, puis à des pluies incessantes, durant quarante-huit heures, l'Yzeron sort de son lit le dimanche 17 avril 2005 au petit matin. Mais également le Garon et le Gier. Plus de 500 pompiers interviennent sur les quais d'Oullins, mais également à La Mulatière, Sainte-Foy-lès-Lyon, Givors et Grigny. Trois cent cinquante personnes sont évacuées et provisoirement hébergées au collège Bourdet. Les dégâts sont considérables et de nombreuses voitures sont submergées.

PIERRE-BÉNITE

Guesde (rue Jules-)

n° 5

Four surprise. Pour rendre service à sa tante qui l'hébergeait, Jeannette, 18 ans, décide de faire chauffer le four, ce 11 octobre 1957. Mais la jeune fille ignore que sa parente y a abrité une bouteille de gaz, au retour d'une partie de camping. Et c'est l'explosion, au bout de quelques minutes, qui blesse gravement la jeune fille, mais aussi ses deux petits neveux dont elle avait la garde, âgés de 2 et 4 ans.

Saint-Cyr-au-Mont-d'Or

La guillotine se déplace. Trois femmes vivent dans cette maison située en dehors de la commune, au croisement du chemin de Poleymieux, lorsqu'on frappe à leur porte, le 14 octobre 1859, vers 18 h 30. Il pleut et la nuit est presque tombée. Elles s'apprêtaient à dîner. Ce n'est que le lendemain, un samedi, qu'un voisin découvre le drame. Les trois dames Gayet ont été assassinées à coups de hache, de pierre et de couteau. Les deux plus jeunes, la mère et la fille, ont été violées, après qu'on les eut égorgées.

Trois voisins, dont un neveu de la victime la plus âgée, Jean Joanon, Antoine Déchamps et Jean-François Chrétien, sont très vite confondus, puis jugés après leurs aveux et condamnés à mort en juin 1860 par la cour d'assises du Rhône. La triple exécution a eu lieu le 14 août 1860 à Saint-Cyr-au-Mont-d'Or sur la place Neuve-des-Quatre-Chemins 6 h 45 devant environ 50 000 personnes.

Saint-Didier-sous-Riverie

Braves gens. Le 22 novembre 2004, les gendarmes de Mornant abattent, vers 8 heures du matin, Christophe Rivoire, âgé de 37 ans, au moment où il va achever son père, 62 ans, qu'il vient déjà de blesser d'un coup de fusil de chasse, au hameau de Barbieux-le-Haut, à trois kilomètres du village.

Trois ans auparavant, le 20 octobre 2001, un drame avait déjà frappé cette famille considérée comme des « braves gens » dans la commune. En tentant de désarmer son fils Fabien, qui voulait se suicider, Marie-Claude Rivoire avait été mortellement atteinte par un tir accidentel.

Sainte-Foy-lès-Lyon

Jarrosson (avenue Maurice-)

n° 45

La dent dure. Le 12 août 1987, un étudiant de 17 ans, Marc Étienne, se fait attaquer à l'arrêt de bus par trois chiens boxers en liberté. Il s'engouffre dans la voiture d'un conducteur qui passait par là et prévient la police. À leur arrivée, les spécialistes de la brigade canine se font attaquer à leur tour. Un agent abat l'un des chiens et en blesse un autre. Les rescapés prennent la fuite et ne seront jamais retrouvés.

Saint-Fons

Clochettes (rue des)

Meurtre signé. Le corps de M. Paul Goetchel, 44 ans, est découvert sur un trottoir, le 31 janvier 1943 à 7 h 30, atteint de plusieurs balles dans la tête. Un carton est épinglé à ses vêtements et porte ces mots signés par le Comité antiterroriste de la région lyonnaise : « Terreur contre terreur. Un Juif paye de sa vie l'assassinat d'un national. » Un milicien avait été abattu quelques jours plus tôt rue du Pensionnat (3e arrondissement de Lyon).

Les novices du Prado. Un peu avant 1 heure du matin le 6 décembre 1961, une bombe explose devant le noviciat des prêtres du Prado sans faire de victime. Cet attentat est attribué par les policiers à l'OAS, car il visait une congrégation dont plusieurs membres étaient suspectés d'aider le FLN au sein du réseau Jeanson. Dans la même nuit, trois autres attentats ont lieu à Lyon.

Écrasé par son bus. Arrivé trop tard à l'arrêt du car, un collégien de 16 ans essaie de le rattraper en courant, le 2 décembre 1998 vers midi, mais le conducteur, occupé à surveiller la circulation pour quitter son arrêt, ne le voit pas dans son autre rétroviseur. Le gamin, Alain, est tué sur le coup. Durant plusieurs jours, les bus de la ligne 12 subiront des jets de pierres.

Girardet (rue Louis-)

n° 1

Ticket gagnant. Le 27 février 1983, un malfaiteur arrache, vers 12 h 15, la sacoche du coursier Henri Allemand, chargé d'emporter la recette et les tickets du café des Mûriers jusqu'au siège du PMU. Dans sa fuite, après avoir récupéré l'argent, il jette la sacoche contenant les paris de 3 000 joueurs. Elle est retrouvée et les tickets sont validés à temps. Heureusement pour l'un des joueurs, puisqu'il avait misé les bons chevaux du prix de la Croix dauphine à Auteuil, où 28 chevaux avaient pris le départ. Un ticket 8 fois millionnaire.

Platanes (rue des)

n° 7

Vent malin. Un incendie sans doute criminel se déclare le 3 décembre 2004, vers 17 heures, sur le parking d'une résidence de cinq étages. Sous l'effet du vent, dix-sept voitures sont détruites par le feu et les occupants de quatre appartements ont dû être relogés par la municipalité.

Tannerie (rue de la)

n° 4

Squat. Avertis d'une forte odeur d'essence dans les sous-sols de cet immeuble du quartier de l'arsenal, les pompiers forcent la porte d'un box pour découvrir non seulement des bidons d'essence, mais aussi un pistolet, un fusil d'assaut, des cartouches et même un lance-roquettes. Également des détonateurs et l'arsenal des braqueurs : masques, cagoules et casques, sans parler d'une vingtaine de savonnettes de cannabis. Le locataire du garage a juré ses grands dieux qu'il ignorait qui avait pu lui faire cette mauvaise farce.

SAINT-GENIS-LAVAL

Côte-Lorette (fort de)

Massacre. Dans la matinée du 20 août 1944, la Gestapo massacre (mitraillage, explosion, incendie) entre 100 et 120 détenus de Montluc.

SAINT-GERMAIN-AU-MONT-D'OR

Boîtes piégées. Le 8 septembre 1969, en voulant prendre une boîte qu'elle découvre devant la cabane de son verger, la bouchère de la commune, Lucie Vouillon, 50 ans, est tuée sur le coup par l'explosion de l'engin qu'elle renfermait. Toute une série d'attentats inexpliqués visent des innocents à l'aveugle. Le 26 avril 1969 à Givors, un cheminot de 43 ans, Pierre Joubert, a dû être amputé des deux mains pour avoir voulu ramasser une boîte identique. Le 3 juillet de la même année, le cantonnier de Francheville-le-Haut Marcel Dihl, 54 ans, aura moins de chance, puisqu'il meurt après soixante-quinze jours de coma des suites de l'explosion d'un même engin découvert sur un talus. Attentats à rapprocher de deux autres commis le 26 août 1968 à Saint-Désirat, dans la Drôme, qui a entraîné la mort de Régis Tessier, 68 ans, et le 12 novembre 1968 à Échalas dans le Rhône, où Pierre Louat, 50 ans, a été gravement blessé au ventre et à la main gauche. Malgré un portrait-robot du poseur de bombes et une lettre de lui, postée à Liergues : « Rien ne m'empêchera de continuer mon œuvre », le maniaque court toujours, après avoir tué trois fois et fait trois blessés graves. Enfin, dans son café, aux Haies, dans le Rhône, Jean Guinand reçoit un colis de sa femme, posté à Condrieu le 18 février 1970, mais comme il n'attend rien de son épouse et se méfie, il tire de loin au fusil sur le colis. C'était une bombe, qui ne l'a pas touché en explosant.

Saint-Priest

Heyrieux (route d')

n° 13

Grain de sable. Ils avaient tout prévu, ces deux gangsters, sauf qu'un témoin ferait tout capoter en alertant la police. Ils étaient entrés, cagoulés et armés, le 1er mars 2005, à l'agence du Crédit agricole, avant l'ouverture au public, à 8 heures, avaient pris en otages et ligoté les neuf employés et attendu l'heure de temporisation permettant au directeur d'ouvrir le coffre. Ils avaient même l'argent en poche et s'apprêtaient à repartir quand les policiers du GIPN les ont forcés à déposer et les armes et le butin, après avoir bouclé le quartier.

Sathonay

Désintoxiqué. Le 30 mars 1968, un cantonnier de la SNCF, Jean Gourdin, 35 ans, père de sept enfants, abat sa benjamine (2 ans) et sa femme (33 ans) à l'aide d'un fusil de chasse, avant de s'asseoir et de se faire exploser la tête d'une cartouche tirée sous le menton. Alcoolique, cet homme avait découvert que son épouse avait entrepris de le désintoxiquer à son insu grâce à des médicaments mélangés à son vin.

Satolas

La passion du voyage. Le 17 janvier 1999, les employés de l'aéroport découvrent à 11 heures, dans le train d'atterrissage d'un Airbus A 300 qui venait de se poser en provenance de Dakar, un jeune Sénégalais vivant, qui avait résisté à cinq heures de vol, malgré le manque d'oxygène et le froid (– 30 °C). Transporté à l'hôpital, il prétendra s'appeler Bertrand Anry, n'avoir pas 18 ans et être né à New York. Confié à la Cité de l'enfance, il est réclamé quelques jours plus tard par son père, gendarme à Dakar, qui explique que son fiston, en fait Bouna Wadé, est coutumier du fait pour avoir déjà fugué en Côte-d'Ivoire et une autre fois au Brésil, à São Paulo, dans les mêmes conditions.

Plus de peur que de mal. C'est à l'atterrissage que l'un des moteurs d'un Grumann C 159 (bimoteur) ne répond pas comme il le faudrait, le 28 juin 1994 à 20 h 05, en se posant sur la piste n° 1 de l'aéroport. Aussi le contact avec la piste est-il plus brutal que prévu. Le support d'une roue se casse, une aile touche le sol et l'avion se retrouve sur le dos avant de prendre feu. C'est un miracle si l'on ne déplore que six blessés, dont un brûlé sérieux, sur les 27 personnes à bord.

Mauvaise formule. En se posant le 2 mai 2000 à 14 h 30 sur une piste de l'aéroport, un Learjet 35 en provenance de Londres pique du nez et se casse en deux. Le pilote et son copilote sont tués sur le coup. Mais leurs trois passagers ne sont que légèrement blessés. Le pilote de Formule 1, David Coulthard, sa fiancée et son garde du corps ne feront que se faire panser à l'hôpital. Même le chien du coureur va bien.

La veuve noire dans la toile. Alors qu'elle allait s'envoler, le 20 janvier 2004, pour le Canada, Dominique L., 43 ans, est interpellée par les hommes de la police judiciaire. Ils la soupçonnent d'être à l'origine de la mort de Simon Jochimec, 73 ans, qu'elle a épousé l'année précédente, mais qui vient d'être écrasé, d'après elle, sur une route en Espagne. Selon les enquêteurs, cette femme, révoquée de la police pour avoir passé des annonces aguicheuses par minitel rose sous le pseudo de Maud, se serait mariée pour la seule fortune du retraité, estimée à 4 millions d'euros, avec l'intention de le faire rapidement disparaître. Arrêté un mois plus tard, son amant, Jean-Claude Vaze, 57 ans, nie être à l'origine de ce meurtre maquillé en accident de la circulation, mais sa maîtresse, baptisée la Veuve noire, l'accuse formellement.

TASSIN-LA-DEMI-LUNE

Brosset (avenue Général-)

Grosses commissions. Le 21 janvier, vers 19 h 45, deux hommes cagoulés et armés se font remettre le contenu du coffre du magasin Suma, soit plus de 68 000 francs. Ce hold-up sera mis au compte d'un gang composé de plusieurs policiers ripoux du 3ᵉ arrondissement.

11-Novembre-1918 (avenue du)

n° 48bis

La honte. Le 6 juillet 1971, deux vieillards, Eugène Royer, 87 ans, et sa sœur Marguerite, 90 ans, sont torturés à mort à leur domicile par deux individus qui en voulaient à leurs économies.

République (avenue de la)

n° 35

Au tapis. Champion de France des légers en 1975, le boxeur André Holik, 25 ans, est arrêté dans son bar, qui porte tout naturellement le nom de Holik bar. Il est soupçonné de proxénétisme.

n° 94

Doublé. Il est 2 h 45 du matin, le 12 juin 2005, lorsqu'une Renault Laguna s'encastre à vive allure dans une Renault trafic, après avoir percuté une Polo également stationnée. Les air-bags ont bien fonctionné, mais le conducteur et son passager sont déjà morts lorsque les secours arrivent sur les lieux. Les deux hommes, bien connus des services de police, ont été exécutés à coups de pistolet, par les balles d'un tireur assis à l'arrière d'une puissante moto.

VAUGNERAY

Dette de jeu ? Dans un taillis, près du col de la Luère, le corps d'un Italien, Umberto D'Andrea, 56 ans, est retrouvé au petit matin, le 3 juillet 1975. Passionné de jeux et notamment de PMU, il a pu être puni pour dette et assassiné à coups de barre de fer. À noter qu'il a été tué la même nuit que le juge François Renaud à Lyon.

La fin d'un égaré de l'islam. Le 30 septembre 1995, Khaled Kelkal, 24 ans, est abattu par les gendarmes parachutistes en fin d'après-midi à l'arrêt du bus du lotissement Maison-Blanche. Il était recherché depuis le 26 août, ses empreintes ayant été retrouvées sur une bombonne de gaz qui aurait dû exploser au passage du TGV, près de Cailloux-sur-Fontaines. Trois jours plus tôt, il avait échappé à ces mêmes gendarmes dans les bois, près du col de Malval, après leur avoir tiré dessus, en compagnie de son complice Karim K., qui sera condamné à dix ans de prison. Petit délinquant, il avait été « initié » à l'islam radical en prison.

VAULX-EN-VELIN

Cachin (avenue Marcel-)

n° 132

Jamais deux... Au cours d'une dispute familiale à son domicile le 23 septembre 1983, Jean-André Roche reçoit accidentellement une balle dans le dos et meurt deux jours plus tard à l'hôpital. Son frère Régis est abattu le 2 mars 1986 à Villeurbanne et son autre frère, Alain, le 29 juin 1987 à Vénissieux.

Camus (chemin Albert-)

n° 1

Trois sur quatre. Le feu prend dans un appartement du rez-de-chaussée le 30 janvier 2003. Trois enfants parviennent à échapper aux flammes. L'un d'eux tente même de retourner dans le brasier pour sauver sa sœur âgée de 4 ans. Il est malheureusement trop tard. Vingt-cinq autres locataires de l'immeuble sont légèrement intoxiqués par la fumée.

Canal (rue du)

Mal protégée. Le 7 juin 1971, dans le coffre de sa propre voiture (ID 19) poussée dans les eaux du canal de Jonage, on retrouve le corps d'une prostituée, Michèle Fauvet, surnommée Fabienne ou Casque d'or. Elle a été massacrée à coups de marteau et achevée d'une balle dans la tête. Protégée de Louis Guillaud, l'un des kidnappeurs de Christophe Mérieux, elle n'hésitait pas à faire la loi parmi les filles à l'aide d'une chaîne de vélo. On l'a même vue tirer au pistolet sur un souteneur et on l'a soupçonnée d'avoir elle-même fait disparaître une rivale.

Achevé. Sur les bords du canal de Jonage, on découvre, le 27 novembre 1969, le corps carbonisé, dans sa voiture, d'un truand lyonnais, François Lannes. L'autopsie prouvera qu'il avait eu le crâne fracassé, avant d'être achevé d'une balle dans la tête.

Chavassonnière (chemin de la)

Amnésie. Angèle Laleix, 31 ans, pensait que son mariage, effectué en Suisse alors qu'elle avait 16 ans, avec un ouvrier qu'elle n'aimait pas, comptait pour du beurre. Aussi, revenue en France, s'est-elle mariée en 1931 sans penser à mal. Tout lui souriait alors, jusqu'au 2 février 1933 où des policiers sont venus l'arrêter chez son nouveau mari médusé. Pour bigamie.

Ferme (chemin de la)

n° 6

Cramées. Après être allé voir sa tante, vers midi le 16 mars 2005, Khaled, 13 ans, redescend par l'ascenseur en compagnie de trois copains, mais l'appareil se bloque entre deux étages. Ses amis parviennent à s'extraire en regagnant le palier du cinquième étage, mais lui perd l'équilibre et bascule dans le vide. Une chute d'une douzaine de mètres qui se termine dans la fosse au rez-de-chaussée. Le gosse s'en tire par miracle avec quelques fractures, mais il a les deux mains brûlées pour avoir freiné sa chute en s'agrippant aux câbles électriques de l'appareil.

Gabugy (chemin du)

À l'odeur. Régulièrement, Antoine Saunier, boulanger, va le soir au-devant de sa fille, qui livre le pain à Villeurbanne. Ce 26 janvier 1920, il n'est pas au rendez-vous. Depuis quinze jours, ce conseiller municipal ne sortait plus sans revolver. Son corps fut retrouvé par des mariniers dans le canal de Jonage. La patronne de la guinguette où venaient se désaltérer les présumés assassins retint une chose : l'un était parfumé à la violette.

Grand-Vire (le)

À la hache. Deux voyous s'attaquent, le 27 janvier 1981 vers 13 h 30, à la bijouterie du centre commercial. L'un avec une hache, l'autre avec une bombe lacrymogène. Ils repartent avec des bijoux estimés à 100 000 francs. Le commerçant, Gilbert Quadri, les prend en chasse et tire sur eux plusieurs coups de pistolet. Les policiers ne retrouveront que quelques taches de sang.

Lakanal (rue)

L'empreinte fatale. C'est du domicile de son complice Karim K., situé dans cette rue, qu'on soupçonne Khaled Kelkal, 24 ans, d'être parti, le 26 août 1995 au soir, installer dans la nuit, sur une voie ferrée à Montanay, près de Cailloux-sur-Fontaines, une bombe qui aurait dû exploser le 27 au matin, au passage du premier TGV. Composé d'une bombonne de gaz farcie de clous et de boulons, l'engin fera long feu. Ses empreintes ayant été retrouvées sur le ruban adhésif, la chasse est aussitôt lancée contre Kelkal, qui sera abattu le 30 septembre suivant, à Maison-Blanche, après une traque de plusieurs jours dans les bois du col de Malval.

Mas-du-Taureau (place du)

Triste fin. Le 28 janvier 1981, Mme Hiberte Apramian, 89 ans, se fait accompagner par son voisin pour aller retirer sa pension à la poste. À la sortie, deux voyous à moto la renversent et lui arrachent son sac. Affolé, son ami Garabet Ohanessian, 74 ans, meurt sur le coup d'une crise cardiaque.

Môquet (place Guy-)

Une première. C'est vers 13 h 30 le dimanche 6 octobre 1990 que débute ce que les policiers et sociologues qualifieront de première émeute urbaine. Elle fait suite à des affrontements qui ont eu lieu au cours de la nuit, dans une rue de ce même quartier (avenue d'Orcha), entre policiers et jeunes, révoltés par la mort d'un des leurs lors d'une course-poursuite à moto. Sur cette place est lancée une première voiture bélier contre un magasin de sports, aussitôt pillé et les marchandises emportées dans les caddies. D'autres magasins sont à leur tour saccagés (bureau de tabac, café-restaurant, supermarché). Il faudra plus d'une semaine pour que le calme revienne, d'autant que les gendarmes venus en renfort de Saint-Étienne ont refusé d'intervenir, le policier de service à Vaulx-en-Velin n'étant pas en possession ce jour-là de l'ordre de réquisition 6 bis.

Orcha (avenue d')

Émeutes. Suite à la mort d'un jeune motard poursuivi par des policiers, des affrontements ont lieu sur cette artère, dans la nuit du 5 au 6 octobre

1990, entre des jeunes du quartier et les forces de l'ordre. Jets de pierres et de cocktails Molotov contre grenades lacrymogènes. C'est le début d'incidents qui dureront quatre jours et qualifiés d'émeutes par la préfecture de police. Les magasins seront vandalisés, pillés et incendiés place Guy-Môquet et 200 voitures seront brûlées. La politique de grands travaux de réhabilitation des HLM engagée par la municipalité révèle ses limites. Les premières « incivilités urbaines » avaient été constatées en 1979. En 1983, une émeute avait secoué le quartier des Minguettes, à Vénissieux. Sept ans plus tard, la France découvre par la télévision l'ampleur d'une « fracture sociale » qui n'a pas été résorbée dans les années 80 et le malaise des jeunes « issus de l'immigration ». Le quart de la population de Vaulx-en-Velin est composé d'étrangers, et le taux de chômage atteint les 18 %. D'autres émeutes éclateront peu après à Vénissieux, Sartrouville et Mantes-la-Jolie. De nouveaux incidents embraseront Vaulx-en-Velin au printemps 1994, gagneront Bron et d'autres cités « sensibles » de l'Est lyonnais.

Poudrette (rue de la)

n° 71

Eau trouble. Le 6 novembre 1966, Urbain Bajard, 45 ans, un ancien déporté, chauffeur de taxi à Lyon, est retrouvé mort dans sa voiture, abattu à coups de pistolet pour quelques dizaines de francs. Ce meurtre va déclencher, entre la police et la justice, une crise grave, toujours pas oubliée. Arrêté quelques jours plus tard, le meurtrier, Tahar L., reviendra sur ses aveux, affirmant avoir été torturé par les enquêteurs et même plongé dans une baignoire à l'hôtel de police de la rue Vauban (6e arrondissement de Lyon). Or, contre toute attente, le juge décidera d'une perquisition dans les locaux de la police pour découvrir une éventuelle baignoire !

Renoir (chemin Auguste-)

n° 15

Cibles innocentes. Au cours de l'après-midi du 7 septembre 1983, trois enfants qui jouent devant leur immeuble sont atteints par les plombs d'un tireur qui n'a pas été identifié. Frédéric, 3 ans, Thomas, 7 ans, et Christophe, 8 ans, légèrement blessés, ont pu regagner leur domicile après des soins à l'hôpital.

République (rue de la)

n° 85

Le chien aussi. Une prostituée de 32 ans, Arlette Philibert, est retrouvée assassinée le 30 mars 1979 dans son appartement où rien, pas même l'argent, n'a disparu. Pour que l'on n'entende pas ses cris, elle avait été bâillonnée et son chien noyé dans le lavabo.

Thorez (avenue Maurice-)

Le casque prétexte. Poursuivi par des policiers le 5 octobre 1990 parce qu'il roulait sans casque, un motard déjà connu de leurs services, Thomas Claudio, 25 ans, dérape et se tue, sa tête ayant heurté l'angle d'un trottoir. Sa mort marquera le début de violents affrontements entre les jeunes du Mas-du-Taureau et la police, et de véritables d'émeutes.

VÉNISSIEUX

De-Gaulle (avenue Charles-)

n° 402

Le crime, la paye. Nous sommes au siège de RVI, naguère les usines Berliet. Le 13 mai 1963 se déroule un hold-up fabuleux pour l'époque (1 160 000 francs), qui coûta la vie au caissier de l'établissement.

Arrêté, le tireur, Robert Actis, fut condamné à mort et exécuté le 27 juin 1964, dans la cour de la prison Montluc, en même temps que Mazouz Ghaouti, dit le Gorille ou le Chimpanzé, meurtrier d'une commerçante du quartier de la Guillotière. Ce fut la dernière fois que le couperet de la guillotine tomba à Lyon.

19-Mars-1962 (rue du)

Expulsé. Accusé d'avoir, dans ses prêches à la mosquée dite de l'URSSAF, fait l'apologie de crimes et lancé un appel à la guerre sainte, l'imam Abdelkader Bouziane, 52 ans, est expulsé vers Alger le 21 avril 2004, mais il rentrera en France un mois plus tard, la justice ayant cassé l'arrêté du ministère de l'Intérieur...

Dreyfus (rue Alfred-)

n° 7

Handicapés. Allumé sans doute par une cigarette, le feu prend vers 21 heures au deuxième étage du foyer Les Trois Bouleaux réservé à des handicapés mentaux majeurs. Sept d'entre eux sont sauvés par le personnel et les pompiers, mais une femme de 38 ans et un homme de 40 ans ne peuvent être ranimés.

Éparvier (rue)

n° 6

Privé d'amour, il tue. Le 22 janvier 1999, Yves Berthelon, 40 ans, chauffagiste, est retrouvé par sa femme et leur fille mort devant les escaliers de la cave vers 22 heures. Il a été frappé de 19 coups de couteau. Le meurtrier était un voisin âgé de 16 ans à qui la victime refusait qu'il fréquente sa fille.

Feyzin (chemin de)

Rupture. Le 4 septembre 1958, Casimir Ladet, 41 ans, tue son amie Louise Ruissenor, 22 ans, qui voulait le quitter, avant de mettre le feu à sa maison et de se suicider.

Heyrieux (anc. route d')

En plein brouillard. Vers 6 h 30 le 5 avril 1930, deux tramways de la ligne 23 (Cordeliers-Monplaisir) se percutent de face sur une voie unique, à la hauteur des usines Grammont. En raison d'un épais brouillard, les chauffeurs roulaient doucement, mais le choc a néanmoins été violent, puisque, en plus des deux wattmans, dix-huit passagers sont blessés dans les motrices 410 et 412. C'est après cet accident que les voies des tramways ont été doublées à Lyon.

Joliot-Curie (boulevard Irène-)

n° 136

Le châtelain blessé. Vers 19 heures, le 5 février 1972, quatre hommes masqués et armés s'emparent de la recette du magasin Carrefour (1,7 million de francs) que deux convoyeurs de fonds de la société Transval étaient venus chercher, comme tous les soirs. Une fusillade éclate, au cours de laquelle un des gangsters du gang des Lyonnais, Joanny Chavel, est blessé au ventre. Il semble avoir été abattu plus tard par ses complices, après s'être rendu acquéreur du château de Fléchères, dans le département de l'Ain, à Fareins.

Épée de Damoclès. Il y avait, ce soir du 4 juillet 1998, peu de clients à ce même magasin Carrefour, en raison du quart de finale Allemagne-Croatie qui se disputait à Gerland. C'est le moment qu'a choisi un gangster solitaire pour obliger le directeur du magasin à lui remettre les 800 000 francs que renfermait le coffre-fort. Il faut dire que, sous la menace d'une arme, il l'avait entouré d'une ceinture prétendument bourrée d'explosifs. Et qu'il pouvait, à ses dires, télécommander : « Je vous libérerai de cette menace quand je serai dans l'avion, ne faites rien avant mon appel », avait assuré le gangster. La ceinture ne contenait que du sable.

Komarov (rue Vladimir-)

GPL. Il est 19 heures ce 31 janvier 1999 lorsque les pompiers de Feyzin arrivent sur le parking de cet ensemble d'immeubles où une voiture, une

R19, est en train de brûler. Ils s'approchent et, au moment où ils commencent à maîtriser les flammes, une violente explosion les projette tous à terre. Six d'entre eux sont plus ou moins sérieusement blessés, mais l'adjudant Jean-Jacques Bagrowski, 44 ans, a une jambe arrachée par les débris du réservoir GPL qui a explosé sous l'effet de la chaleur. La voiture avait été volée le jour même à Villeurbanne par des gamins du quartier, âgés de 15 ans, qui reconnaîtront s'en être servi pour des rodéos, avant d'y mettre le feu. Deux des mineurs seront condamnés à trois ans de prison, les cinq autres relaxés.

Lénine (boulevard)

n° 21

Tout s'explique. Sans aucune raison apparente, Simone Demanet, 41 ans, employée des PTT, perd le contrôle de sa voiture le 14 septembre 1986 et s'en va percuter de plein fouet un bus de la ligne n° 12. Le choc est si violent que la conductrice est tuée sur le coup, mais lors de son autopsie on découvre la trace d'une balle dans son bras droit, tirée sans doute depuis les étages d'une tour des Minguettes.

n° 29

Chute libre. Alors qu'il effectuait, vers 18 heures le 2 février 2005, des travaux d'étanchéité sur la toiture d'une tour sur le plateau des Minguettes, un artisan, âgé de 23 ans, fait une chute dans le vide depuis le quatorzième étage.

n° 42

L'horreur. Enfin alerté par les voisins, les services sociaux découvrent un enfant martyr de 7 ans, Michaël D. Battu par sa mère âgée de 21 ans, il meurt à l'hôpital le 15 octobre 1980. Le père, ouvrier de 23 ans, dit ne s'être aperçu de rien.

n° 71

Victime de son courage. Suite à un incendie survenu dans cette tour de quinze étages le 6 décembre 1995, un locataire courageux, Alain Gomez, 32 ans, père de deux enfants, entreprend de vérifier si des gosses ne sont pas restés coincés, après l'évacuation de la tour, dans les étages supérieurs. On le retrouve mort asphyxié au dixième étage.

Monmousseau (rue G.-)

La marche des beurs. C'est dans ce quartier, puis aux Minguettes, qu'éclatent, d'abord en juillet 1981, puis en mars 1983, des incidents entre des jeunes et les forces de l'ordre. Notamment le 21 mars, suite à l'arrestation d'un jeune délinquant, Toumi D., qui deviendra imam quelques années plus tard. Des rodéos ont lieu presque tous les soirs à bord de voitures volées, qui sont ensuite incendiées. On en dénombrera plus de 200, d'autant que les photographes d'un grand hebdomadaire n'ont pas hésité à payer les jeunes pour reconstituer quelques-uns de ces incendies.

Suite à plusieurs arrestations, des grèves de la faim sont organisées par les « jalb » (jeunes arabes de Lyon et banlieues) et cautionnées par l'abbé Christian Delorme, qui sera ainsi baptisé à tort le curé des Minguettes. S'ensuivra la marche des beurs qui, de Marseille, emmènera des milliers de jeunes à Paris où ils seront reçus par François Mitterrand, président de la République.

Moulin-à-Vent (rue du)

Cagoulés. Le 2 juin 1990, un peu avant 20 heures, deux hommes masqués et armés se font remettre par le directeur, M. Saccuci, la recette du magasin Intermarché, soit 143 621 francs. Hold-up commis par le gang des policiers ripoux du 3e arrondissement.

Pasteur (rue)

n° 3

Le temps des cerises. En pleine cueillette, le 22 mai 1957, Raphaël Amoz, 15 ans, tombe dans un puits profond de 15 mètres qui se trouvait sous le cerisier. Il est sauvé par un de ses copains inquiet de ne pas le voir revenir.

Saint-Jean-Mercy (impasse)

n° 16

Jugement de Salomon. Parce que son fils devait de l'argent à la famille Salomon, les quatre membres de cette famille, une sœur et ses trois frères, décident de punir la mère du débiteur. Sa villa, La Félinou, explose en pleine nuit le 14 juin 1980. C'était un « quatre étoiles » pour chats de luxe. Elle en gardait jusqu'à soixante chaque été. Aucune victime.

Sublet (place Léon-)

n° 5

Sanglant nul. Lorsque les convoyeurs de l'entreprise Valiance se présentent, ce 14 juin 1993 vers 10 heures, devant le sas du Crédit agricole pour y charger de l'argent, ils sont aussitôt menacés par deux hommes, armés de kalachnikovs, jusque-là cachés derrière une palissade. Une fusillade éclate, un convoyeur, Éric Sage, qui ne portait pas de gilet pare-balles, est tué sur le coup. Son collègue tire à son tour et tue l'un des gangsters âgé de 25 ans. Le second prend la fuite à bord d'une Golf où l'attendait un troisième complice.

Thorez (avenue Maurice-)

n° 16

Mal aimé. Il a fallu six ans pour que les services sociaux découvrent qu'un enfant, Franck, était devenu le souffre-douleur de ses parents. À 14 ans, il était fréquemment battu et obligé de faire le ménage, la vaisselle et les tâches les plus ingrates, tandis que ses trois frères vivaient normalement et regardaient la télé. Son cauchemar a pris fin le 14 juin 1978.

Vaillant-Couturier (rue)

n° 12

Incurable. Il venait d'apprendre que son cancer à la gorge ne pouvait plus être soigné. Aussi, Joseph V., 67 ans, avait-il décidé de se suicider, le 12 juillet 1977. Seulement, lorsque son fils Yvon, 48 ans, est venu lui rendre visite ce jour-là, c'est sur lui qu'il a tiré. Et devant son cadavre, il n'a plus osé mettre fin à ses jours.

VILLEFRANCHE-SUR-SAÔNE

Poupon cassé. Le 10 février 1965, un nouveau-né, Franck P., est enlevé à la maternité entre 12 et 15 heures. On retrouvera le bébé trois jours plus tard sur les marches d'un escalier de la vieille ville, mort étouffé. L'auteur de ce rapt, Odile, 16 ans et demi, qui suivait des cours de puériculture, sera arrêtée six jours après l'enlèvement. « Je voulais jouer à la poupée pour de vrai », a-t-elle expliqué aux policiers, tout en leur demandant si elle aurait le droit de tricoter en prison.

VILLEURBANNE

Allende (avenue Salvador-)

n° 19

Déjà le voile. Vers 19 heures le 9 novembre 1989, Hocine Chabaga se fait agresser par trois jeunes gens qui l'insultent, l'arrosent de gaz lacrymogène et lui lancent des pierres. Il est l'adjoint de Charles Hernu à la mairie de Villeurbanne, chargé de la prévention et de la police municipale. Ses agresseurs lui reprochent d'avoir récemment pris une position modérée à propos du port du voile pour les jeunes filles à l'école et de s'être montré inquiet de la montée de l'intégrisme.

Alsace (rue d')

Morts à la tâche. En novembre 1900, au dépôt de l'OTL (transports en commun), l'explosion d'une chaudière attenante aux dynamos faisant fonctionner les tramways électriques tue deux employés et en blesse sept autres.

n° 13

Abattu dans sa planque. Après avoir commis un hold-up le 11 juin 1983 à l'agence du Crédit agricole de la place Wilson (35 000 francs), un jeune truand solitaire prend la fuite à pied, n'étant pas parvenu, dans l'affolement, à faire redémarrer sa voiture. Il part donc en courant, suivi de loin par un témoin qui alerte la police. Le gangster, caché dans la cave de son immeuble, est abattu par un policier qu'il menaçait d'une mitraillette.

Antonins (rue des)

Spaghettis gratinés. Le 15 février 1956, l'usine de pâtes alimentaires de Francis Quadrini est détruite par le feu : 6 millions de francs de dégâts. Elle était fermée pour réparations.

Baisse (rue de la)

n° 3

L'amour qui dure. À 52 ans, Gilles R. n'a toujours pas, le 14 septembre 2000, supporté la séparation d'avec sa femme, cinq ans plus tôt. Il croit son ex-épouse toujours en fonction à l'école maternelle Jules-Ferry. À 13 h 15 ce jour-là, il gare sa voiture, sort avec un fusil, enjambe la barrière de l'école et déclare : « Je n'ai plus rien à perdre. » Le directeur, Jean-Luc Poncet, tente de le désarmer, un coup part dans le plafond et il prend la fuite.

Baratin (rue Pierre-)

n° 12

Même le chien. Après avoir coursé, le 14 août 2000, le conducteur d'une voiture volée qui zigzaguait dans les rues de Lyon et brûlait tous les feux rouges, une patrouille de police parvient à coincer le véhicule et son chauffeur, Mohamed D. Aussitôt, les agents sont encerclés par une trentaine de jeunes gens, comme s'il s'agissait d'un traquenard. Trois policiers, qui ne doivent leur salut qu'à l'arrivée de renforts alertés, sont blessés, ainsi que leur chien.

n° 27

Légèreté préfectorale. Au cours de la soirée du 3 décembre 1985, trois gangsters armés tentent de se faire ouvrir le coffre-fort de la boulangerie de M. Liaudet, laissant son épouse dans la chambre. Du coup, Noëlle Liaudet, restée seule, s'empare d'un fusil à pompe dissimulé au-dessus de l'armoire et part au secours de son mari. Mais elle est abattue d'une balle en plein front par l'un des cambrioleurs. À ses obsèques, 1 500 commerçants lyonnais manifestent, autant contre l'insécurité que contre les propos du préfet Jezequel, qui avait déclaré à la presse : « Si elle n'était pas intervenue, elle serait en vie aujourd'hui. » Arrêté plus tard, le meurtrier, Hanassi A., 21 ans, affirmera avoir tiré au jugé, par peur.

n° 34

Nazillon. Le 5 août 2004, vers 6 heures du matin, un Algérien de 36 ans, marié et père de cinq enfants, est attaqué en quittant son domicile par un jeune inconnu qui le frappe à coups de hache à la tête, au bras et à l'épaule, avant de prendre la fuite. Agression revendiquée peu de temps après, depuis une cabine publique, auprès de police secours en ces termes : « Lyon est devenue le terrain de chasse des loups d'Hitler. Signé Phinéas. » L'auteur, Michaël T., sera arrêté le 16 août 2004 à Paris, après une agression similaire commise la veille, dans le 12e arrondissement de la capitale. Il sera confondu comme étant également le profanateur du cimetière israélite de la Mouche.

Berthelot (rue)

n° 4

Bûches daubées. Le 3 février 1973, une quarantaine d'enfants de l'école maternelle doivent être conduits à l'hôpital, victimes d'une intoxication alimentaire. L'enquête prouvera qu'un clochard, Otto, leur avait distribué des bûches de Noël avariées, parce que les gosses jetaient des pierres sur sa cabane.

Blum (rue Léon-)

n° 255

Le bon cheval. Le 27 avril 1986, vers 12 h 45, deux malfaiteurs cagoulés et armés font irruption au bar PMU Le Trotting et obligent les propriétaires, M. et Mme Dumas, à leur remettre le montant de la caisse et du bar, soit environ 40 000 francs. Ce hold-up sera comptabilisé sur la liste des forfaits commis par le gang des flics ripoux du 3e arrondissement.

Branly (rue)

Série. Ce samedi 5 janvier 1935, Marcel Rongier, 47 ans, agent de publicité, roulait vite au volant de sa voiture. Au lieu de serrer à droite, il s'écrase contre le tramway qui se dirigeait vers Cusset, à l'angle du cours Émile-Zola. Il est tué sur le coup et ses deux passagers sont grièvement blessés. Le même jour à Décines, une infirmière de 44 ans, Gabrielle Julien, se jette sous un autre tramway et meurt.

Chambfort (rue de)

n° 6

Marat. Le 12 février 1996 on découvre Gilles Gérard, 35 ans, assassiné dans sa baignoire, pieds et poings liés.

Charmettes (rue des)

n° 109

Révolution dans le quartier. Ancienne institutrice en Russie, de 1900 à 1917, Marie Boulay, 59 ans, venait d'ouvrir une papeterie lorsque, le 26 juillet 1928, on la découvre dans son arrière-boutique, morte étranglée avec une corde à sauter. Des voisins ont bien entendu : « On m'assassine », mais ils ont cru que ces cris provenaient d'une malade mentale connue dans le quartier. Le meurtrier, Joseph C., dit Jo, sera arrêté deux ans plus tard, le 29 mars 1930, dénoncé par un copain, qui, à l'époque, lui avait servi d'alibi.

Charpennes (Grande rue des)

Pousseur fou. Alors qu'il allait prendre le métro à cette station des Charpennes le 14 novembre 1982 vers 20 heures pour aller voir le film *La balance* à Lyon, André Jaillon est agressé par un Laotien qui tente de le pousser sur les voies. Appréhendé, l'agresseur nie les faits jusqu'à ce qu'il soit arrêté de nouveau à Paris, le 22 novembre 1982, pour avoir précipité sous une rame du métro un usager parisien, Victor Borderez, 72 ans, qui en est mort.

n° 22

Incertitude. Atteint d'une maladie incurable, Francisque M., pourtant surveillé par sa famille, se lève discrètement dans la nuit du 13 mars 1930 et saute par la fenêtre. Avant de s'écraser au sol, il est freiné dans sa chute par les câbles électriques du trolleybus. On ne saura pas s'il est mort électrocuté ou de sa chute.

n° 25

On prépare Noël. Au cours de la nuit du 7 décembre 1896, Roger C. se fait voler dans sa cour six poules et quatre canards. Le réveillon approche.

Cité-Saint-Jean (rue de la)

n° 13

Fausse idée. Parce qu'il était persuadé que son ex-épouse, Van Tien Tran, 41 ans, avait une liaison avec l'homme qui venait la chercher chaque matin à bord de sa camionnette, il tue ce dernier, Jacky Dessange, 54 ans, d'un coup tiré par un fusil de chasse à canon scié et blesse au genou son ex-moitié, avant d'aller se constituer prisonnier au commissariat de Vaulx-en-Velin. C'était le 8 septembre 1994.

Colin (rue)

n° 16

La misère tue. Réfugié dans un squat au fond d'une cour, un SDF de 45 ans, Guy X., vivait pourtant en bonne harmonie avec les habitants du quartier qui lui apportaient de la nourriture et des vêtements. Ce n'est donc ni de froid ni de faim qu'il est mort le 22 décembre 2004, mais de maladie (pneumopathie et pleurésie conjuguées). Il ne se plaignait jamais et personne n'a appelé le 15 à sa place.

Courteline (rue Georges-)

n° 17

Balance. Un ferrailleur lyonnais, Jean Monin, 55 ans, bien connu de la police et du milieu, est abattu d'une balle à sanglier tirée de la rue, à travers sa fenêtre, alors qu'il est en train de dîner. Ce meurtre sera attribué à un autre truand, Pierre Rémond, dit Nonœil, qui le soupçonnait d'être une balance.

Cusset (pont de)

Concurrence ? Près de ce pont, le long du canal de Jonage, une prostituée lyonnaise, Marie-Antoinette Garcin, plus connue sous le surnom de Marie des Vorgines, est retrouvée le 16 novembre 1963 abattue de cinq balles de 6,35 mm. Sans jamais pouvoir le prouver, les policiers lyonnais suspecteront l'une de ses rivales, Casque d'or, d'être à l'origine de ce meurtre. Elle trouvera une mort similaire.

Rats apprivoisés. Charly est mort de froid au cours de la nuit du 25 au 26 janvier 2005 sous ce pont où il avait élu domicile depuis plusieurs années, au milieu des rats qu'il avait apprivoisés. D'origine allemande et ancien ingénieur en hydraulique selon ses dires, ce vagabond, qui était âgé d'une soixantaine d'années, a toujours rejeté les offres du Samu social lui proposant de le faire dormir en foyer. Quelques heures avant sa mort, il avait seulement accepté une soupe, un café et une couverture, mais avait refusé d'être transporté par les pompiers, qui ont tenté en vain de le ranimer cette nuit-là. Son décès a porté à deux le nombre de morts de froid à Villeurbanne en un mois.

Decomberousse (rue)

n° 37

Mort vivant. Le 16 novembre 1998, on découvre dans un trois pièces désaffecté le corps d'Abderramane Daoud, 71 ans, sans doute mort depuis trois ans. Mort, mais assassiné, même si pour sa banque il était bien vivant. En effet, depuis trois ans sa carte bleue était normalement utilisée et son Codevi progressivement vidé. Son meurtrier, Cem B., avouera avoir obtenu son code secret avant de le tuer et muré avec des moellons la porte de son appartement. Il sera condamné à seize ans de réclusion le 21 juin 2002.

Decorps (rue Émile-)

n° 36

Le paquet. Au cours de la nuit du 21 mai 1944, une trentaine de jeunes gens pénètrent dans l'usine de L'Oxydrique français, qui travaille pour l'occupant, et font exploser quinze bombes, qui occasionnent pour 500 000 francs de dégâts.

Dedieu (rue)

n° 27

Maquis arménien. Le 12 mai 1944, des Allemands encerclent une villa, probable refuge et lieu de passage de maquisards. En procédant à des arrestations, ils tuent deux des occupants, Kasbar Terzian et Ezechiel Obezian, âgés de 29 et 34 ans.

Delornage (passage)

Racisme ? Dans ce passage qui aboutit au cours Émile-Zola, le corps décapité de Rabal Bourada, 26 ans, est retrouvé par des voisins le 29 août 1958, qui avaient aperçu une dizaine de jeunes voyous du quartier s'enfuir.

Doua (rue de la)

n° 26

Descendu sans descendre de voiture. Devant son domicile, le 28 mai 1971, un truand lyonnais, William Buattier, est abattu de trois balles de pistolet.

Ducroize (rue Louis-)

n° 19

Solidarité létale. Lors de l'installation d'une nouvelle colonne d'eaux usées dans l'usine Vernay, un maçon est pris d'un malaise en venant aider son camarade incommodé. Il est mort intoxiqué par des émanations d'hydrogène sulfuré, le 17 janvier 1956.

Dutriévoz (avenue Antoine-)

n° 11

Coq au vin. Djamel, 33 ans, était connu dans le quartier pour ses crises de démence, surtout quand il avait bu. Il embrassait les passants, urinait de son balcon dans la rue, tenait des propos incohérents, et se montrait menaçant et violent. Jusqu'à ce 2 mars 2005 où, après avoir plumé un coq vivant devant chez sa mère Kaira, âgée de 75 ans, il est allé la poignarder à mort vers 21 heures, dans son appartement du troisième étage. Aux policiers, il a prétendu que sa mère voulait l'ensorceler et mettre du poison dans sa nourriture. Il avait 4 grammes d'alcool dans le sang.

Einstein (avenue Albert-)

Fortes femmes. En 1979, le directeur de l'INSA (Institut national des sciences appliquées) est séquestré pendant deux heures. L'affaire fait grand bruit, car les fauteuses de trouble sont des femmes de ménage, pour la plupart étrangères et élevant seules leurs enfants. En grève, elles n'avaient trouvé que cette solution pour obtenir de meilleures conditions de travail et de salaire.

Fays (rue Frédéric-)

n° 17

Affaire de famille. Alors qu'il venait de sortir de prison en décembre 1985, un truand lyonnais, Pierre Roche, dit Pierrot, est abattu sur le parking de son immeuble, sous les yeux de son épouse et de leur fils âgé de 7 ans, le 8 mars 1986. En prison, il s'était vanté devant un codétenu : « On a fini par l'avoir, ce connard de juge. C'est moi qui l'ai flingué et après, quand il était dans le caniveau, je lui ai mis mon pied sur sa gueule et je l'ai fini. » Il parlait du juge François Renaud, assassiné le 3 juillet 1975. Sur les quatre fils de cette famille Roche, trois ont connu une mort violente.

Fontanières (impasse)

n° 149

Il l'aimait trop. À 3 h 30, petit matin s'il en est, le 20 janvier 1956, Mme Paulette V., 36 ans, travaillant à la manufacture de caoutchouc, est agressée par un collègue qui brandit un revolver alors qu'elle s'apprête à prendre sa bicyclette dans la cave de l'immeuble. Elle était veuve depuis trois mois. Son amoureux se constitue prisonnier.

Ford (rue John-)

n° 15

Hôtel gratuit. Au petit matin du 9 avril 1994, une forte explosion, suivie d'une seconde moins importante, a secoué cet immeuble de cinq étages. Elle provenait d'un appartement du troisième étage dans lequel une femme de 77 ans a trouvé la mort. Le feu qui s'en est suivi a fait également deux blessés graves et cinq plus légers. Le gaz serait à l'origine de ce sinistre. Comme l'explosion a fissuré les murs, les locataires des dix-huit appartements touchés ont dû être provisoirement logés à l'hôtel, aux frais de la municipalité.

France (rue Anatole-)

n° 145

Froid dans les dos. Cinq hommes cagoulés et armés prennent en otage, le 19 juillet 1968 au soir, le personnel du magasin Carrefour après la fermeture des portes. Ayant besoin de temps pour découper au chalumeau l'armoire blindée du magasin, ils enferment les otages dans la chambre froide. En prenant soin de leur laisser des vivres, des boissons, des cigarettes, des sacs de couchage prélevés au rayon camping du magasin. Butin : 330 000 francs.

Francia (rue)

n° 13

Jalousie. Parce qu'il ne supportait pas que son ex-compagne se soit mise en ménage avec le gérant d'un magasin d'alimentation orientale, qui de plus était son client, Saïd N., 52 ans, boucher de son état, poignarde à mort son rival Ahmed Sakhri, âgé de 50 ans, le 3 mars 1988, puis attend d'être arrêté, dans l'allée voisine.

Galline (avenue)

n° 14

C'étaient des vrais. Sous l'œil émerveillé de leurs mamans, deux gosses jouaient aux cow-boys le 10 septembre 1981, avec des pistolets qu'elles croyaient en plastique. Seulement, c'étaient des vrais, des 22 long rifle. Un coup est parti, Martial Brun, 6 ans, en est mort. Le tireur, son copain de 5 ans, n'a jamais su dire d'où venaient ces armes.

n° 35

Il était temps. Les locataires de cette maison d'un étage s'inquiètent des craquements perçus dans la nuit du 2 avril 1933 et des fissures aperçues le matin. Ils préfèrent évacuer leur mobilier et appeler une entreprise. Bien leur en a pris, puisque, vers 15 heures, tout le bâtiment s'effondre. Six ouvriers qui étampaient la maison ont juste eu le temps de s'écarter.

Galvani (rue Louis-)

n° 72

On s'accroche. Alors qu'elle venait de garer sa R5 devant son domicile, le 22 août 1980, Francine Chaumien, 54 ans, voit un adolescent s'installer au volant, mettre le contact et démarrer. Elle s'accroche à la portière, puis son mari, gendarme à la retraite, s'accroche à elle. Ils seront ainsi traînés tous les deux sur près de 300 mètres et gravement blessés aux mains et aux pieds, les talons à vif.

Genas (route de)

n° 43

Armes inégales. En ce début d'année 1920, les apaches arrivent à Lyon. M. Raymondier, 68 ans, marchand de bestiaux, en fait les frais. Agressé dans sa cuisine, malgré le pique-feu dont il s'est armé, il est délesté de son portefeuille.

Goujon (place Docteur-Lazare-)

Double libération. En fin de matinée du 24 août 1944, des groupes de résistants pénètrent dans les rues de Villeurbanne. Sur cette place, à l'hôtel de ville, s'installe un comité de libération avec, pour état-major, les cadres du mouvement Carmagnole et quelques FTP. C'est la joie populaire, des barricades se dressent, les rideaux des magasins se baissent et les tramways s'arrêtent de circuler. Mais deux jours plus tard, le 26 à 5 heures du matin, les Allemands reviennent en nombre, avec des blindés et de l'artillerie, et obligent les résistants à abandonner les barricades, malgré leur courage et de violents combats place de la Bascule. À 19 heures, la mairie doit être abandonnée, les barricades démontées, les rues repavées et les prisonniers allemands libérés. Il faudra attendre la débâcle, le 2 septembre, pour que Villeurbanne soit réellement libérée, mais pour la seconde fois.

Contre les factieux. À l'appel de la CGT, une grève générale est décrétée le 12 février 1934 dans toute l'agglomération pour barrer la route aux factieux, suite aux incidents de Paris du 6 février, qui ont fait plus de 20 morts dans la capitale. Peu suivie à Lyon (sauf dans les transports), mais plus en banlieue, elle entraîne des bagarres devant la mairie entre policiers et manifestants. On relèvera cinquante blessés chez les ouvriers et vingt chez les policiers.

La faute au maire. La mairie lui ayant refusé une aide financière depuis que sa femme l'a quitté, Joseph X, 34 ans, décide, le 2 août 1994, de prendre en otage une secrétaire de la municipalité, Viviane Di Benedetto qui, le canon d'une arme sur la tempe, doit appeler les médias, car l'homme veut s'exprimer devant la presse. Il finit par se rendre, après quarante-cinq minutes de dialogue avec le directeur départemental des polices urbaines, Loïc Morineaux.

Grandclément (place Jules-)

n° 48

À toute gomme. Le distributeur de chewing-gums de M. Leer, pâtissier, est dévalisé par effraction, le 3 février 1957. Manque à gagner : 35 000 francs.

Hippodrome (esplanade de l')

Pris à la culotte. À l'été 1891, devant des centaines de Lyonnais avides de sensations fortes, le torero Bellocq, chef de quadrille, est projeté en l'air par les cornes d'un taureau au moment où il regagnait la barrière d'enceinte. Plus de peur que de mal. Mais les dessinateurs des gazettes s'en donnèrent à cœur joie, dramatisant pour le moins ce banal fait divers.

8-Mai-1945 (rue du)

n° 21

Dans le dos. Marc M., chauffeur de taxi de 52 ans, n'a pas supporté que ses deux clients éméchés refusent, le soir du 9 octobre 1989, de lui régler le montant de sa course (50 francs) et surtout qu'ils l'aspergent de gaz lacrymogène, avant de s'enfuir en courant. Furieux, il s'empare d'un pistolet 6,35 mm dans sa boîte à gants et tire au jugé sur les fuyards. L'un d'eux, âgé de 18 ans, meurt, atteint d'une balle dans le dos. Le chauffeur sera condamné à quatre ans de prison avec sursis par la cour d'assises du Rhône le 21 janvier 1990, ce qui entraînera des incidents parmi le public nombreux.

n° 136

Finie la boxe. Vers 21 h 30, le 27 avril 1970, une femme pénètre dans le bar La Boule de la Ferme et tire en direction des trois frères Parra, qui consommaient au bar. L'un d'eux, Ernest, sera touché au ventre et Jean, ancien champion de France de boxe, atteint au bras gauche. La police parle de proxénétisme, puisque l'auteur des coups de feu n'est autre qu'une prostituée, Casque d'or, qui trouvera d'ailleurs la mort plus tard de façon atroce.

Jaurès (rue Jean-)

n° 45

L'innocence fauchée. À la suite d'un banal accrochage, des badauds et surtout des enfants stationnent sur la chaussée, le 20 juin 1983 vers 20 heures. Attroupement que n'a pas vu le chauffeur d'une BMW, Jean-Paul C., 37 ans, qui circulait à vive allure et en état d'ivresse. Bilan : trois enfants tués sur le coup (5, 7 et 9 ans) et quatre autres gravement blessés. Le conducteur a failli être lynché.

Jubin (rue)

n° 1

Le gaz tue deux fois. Appelés pour une forte odeur de gaz pompiers et policiers sont sur place quand une forte explosion se produit au rez-de-chaussée à 17 h 30. Un policier de 25 ans, Guillaume Viscaîno, et un pompier de 53 ans, Bernard Pauletto, sont tués sur le coup. Les dégâts sont tels qu'il faut évacuer l'immeuble, et vingt commerces alentour sont endommagés.

n° 18

Serviable. Le gardien de cet immeuble de sept étages, Dominique Gabayet, estimé de tous les locataires pour sa gentillesse et sa serviabilité, est retrouvé au petit matin du 21 janvier 1993 abattu sans raisons apparentes de deux balles de gros calibre, dans le local aux poubelles.

Kahn (rue Hippolyte-)

n° 39

Mortes au travail. Aux établissements Piquand et Cie, spécialisés dans le traitement des cuirs, une machine munie de pistolets et de séchoirs électriques destinés à fixer la peinture cellulosique explose et prend feu, le 5 mars 1957. Deux ouvrières succombent, deux autres sont grièvement brûlées.

Klobb (rue Colonel-)

n° 7

Froidure. Dans une épave de voiture garée devant un garage, un SDF surnommé Momo, Edmond Brucellari, 60 ans, est retrouvé mort de froid le 2 décembre 1979.

Krüger (avenue Paul-)

Alerte au PSG. Francis Graille, le président du PSG, est attaqué par deux voyous alors qu'il allait garer sa Porsche 911, le 15 avril 2004 vers 16 heures, devant une entreprise de communications. Il sort du véhicule, est roué de coups et ne peut rien faire quand les malfaiteurs s'enfuient au volant, alors que son fils, âgé de 4 ans, dort à l'arrière de la voiture. Quand ils s'en aperçoivent, les auteurs de ce car-jacking abandonnent l'enfant sur un trottoir, quelques centaines de mètres plus loin.

Lakanal (rue)

n° 40

À crocs. Les pompiers doivent intervenir, le 20 juin 1972, pour maîtriser un macaque qui s'est échappé. Un pompier sera cruellement mordu et le singe abattu.

Leclerc (avenue du Général-)

n° 3

Trop facile. Trois gangsters armés, mais à visages découverts, attaquent vers 16 h 15 le comptable des établissements Valette (vins en gros) alors qu'il allait à la banque porter sa recette. Elle a changé de main : 6 640 francs, le 6 mai 1960.

Luxembourg (rue du)

n° 8

Potron-minet. Vers 7 heures du matin, le 21 juillet 1989, deux malfaiteurs armés et portant des masques de vieillards se font remettre la recette du bar PMU Le Pichet (44 850 francs). Ce hold-up a été imputé au gang des policiers ripoux du 3e arrondissement.

Mens (allée du)

n° 2

À l'écoute. En s'amusant avec un berger allemand, le 22 février 1980, un enfant de 7 ans, Wahid Amadou, a l'oreille arrachée. À l'arrivée des pompiers, l'animal l'avait encore dans la gueule. Ils l'ont conservée dans la glace et les chirurgiens ont pu la recoudre.

Mozart (rue)

n° 6

Chaud 1er avril. Père de huit enfants, Charles B., 33 ans, ferrailleur, s'arrose de mazout et s'immole par le feu, le 1er avril 1982. Il ne supportait pas que la garde de ses enfants lui soit retirée.

11-Novembre-1918 (boulevard du)

Camisard. Pour avoir tué un homme rue de la Loge, un caporal de volontaires garibaldiens est exécuté le 28 novembre 1870, après avoir été condamné à mort dans ce quartier, qui sera ensuite appelé le Grand-Camp.

Perroncel (rue Alexis-)

n° 120

Cave canem. Le 22 avril 1987 vers 20 heures, Antoine Gabriële, 34 ans, père de deux enfants, promène son doberman devant chez lui lorsqu'il est abordé par un voisin qui tient à la main un fusil à pompe et qui tire. Il meurt sur le coup. M. Gabriële s'était disputé la veille à propos d'un sens interdit emprunté à tort par Gilles O., un proxénète interdit de séjour, qui l'avait prévenu : « Demain tu feras moins le malin, même avec ton chien. »

n° 155

Intimidation réussie. Le 19 mai 1986, à 19 h 45, deux malfaiteurs cagoulés et armés se font remettre, après avoir tiré deux coups de feu d'intimidation, la recette du bar PMU Le Café des Jardiniers par la gérante Mme Anny Rossignol. Soit un butin de 35 000 francs. Ce hold-up sera mis sur le compte d'un gang des ripoux policiers du 3e arrondissement.

Philip (cours André-)

n° 41

Cyclope. Il ne supportait pas qu'elle veuille divorcer. Alors Pierre B. attend sa femme au pied de son immeuble, le 26 juillet 2000 à 11 h 45, et lui tire une balle entre les yeux. Puis il monte chez elle, emmène ses deux filles âgées de 12 et 16 ans, les fait passer devant le cadavre de leur mère et les relâche quelques centaines de mètres plus loin. Il sera arrêté le lendemain dans un bus qui le ramenait sur les lieux de son crime.

Piaton (avenue)

n° 8

La fesse patriotique. Lasse d'être cocufiée par sa voisine, une femme de 44 ans, Mme H., lui tend un piège, le 14 juillet 1895. Avec la complicité de sa propre fille et d'une autre voisine, elle la guette dans la rue, lui retrousse ses jupes et la fouette avec des chardons ramassés la veille. Les badauds enchantés raconteront qu'elle avait le postérieur tricolore en ce jour de fête nationale.

1er-Mars-1943 (rue du)

Catastrophe évitée. Le quartier vit une nuit d'angoisse. Vers 1 h 30, le 18 octobre 1981, la Société lyonnaise de droguerie s'enflamme. Trois explosions se font entendre. Les habitants sont évacués sur 3 000 mètres carrés. Plusieurs commerces, des maisons et voitures sont ravagés. Une jeune femme de 19 ans, Sylvie Gaillard, mourra. Les pompiers ont cependant évité le pire en pensant immédiatement à arroser une cuve contenant 10 000 litres de fuel.

Pressensé (rue Francis-de-)

n° 77

Soins post mortem. Vers 6 heures du matin, le 12 mars 1984, la serveuse du Bar des Postes découvre son patron, Manuel De Sousa, dans sa voiture garée devant l'établissement perdant son sang par d'horribles blessures. Elle le conduit à l'hôpital Édouard-Herriot, où on lui fait comprendre qu'il est en fait mort depuis longtemps déjà. Une longue enquête permet d'établir qu'il a été tué en Suisse, au cours de la nuit, par le propriétaire d'un cabaret, La garçonnière, qu'il était venu racketter avec des complices qui ont ramené son corps juste devant son bar.

n° 254

Comme un sanglier. Le 23 décembre 2000 à 15 heures, le patron d'une PME de climatisation est abattu devant son entreprise de deux balles à sanglier tirées par un fusil de chasse. Le criminel a réussi à prendre la fuite.

n° 276

Présence d'esprit. Le 14 juin 1981, en jouant avec des allumettes, un enfant de 2 ans et demi met le feu aux rideaux dans le F5 de ses parents. En voyant les flammes s'échapper d'une fenêtre du premier étage, trois passants, des étudiants, se précipitent, forcent la porte du logement que la locataire, apeurée, une Portugaise, n'osait pas ouvrir et la sauvent, ainsi que ses huit enfants.

Progrès (rue du)

n° 71

Vieux mariés. Deux mois après que le drame s'est produit, on découvre, le 22 mars 1982, le corps de Jean Braun, 70 ans, et de sa femme, Marie, 72 ans, dans leur quatre pièces au rez-de-chaussée de l'immeuble. La reconstitution a permis d'établir que Jean avait d'abord tué son épouse de deux coups de chevrotine avant de se suicider. Il avait bloqué son fusil dans la porte et actionné la gâchette de loin, avec une ficelle. D'autres traces ont révélé que le vieux couple s'était battu : des cheveux arrachés ont été retrouvés un peu partout dans l'appartement.

4-Août-1789 (rue du)

n° 82

Le fantasme de l'infirmière. Jolie brunette sage et réservée, Murielle Duranthon, 24 ans, a eu tout le temps de reconnaître son agresseur, ce 22 avril 1987, en allant prendre son service d'infirmière à la clinique Notre-Dame, toute proche de son domicile, vers 6 heures du matin. C'était un de ses anciens malades, lorsqu'elle travaillait à l'hôpital psychiatrique du Vinatier. Jean M., 39 ans, qui rêvait d'elle depuis qu'elle l'avait soigné, n'avait pas supporté que son amour ne soit pas partagé. Il l'a tuée de 17 coups d'un poignard, qu'il avait attaché à sa cheville.

n° 150

Solitaire et méthodique. À 5 heures du matin, le 14 février 2005, un gangster solitaire guette l'arrivée du premier employé du supermarché Casino du centre commercial de la Perralière. Sous la menace d'une arme, il le conduit à la salle de repos du personnel, après lui avoir lié les mains dans le dos. Cette scène se renouvellera treize fois en deux heures de temps au fur et à mesure de l'arrivée des autres membres du personnel et jusqu'à celle du directeur, qui seul possède les clés et la combinaison du coffre. À l'ouverture de celui-ci, l'alarme se déclenche au siège d'une société de surveillance, mais le gangster solitaire, très calme et semblant bien renseigné, s'éclipse sans hâte, prend en otage la conductrice d'une voiture et se fait déposer à Cusset devant la station du métro. Quand la police arrive sur les lieux notre homme est déjà loin, avec son butin.

Racine (rue)

n° 8

Débrouillard. À 13 heures le 23 janvier 1989, le standard des pompiers reçoit l'appel d'un enfant de 4 ans, Julien, qui leur explique que sa nounou vient d'avoir un malaise mais qu'il ne connaît pas son adresse, même s'il sait qu'il faut composer le 18 en cas de danger. Le standardiste arrive à le convaincre d'aller sonner chez des voisins, ce qui permet aux secours d'arriver au plus vite et de sauver la nurse âgée de 60 ans. Très fier, le gamin a eu sa photo dans le journal du lendemain.

République (cours de la)

n° 66

Nuit bleue. Le 6 décembre 1961, vers 1 heure du matin, une bombe explose devant la porte de l'appartement de M. Alban Vistel, compagnon de la Libération et président du comité de libération de Lyon. Cet attentat, qui n'a provoqué que des dégâts matériels, sera mis, par les policiers, sur le compte de l'OAS, au cours d'une « nuit bleue », qui a connu trois autres attentats.

Richelieu (rue)

n° 14

Nef en feu. L'Église évangélique de Villeurbanne est détruite par un incendie qui démarre le dimanche 29 mars 1981, vers 5 heures du matin. Trois attentats ont déjà visé cette institution. Le 1er janvier à Écully, le 3, rue Dunoir à Lyon (3e arrondissement) et le 17, dans le 8e arrondissement. L'incendiaire, arrêté un mois plus tard, faisait partie de l'église évangélique. Il avait 24 ans.

Salengro (avenue Roger-)

n° 5

Journal trop intime. Le 24 juillet 1986, une femme de 28 ans, Jahida Mokram, est battue, torturée, puis étranglée dans son appartement du troisième étage par deux appelés du contingent qui l'avaient abordée près de leur caserne du 99e RI, à Sathonay, et forcée à les amener à son domicile pour lui voler ses économies et ses bijoux. Arrêtés, Dominique T. et Michel L. ont été confondus par le journal intime du premier, sur lequel il notait tous ses faits et gestes.

n° 191

Représailles. Le 7 octobre 1969, deux coups de fusil de chasse sont tirés depuis une 403 en direction du Café du Murier. Trois étudiants qui s'y trouvent sont légèrement blessés. Même scénario, quelques minutes plus tard, contre le café Le Petit Gril au n° 2 de la petite-rue de la Rize. Un autre étudiant est blessé. L'enquête permet d'établir qu'il s'agissait d'un raid de représailles suite à une altercation, deux mois auparavant, avec des étudiants de l'INSA.

Thomas (place Albert-)

n° 4

Avant l'ouverture. L'armurerie L'Aigle Botté est dévalisée durant la nuit du 29 au 30 août 1981 d'une trentaine de fusils (400 000 francs). À quelques jours de l'ouverture de la chasse.

Tolstoï (cours)

Affiche en question. Vers minuit, le 27 novembre 1935, quatre jeunes des Croix de feu remarquent des affiches Front social, fraîchement collées à l'angle de la rue Racine. Ils descendent de voiture lorsque, d'un café voisin, sort un homme, un fusil à la main, qui tire sur eux et en blesse deux, légèrement. Interrogé, le patron du bistrot affirmera n'avoir pas eu de client armé.

n° 22

C'était un piège. En venant braquer seul l'agence du Crédit agricole le 5 mai 1989, aux alentours de midi, Gérard S. ne se doute pas qu'il va tomber dans un piège tendu par la « Crime ». À peine a-t-il empoché 11 000 francs remis par la caissière qu'un client proteste. Il le prend en otage, l'obligeant à le conduire en voiture dans le quartier de la Croix-Rousse. Seulement, l'otage est le patron de la brigade criminelle de la Sûreté lyonnaise, le commissaire Daniel Mercier, aussitôt suivi par cinq voitures bourrées d'inspecteurs qui n'ont aucune peine à maîtriser l'individu en créant un accident rue Belfort.

n° 50

Cubisme. L'armurerie de M. Josserand est cambriolée pendant la nuit du 29 août 1981. Soixante-dix fusils de chasse et carabines prennent la poudre d'escampette, en même temps que 5 000 cartouches. Trois ouvriers du quartier sont arrêtés. On retrouve chez l'un d'eux des plans manuscrits sur un cahier d'école. Des œuvres de pure imagination, a prétendu « l'artiste ».

n° 54

Nuit bleue. C'est vers minuit que débute une véritable nuit bleue villeurbannaise, par une explosion devant l'agence d'intérim FAIR, suivie de sept autres explosions devant sept autres agences du même type : Dito, 69, rue Jean-Jaurès ; SNI, 47, rue Léon-Blum ; SOSRA, au 49 ; Régie personnel au 26 ; Manpower, au 11 ; RMO, 5, place Albert-Thomas ; et OS, 158, rue Baraban. Ces attentats, qui ont fait de gros dégâts aux vitres des immeubles concernés et à des voitures en stationnement, n'ont jamais été revendiqués.

n° 124

Chut ! les enfants dorment. Sans raison apparente, un ressortissant turc, Esmet B., égorge sa femme le 22 octobre 2002 vers minuit, puis il appelle la police qui découvre leur fille âgée de 3 ans et leur fils de 9 ans, sagement endormis dans leur chambre, sains et saufs. Ils n'avaient rien entendu.

n° 143

C'est une erreur. Vers 20 heures, le 12 juin 1944, des policiers allemands pénètrent dans un café, sous prétexte qu'on avait tiré sur eux et qu'ils cherchaient un terroriste. Dans le même temps, d'autres policiers, depuis l'extérieur, tirent par une fenêtre sur des consommateurs attablés qui jouent aux cartes. Bilan : quatre morts et deux blessés graves. Quand les policiers français arrivent, les Allemands leur déclarent simplement qu'ils se sont trompés.

Vallès (rue Jules-)

n° 22

La partie s'arrête. Vers 22 heures, le 23 mars 1969, un inconnu pénètre au Café de l'Aiglon et tire quatre coups de feu sur un client qui jouait à un jeu de bar.

Vivant (rue Jean-Claude-)

n° 4

Dessous cossus. Le 7 juin 1978, Rosine Vietti, 73 ans, est retrouvée morte à son domicile par son fils, assassinée à coups de marteau. Elle ne porte plus son corset. Il a disparu. C'est là qu'elle cachait ses économies et des bons du trésor. Seul un familier pouvait le savoir. Son voisin, Guy M., 29 ans, qu'elle considérait comme son propre fils, finira par avouer. Il est condamné à vingt ans de réclusion le 24 décembre 1980. Joyeux Noël.

n° 47

Au quatrième top... Vers 16 h 55, une violente explosion secoue tout le quartier. Elle provient d'une voiture piégée par une bombonne de gaz qui a été abandonnée devant l'école juive Nahalat-Mosché. Douze élèves sont blessés par des éclats de verre et intoxiqués par la fumée. L'enquête démontre que la bombe a été réglée pour exploser à la sortie des 700 élèves et faire un carnage, mais soit la minuterie a mal fonctionné, soit les terroristes se sont trompés en se basant sur l'horloge de l'école qui heureusement était déréglée.

n° 54

Vous avez dit Bigeard ? Le 25 février 2000 vers 15 h 30, un ancien para, âgé de 60 ans, menace de faire sauter l'immeuble, et tire même deux fois sur les policiers venus le raisonner. Devant leur échec, ils ont l'idée de demander au général Bigeard, sous les ordres duquel il a servi en Algérie, de lui téléphoner pour essayer de le calmer. Vers 17 heures, la communication est établie et le forcené dépose les armes au garde-à-vous.

Zola (cours Émile-)

Gros calibre. À 17 h 45, le 13 juillet 1977, le patron du bar Le Wilson, Gérard Amsellem, 24 ans, a cessé de vivre après le passage d'un tueur armé d'un pistolet 11,43 mm.

n° 52

Portrait-robot. En partant chercher sa fille à l'école le 13 novembre 1989 vers 16 h 15, Huguette Garnier, 54 ans, est abattue dans son allée de trois balles de 7,65 mm. Grâce à un portrait-robot, le meurtrier, ancien patron d'un bar en faillite de Rive-de-Gier, avoue qu'il a été payé 80 000 francs par le copain d'une autre fille de la victime, Jacques B., pour supprimer la mère qui mettait des bâtons dans les roues à leur liaison.

n° 67

Le doigt accusateur. Le dimanche 16 juillet 2000, un habitant de Vaulx-en-Velin s'en vient restituer, à 22 heures, une cassette dans le distributeur de vidéos installé à cette adresse. Il en repart avec l'index de la main gauche sectionné. Il devra retirer sa plainte, car l'enquête prouvera que c'est en glissant sa main pour dérober une autre cassette que son doigt a été sectionné par le barillet du second terminal de l'appareil. Récupéré trop tard, le morceau de doigt n'a pas pu être recousu.

n° 170

Tireurs maladroits. En plein jour, le 17 mars 1968, un homme tire deux fois sur un client du Bar des Gratte-Ciel et s'enfuit en prenant une jeune fille en otage. Des policiers présents visent les pneus de sa voiture sans l'atteindre. Légèrement blessé à l'épaule, le client pense à un drame sentimental.

n° 206

Strangulation. Le 26 octobre 1982, une mère de deux enfants, Élizabeth Cauchi, 26 ans, est retrouvée étranglée dans son appartement au sixième étage de l'immeuble.

n° 285

Corbillard horizon. En regagnant son domicile, le 31 mai 1983 au soir, une jeune femme découvre un mot laissé par son mari : « J'ai étranglé les enfants et je suis parti avec leurs cadavres. » C'est malheureusement vrai, puisque, lorsqu'il est arrêté trois jours plus tard, le capitaine Michel D., 28 ans, médecin militaire au centre de recrutement de Lyon, a encore dans sa voiture, une Talbot horizon, les corps de ses deux fils, Jean-Baptiste, 4 ans, et Emmanuel, 6 ans, enroulés dans des couvertures. La grande muette méritant bien son nom, on n'a jamais su les raisons de ce double infanticide. On a seulement appris que, durant ces trois jours, le capitaine avait parcouru plus de 1 000 kilomètres dans la région avec les deux petits cadavres à son bord.

INDEX DES NOMS

INDEX DES LIEUX

Quand la rue indexée ne se trouve pas à Lyon, le nom de la commune est placé entre parenthèses.

I

J

K

L

M

N

O

P

Q

R

T

TABLE

DANS LA COLLECTION DOCUMENTS/GUIDES DES FAITS DIVERS
au cherche midi

Déjà paru

SERGE GARDE, RÉMI GARDEBLED, VALÉRIE MAURO
Guide du Paris des faits divers

À paraître

Guide de Marseille des faits divers

Guide de Toulouse des faits divers

Guide de Bretagne des faits divers

Guide des Antilles (Martinique, Guadeloupe) des faits divers

Guide de Bourgogne des faits divers

Guide de la Côte-d'Azur des faits divers

Mis en pages par DV Arts Graphiques à Chartres
Imprimé en France par Normandie Roto Impression s.a.s., 61250 Lonrai
Dépôt légal : novembre 2005
N° d'édition : 483 – N° d'impression : 05-3405
ISBN 2-74910-483-1